DRESSLER

MARLIES SLEGERS

16 x zum Himmel und zurück

Aus dem Niederländischen von
Andrea Kluitmann

Dressler Verlag · Hamburg

Klimaneutral
Druckprodukt
ClimatePartner.com/53248-2011-1002

Dieses Buch wurde klimaneutral produziert. Dadurch fördern wir anerkannte Nachhaltigkeitsprojekte auf der ganzen Welt. Erfahre mehr über die Projekte, die wir unterstützen, und begleite uns auf unserem Weg unter www.oetinger.de

MIX
Papier aus verantwortungsvollen Quellen
FSC® C014496
FSC www.fsc.org

Deutsche Erstausgabe
1. Auflage

Originaltitel: *Briefjes voor Pelle*
Originally published by uitgeverij Luitingh-Sijthoff B. V., Amsterdam
Die Veröffentlichung dieses Werks wurde durch die
Dutch Foundation for Literature finanziell unterstützt.

Nederlands letterenfonds
dutch foundation for literature

Die Arbeit der Übersetzerin am vorliegenden Text wurde
vom Deutschen Übersetzerfonds gefördert.

Satz: Sabine Conrad, Bad Nauheim
Druck und Bindung: GGP Media GmbH,
Karl-Marx-Straße 24, 07381 Pößneck, Deutschland
Printed 2022
ISBN 978-3-7513-0030-8
www.dressler-verlag.de

Für Michael, Frederique und Philip

Der Tod ist nicht das Gegenteil vom Leben,
sondern ein Bestandteil dessen.

– Haruki Murakami, *Naokos Lächeln*

Du bekommst, was alle bekommen – ein Leben.

– Neil Gaiman, *Sandman – Präludien und Notturn*

Das sind die ersten Worte, die mein toter Vater mir schreibt. Das ist der Brief, auf dem eine 1 steht. Eigentlich ist es eher ein Zettel.

Menschen sterben nun einmal, und mein Vater ist da keine Ausnahme. Seit einem Jahr ist er nicht mehr da.

Manche Leute sterben an einem Verkehrsunfall. Andere sind schon tot, bevor sie geboren werden. Und wieder andere – aber das sind nicht so viele – sterben erst nach ihrem hundertsten Geburtstag. In Brasilien wurde neulich sogar ein Mann gefunden, der 131 Jahre alt sein soll (und er lebte noch)! Manche Menschen sterben vor Hunger und andere, weil sie zu viel essen. Es gibt Tote, über die alle reden. Die kommen dann in die Nachrichten. Dann weiß die ganze Welt, dass sie gestorben sind. Oft sind das Popstars oder Präsidenten oder Helden. So wie Nelson Mandela. Aber auch Unbekannte, wie die Menschen in den Gebäuden in New York, als da ein Flugzeug reingeflogen war. Menschen können bei einer Flugzeugkatastrophe oder einem Anschlag ums Leben kommen, während sie einfach nur unterwegs in die Ferien sind. Es gibt Menschen, die an winzigen Viren sterben und andere, die von riesigen Wesen getötet werden, zum Beispiel von einem durchgebrannten Nashorn. Manchmal wird jemand von einem Hai gefressen. Und sehr viele Menschen sterben an Mückenstichen. Seltsam, wir haben Angst vor Haien, aber Mücken sind eigentlich viel gefährlicher. An Mücken sterben mehr Menschen als an Terrorismus, und manchmal stirbt jemand einfach, während er im Garten arbeitet oder einen Strandspaziergang macht. Andere, wie mein Vater, werden krank. Der Tod gehört nun einmal dazu, sagt Mama immer. Kein Grund zur Angst. Ich habe auch keine Angst, aber ich finde Sterben total blöd, weil es einem das Leben verdirbt.

Ich drehe den Zettel um, halte ihn gegen das Licht und schaue, ob da wirklich nicht mehr steht als eine 1 und Hallo Pelle. Vielleicht hat Papa ja mit unsichtbarer Tinte noch etwas geschrieben. Dann müsste ich jetzt ganz helle Buchstaben entdecken, wenn ich das Papier ans Fenster halte. Aber ich sehe nichts.

Der Karton auf meinem Bett ist voll nummerierter Briefe und kleiner Päckchen. Ich erkannte den Schuhkarton sofort, als Mama ihn mir gab. Da waren die braunen Lederschuhe drin, die Papa zuletzt gekauft hatte. Auf dem Heimweg hatte ich diesen Karton im Auto auf dem Schoß gehalten. Es war das letzte Mal, dass Papa mit uns shoppen gegangen war.

»Und, wie sehen die aus?« Er war mit den Schuhen an im Geschäft auf und ab gegangen. Mama hatte erst nur genickt. Der Verkäufer bückte sich um zu fühlen, ob Papa nicht vorne anstieß. »Wackeln Sie mal bitte mit den Zehen. Okay. Sie haben ein wenig Spielraum, vor allem in der Breite«, sagte der Verkäufer. »Ist das wirklich Ihre Größe?«

»Ja«, sagte mein Vater entschieden. »Schon seit ich sechzehn bin. Die sitzen prima. Ich nehme sie.«

Ich hatte mich gefragt, ob meine Füße in vier Jahren auch ausgewachsen wären. Hoffentlich, sie waren jetzt schon lächerlich groß.

»Manche Marken fallen eben ein wenig größer aus, glaube ich«, sagte Mama, während sie die Schultern hob.

Aber mir war klar, dass das gar nicht der Grund war. Mein Vater schrumpfte einfach langsam, und er weigerte sich, das zu akzeptieren. Es gab immer weniger Papa. Wo das alles blieb, verstand ich nicht so recht. Er wurde immer magerer. Man sah das zum Beispiel an seiner Hand. Seinen Ehering trug er immer am Ringfinger, dann aber am Mittelfinger und schließlich an seinem Daumen. Wir mussten zusammen ein zusätzliches Loch in seinen Gürtel stanzen, im Schuppen hinten im Garten. Er hatte mir vorgemacht, wie das ging, und anschließend hatte er mir alles im Schuppen gezeigt, als würde er eine Museumsführung geben. Wo er seine Nägel und Schrauben aufbewahrte (»Alles immer schön zusammenhalten, Pelle, dann kannst du es finden, wenn du etwas brauchst. Ordnung macht das Leben übersichtlich. Sieh mal, die Schrauben zu den Schrauben. Die schwarzen Nägelchen hier rein, und die ganz kleinen da«). Er zeigte mir, wo die Bohrmaschine und die Hämmer lagen. Wo ich allerlei Sorten Leim finde. Er brachte mir bei, wie man Löcher bohrt und Nägel wieder gerade schlägt. Er zeigte mir, wie eine Wasserwaage funktioniert und wie ich die Libelle (so nennt man diese Luftblase) genau in die Mitte bekommen konnte und warum das wichtig war (sonst rollen die Murmeln vom Regalbrett).

Überall klebte er Zettel drauf. Schraubenzieher. Innensechskantschlüssel 1.5 bis 6.0. Holzbohrer. Betonbohrer. Handsäge. Steckschlüssel Nummer 2 bis 8. Die Steckschlüssel 9 bis 16 lagen darunter. Rohrzange. Der Schuppen hing voller Zettel, alle in seiner eigenwilligen Handschrift. Wie ich schon sagte: als wäre es ein Museum.

Dieselbe Handschrift, in der jetzt Hallo Pelle auf diesem Zettel steht.

Ich schnüffele an dem Karton. Er riecht leicht nach Leder, Seife und Papier. Alle Briefe darin sind mit einem kleinen Stückchen Tesafilm zugeklebt. Und auf jedem Brief steht eine Zahl, wie beim Bingo.

Mama hatte mich heute Morgen zu sich gerufen. Sie saß an unserem weißen Holztisch in der Küche, auf dem rosa Ameisenstuhl, und klopfte mit einer Hand die Asche von ihrer Zigarette. Ihre andere Hand lag auf dem Schuhkarton. Mir fiel jetzt erst auf, dass ihre Hände faltig waren, wie altes, zerknittertes Papier. Das Winterlicht fiel durch das schmutzige Fenster, genau auf ihren Kopf. Im vergangenen Jahr hatte sie immer mehr graue Haare bekommen. Als zögen sich ihre Haare eines nach dem anderen eine braune Jacke aus. Stoß aus meiner Klasse meinte neulich, sie sähe mindestens aus wie sechzig. Dabei ist sie erst einundvierzig. Stoß sagt immer so doofe Sachen, kurz bevor er Leuten einen Stoß verpasst. Er schlägt einen immer auf den Arm, als eine Art Punkt am Ende eines Satzes. »Hey, Pelle, alles cool?« Und dann ein Armstoß. Eigentlich heißt er Karl. Aber so nennt ihn keiner mehr, außer seiner Oma, seinen Eltern und die Lehrer.

Heute Morgen saß Mama also auf dem rosa Stuhl. Eine graue Haarsträhne ragte ein wenig erstaunt in die Höhe. Ihre restlichen Haare lagen platt auf ihren Schultern. Ich setzte mich auf den apfelgrünen Ameisenstuhl. So nannte Papa die Stühle immer: Ameisenstühle, weil ihre Form an eine Ameise erinnert. Wir haben sie in sechs Farben. Papa saß immer auf dem himmelblauen.

»Pelle, weißt du, was heute für ein Tag ist?«, fragte Mama. Rauch kringelte aus dem Aschenbecher neben ihr in die Höhe. Früher rauchte sie nie, das machte sie erst seit Kurzem. Total eklig. Ich wedelte den Qualm weg. Es machte den Raum stickiger, als er ohnehin schon war. Manchmal kam es mir vor, als gäbe es jeden Tag weniger Luft im Haus. Als würde es immer grauer und dumpfer werden. Ich sehnte mich nach dem Sommer, wenn Mama alle Türen und Fenster offen stehen ließ und man sogar das Gras riechen konnte, wenn im Garten lauter Klatschmohn und Butterblumen blühten und Insekten achtlos ins Haus flogen oder krochen.

»Donnerstag.« Ich unterdrückte ein Stöhnen. »Vom Rauchen stirbt man.«

»Vom Leben auch«, sagte Mama. »Und kannst du das bitte endlich lassen? Ich *weiß*, dass es ungesund ist. Ich *weiß*, dass ich aufhören sollte. Aber das schaffe ich gerade nicht.«

»Doch, du könntest einfach beschließen, nicht mehr zu rauchen.«

Mama nickte. »Eines Tages mache ich das auch. Aber nicht jetzt.« Sie warf mir einen warnenden Blick zu. »Ja, wir haben Donnerstag. Trotzdem ist heute ein besonderer Tag. Weißt du auch, warum?«

Auf jeden Fall hatte ich nicht Geburtstag. Ich war schon vor drei Monaten zwölf geworden. Es war mein erster Geburtstag ohne Papa. Genau wie wir unser erstes Weihnachtsfest ohne ihn gefeiert hatten, das erste Mal Silvester. Sogar seinen eigenen Geburtstag hatte er schon verpasst. Er hatte auch nicht erlebt, dass ich aufs Gymnasium gewechselt hatte. Dort wussten alle in meiner Klasse, dass Papa gestorben war. Die meisten meiner Mitschüler waren auch in meiner Grundschulklasse gewesen und zur Beerdigung gekommen.

Aber was war an heute besonders? In der Schule war nichts

Außergewöhnliches geplant, bis auf die Rollenverteilung für die Aufführung im Frühjahr. Ich hoffte, übersprungen zu werden. Ich will überhaupt nicht auf der Bühne stehen und spielen. Aber alle müssen im ersten Jahr mitmachen, man bekommt eine Note dafür.

Am liebsten wäre ich unsichtbar. Dann würde mich niemand fragen, ob ich bei diesem Theaterstück mitmachen möchte. Dann würde mich niemand die ganze Zeit löchern, ob es mir gut geht. Und wie es Mama geht. Dann könnte ich ungestört den ganzen Tag bei Eva sein. Ich könnte mit ihr ins Kino gehen und durch die Stadt bummeln. Ich könnte mit zu ihr nach Hause und zusehen, wie sie ein Buch liest oder Hausaufgaben macht. Und wenn ich unsichtbar wäre, könnte ich über die ganze Welt schwirren und Orte besuchen, an die sonst niemand je hinkommt. Ja, ich würde mich auf die Suche nach der Stelle machen, wo das Ufo sein soll, das 1947 in Roswell in Nordamerika abgestürzt ist. Sehr viele Leute haben dieses Ufo gesehen, aber keiner glaubte ihnen. Die Regierung soll das Ufo und die Leichen von neun außerirdischen Besatzungsmitgliedern irgendwo begraben haben, tief unter der Erde, wo nur Tunnelsysteme sind. Da könnte ich mich dann ungestört umsehen. Oder ich würde Tiere befreien, die in zu kleinen Käfigen eingesperrt sind. Oder aufgestapelte Konserven im Supermarkt um die Ecke umwerfen. Der Inhaber würde genervt und wütend alles wieder aufstapeln, und wenn er die allerletzte Konserve gerade wieder draufgesetzt hätte, würde ich den Dosenturm wieder umkippen. So oft, bis es mich langweilen würde.

Für meine Mutter bin ich schon seit fast einem Jahr unsichtbar, also habe ich durchaus Erfahrung damit, nicht gesehen zu werden. Aber das Seltsame ist: Obwohl sie mich nicht wirklich sieht, findet sie mich besonders. »Du bist anders als andere Kinder«, sagt sie manchmal. »Du bist besonders. Und genau das ist so schön.« Trotzdem sieht sie mich schon seit fast einem Jahr nicht mehr und starrt nur matt auf den Fernseher, an die Wand, in ihren kalten Tee oder einfach ins Nichts.

Mama wiederholte ihre Frage. »Weißt du, was an heute so besonders ist?«

Ich zuckte die Achseln.

»Heute ist der 3. März. Weißt du es jetzt wieder?«

Der 3. März war der Tag, an dem wir Papa vor einem Jahr haben einäschern lassen. Ich nickte nur. Ich hatte keine Ahnung, dass wir uns solche Tage auch merken sollten.

Wann hörte trauern eigentlich auf? Ich hatte Angst, dass Mama immer traurig bleiben und nie mehr lachen würde.

Vor ein paar Tagen, an Papas Sterbetag, war das Haus voll mit Verwandten, Freunden meiner Eltern und Nachbarn gewesen. Alle hatten etwas zu essen mitgebracht, und mitten auf dem Tisch stand unser großes Familienfoto. Das, auf dem Papa lachend neben uns am Strand steht, braun gebrannt und stark, als noch genug von ihm da war und er noch nicht schrumpfte. An diesem Tag wussten wir noch nicht, dass er innerhalb von sechs Monaten tot sein würde. Wir wussten noch nichts über die Armee aggressiver Zellen in seinem Körper, die dabei waren, zu voller Kriegsstärke aufzulaufen. Alle sagen, auf dem Foto sieht man gut, wie ähnlich ich ihm bin. Ich habe die gleiche sonnig helle Haarfarbe und auch die gleiche flache Nase. Bloß war die von Papa ein wenig schief, weil er sich irgendwann mal mit jemandem geprügelt hatte. Und Papa ist muskulös. Ich dagegen sehe aus, als hätte ich Streichhölzer als Arme und Beine. Mama in ihrem Strandkleid ist sehr hübsch auf diesem Foto. Sie strahlt und ihre langen hellbraunen Haare flattern im Wind. Papa hat stolz einen Arm um ihre Taille geschlungen, und seine andere Hand liegt auf meiner Schulter. Ich halte einen Ball fest und wir sehen alle fröhlich und stark aus. Als könnten wir es mit der ganzen Welt aufnehmen.

Neben diesem Foto brannten also vor ein paar Tagen Kerzen, und Leute blickten zu uns, wie wir da am Strand standen. Sie streichelten über das Glas, hinter dem das Foto steckte. Manche weinten und andere lachten. Es gab viel Wein, Mama wurde betrunken, und nach einer Weile wurden die Ameisenstühle an die Wand geschoben, genau wie der Tisch. Jemand hatte Papas Lieblingsmusik aufgelegt, und ein paar Leute fingen an zu tanzen. Paul, Papas bester Freund, tanzte viel mit Mama. Ich mag Paul nicht so richtig, aber da er Papas bester Freund war, musste er wohl okay sein. Bloß lachte er an diesem Abend ein wenig zu laut, wenn Mama in der Nähe war, und er ließ seinen Arm immer ein wenig zu lange um sie. Es fühlte sich an, als würden er und Mama etwas miteinander teilen ohne mich.

Am Ende des Abends ist Mama dann ins Bett gegangen, unterstützt von ein paar Freundinnen, während die anderen die Küche aufräumten und alles abspülten. So hatten wir Papas Sterbetag gefeiert. Das waren Mams Worte. Einen Sterbetag feiern.

Ich finde nichts Feierliches daran, so ein bescheuerter Tag, an dem man gedenkt, dass jemand gestorben ist. Es wird wohl auch kaum jemand auf die Idee kommen »Wie schön, dass du gestorben bist« zu singen, ich meine ja nur …

In Mexiko feiert man den Tod übrigens wohl. Dort gibt es den *Día de los Muertos*, den Tag der Toten. Kinder bekommen dann Süßigkeiten und Kuchen in Form von Totenköpfen und Skeletten. Die Erwachsenen essen spezielles Totenbrot. Die Kruste sieht aus wie ein Haufen Gebeine, aber eben aus Brotteig. Sie füllen Picknickkörbe mit Leckereien und gehen zum Friedhof. Dort picknicken sie dann auf dem Grab von Opa oder Oma oder wer halt verstorben ist. Sie lachen und erzählen sich Erinnerungen. Sie spielen Musik, singen und tanzen. Manchmal schlafen sie auch auf dem Grab und zünden Kerzen an, damit die Toten den Weg zur Welt der Lebenden finden können. Anscheinend können die Toten im Dunkeln nichts sehen.

Ich starrte ein wenig stumpf auf den Tisch und den Schuhkarton neben Mama.

Sie klopfte mit der Hand kurz auf ihn. Bekam ich jetzt die Schuhe? Erwartete meine Mutter, dass ich die tragen würde? (Was ich echt nicht wollte, weil a. es keine Sneakers waren und b. ich in der Schule voll ausgelacht werden würde. Vor allem von Stoß. Und ich glaube nie im Leben, dass sie Eva gefallen würden.)

In China, hatte ich mal irgendwo gelesen, verbrannten die Leute Opfergaben aus Papier am Grab. Damit stellten sie ihre Vorfahren zufrieden und garantierten, dass der oder die Verstorbene glücklich würde. Allerdings musste man Sachen verbrennen, die etwas mit dem Toten zu tun hatten. Angenommen, jemand mochte gern Parfüm, dann kauft man spezielle Parfümfläschchen aus Papier. Wenn jemand ständig auf dem Handy rumdaddelte, nahm man ein Papierhandy. Jemand, der ganz versessen auf Kleidung war, bekam Papierklamotten. Sogar Falschgeld wird verbrannt. Wenn jemand total verrückt nach seinem Auto war, wurde ein Mercedes aus Papier geopfert, so groß wie ein Gokart. Wirklich. Oder ein Kühlschrank oder ein LCD-Fernseher aus Papier. Es gibt in China sogar besondere Läden voll mit solchen schrägen Totengeschenken. Manche Leute da glauben auch, dass Tote zu Besuch kommen, wenn man ihnen ein Stückchen vom Fingernagel abgeschnitten hat. Wenn ich das gewusst und wir in China gewohnt hätten, wäre ich noch mal schnell mit einem Nagelknipser bei Papa vorbeigegangen.

Oder ich hätte, wie in Mexiko, einfach eine ganze Reihe Kerzen angezündet, damit er den Weg nach Hause fände. Vielleicht hätte ich ja sogar große blinkende Leuchtbuchstaben auf das Dach geklebt. HIER WOHNST DU!

Im vergangenen Jahr habe ich ziemlich viel über den Tod und unseren Umgang mit ihm gelernt. Lauter Sachen, die ich lieber nicht gewusst hätte. Dass sich eine Leiche kalt und steif anfühlt, zum Beispiel. Dass es ein wenig anfängt zu riechen, und dass jemand, der tot ist, plötzlich so klein wirkt. Dass die Haut unter den Nägeln sich ein wenig gelblich färbt. Dass tote Menschen geschminkt werden und manchmal in einem Kühlschrank aufbewahrt werden. Dass sie, wenn sie da rausdürfen, weil Leute ein letztes Mal Abschied von ihnen nehmen wollen, nicht zu lang ungekühlt bleiben sollten. Sonst schmilzt die Schminke. Dass der Tod ein eigenes Geräusch hat. Eine Art schwere Stille, in der sich niemand traut zu sprechen. Dass von jemandem, der fast achtzig Kilo wog, lediglich ein Topf mit 2,87 Kilo Asche übrig bleibt. Dass man bei einer Beerdigung still sein muss, aber total laut weinen darf. (Was ich nicht gemacht habe, übrigens. Jungs weinen nicht. Das sagte Papa immer, und das wiederum liegt daran, dass er selbst nicht weinte, sogar nicht, als er wusste, dass er bald sterben würde.) Dass man nie einfach so Sachen von einem Toten wegwirft, sondern das meist in kleinen Portionen macht. Erst die Dinge, die nicht so persönlich sind, wie Jacken, Unterhosen – okay, die sind schon persönlich, aber die bewahrt man nicht auf – Hosen, Gürtel, Zeitschriften und alte Rechnungen, und später erst Sachen wie Hemden, T-Shirts und Pullis.

Fläschchen mit Aftershave wirft man nicht weg, und auch nicht die Armbanduhr. Ich hatte aus den Säcken für die Altkleidersammlung heimlich Paps Pulli genommen. Den verschlissenen, weichen, grünen, den er so oft getragen hat. Der Pulli hatte noch nach ihm gerochen, und ich habe ihn hinten in meinen Schrank versteckt. Ab und zu rieche ich daran. Und wenn ich dann wirklich ganz tief einatme und die Augen fest zukneife, ist es, als wäre Papa ins Zimmer gekommen, sein Geruch wie ein Schatten hinter ihm.

Ich habe Eva auch mal an dem Pullover riechen lassen. Sie nickte und sagte dann: »Ja, das ist schon ein wenig dein Vater. Riecht nach Holz. Und Zwiebeln und Shampoo.«

Evas Vater riecht immer nach Fisch, weil er einen Fischstand hat. Da kann er machen, was er will, egal, wie oft er seine Hände mit Seife schrubbt, wenn Evas Vater irgendwo reinkommt, bringt er eine Spur von Sardinen, Garnelen und Muscheln mit. Ich fand, dass mein Vater leckerer roch als Evas. Aber andererseits: Evas Vater lebt noch, obwohl er nach Fisch stinkt.

Nach Papas Tod hat Mama das Klavier aus dem Haus geschafft. Das fand ich schrecklich. Papa saß jeden Abend am Klavier und spielte wunderschöne Stücke. Von Schubert, Einaudi, Tschaikowsky, Debussy. Papa spielte mir ein Stück vor, und wenn ich ein paarmal zugesehen hatte, konnte ich es nachspielen. Das fanden alle total besonders, aber das ist es nicht. Musik ist nichts anderes als Mathematik oder Sprache.

Als Mama erzählte, sie habe das Klavier verkauft und es werde abgeholt werden, wollte ich das verhindern. Aber sie ließ sich nicht davon abbringen. Sie ertrug den Anblick des leeren Klavierschemels einfach nicht, weil er sie zu sehr an Papa erinnerte. Ich glaube, nach einer Weile tat es ihr leid, aber da war das Klavier schon weg.

»Papa …« Mama schluckte und drückte grob ihre Zigarette aus, als würde sie sie plötzlich nerven. Sie zog ihren hellgelben Bademantel fester um sich und wischte sich mit einer Hand über die Augen.

»Meeresblaue Augen«, hatte Papa mal gesagt. »Nicht das Blau der Nordsee, wie bei dir und mir, Pelle, sondern das Blau des Ägäischen Meeres. Und die kleinen Pünktchen in Mamas Augen sind wie kleine weiße Seegelboote.« Mama hatte darüber lachen müssen. Sie hatte Papa einen Klaps auf die Schulter gegeben, und er hatte sie auf die Nasenspitze geküsst. Wie meine Eltern miteinander waren, so will ich später auch mit jemandem sein. Am liebsten mit Eva, auch, wenn sie das noch nicht weiß. Irgendwann werde ich es ihr erzählen. Wenn ich mich traue. Vielleicht vor den Sommerferien.

Im vergangenen Jahr hatte Mama das Ägäische Meer leer geweint, und die Segelbötchen lagen trübe kreuz und quer auf dem Boden. Aber heute Morgen, die Hand auf diesem Karton, schienen ihre Augen wieder ein wenig mehr Farbe zu haben. Als würden die Segel gehisst.

Sie holte tief Luft. »Papa hat mich noch um etwas gebeten, bevor er starb. Er wollte, dass du diesen Karton bekommst, genau ein Jahr nach der Bestattung. Heute also. Das war einer seiner letzten Wünsche.« Sie schob mir den Karton über den Tisch zu. Ich starrte darauf.

»Was ist da drin?« Ich wollte den Karton überhaupt nicht anfassen. Vielleicht war ja etwas Gruseliges darin. Oder doch einfach diese blöden Schuhe.

»Briefe. Das ist das Einzige, was ich weiß. Ich weiß nicht, was darin steht, ich habe den Karton nie geöffnet, das wollte Papa nicht. Er ist auch zugeklebt, siehst du? Eine Art Siegel, damit du weißt, dass du der Einzige bist, der ihn öffnen darf.«

Ich drehte den Karton und schaute auf das schmale rote Klebeband, mit dem er verschlossen war. »Woher weißt du denn, dass da Briefe drin sind?«

»Das hat Papa mir erzählt. Aber mehr als das weiß ich nicht. Papa sagte nur, ich solle ihn dir nach einem Jahr geben.« Sie nickte in Richtung des Kartons. Die Haarsträhne, die hochgestanden hatte, sank schlaff herab.

»Hast du auch so einen bekommen?« Ich schaute sie fragend an.

Sie schüttelte den Kopf. »Nein, aber einen Brief. Einen sehr schönen, besonderen Brief.«

Ich nahm den Karton vom Tisch. Er wog nicht viel. Vorsichtig schüttelte ich ihn hin und her. Ich hörte das Verschieben von Papier und noch kleineren Sachen. »Warum nach einem Jahr? Warum nicht eher?«

Mama zuckte die Achseln. Sie biss an einem Nadelhäutchen. Sie knabberte immer mehr an sich selbst. Fingernägel, Popel. Manchmal kaute sie auf einer Haarspitze. Das ist nicht schlimm. Ein erwachsener Mensch von ungefähr 75 Kilo besteht aus gut 60 Billionen Zellen. Mama wiegt 68 Kilo, also denke ich, dass sie aus etwa 59 Billionen Zellen besteht. Da kann sie problemlos auf ein paar verzichten. Ich wiege fast 50 Kilo und bestehe aus ungefähr 40 Billionen Zellen, obwohl ich mich um ein paar Billionen vertun könnte.

Mein Vater besteht aus null Zellen. Und das Verrückte ist, dass er, obwohl nichts mehr von ihm da ist, noch alles ausfüllt.

»Ich glaube«, sagte Mama, »dass er dir erst die Zeit geben wollte, traurig zu sein. Ein Jahr sind alle Jahreszeiten. Dann hast du alles einmal ohne ihn erlebt. So etwas.«

Ich stellte den Schuhkarton zurück auf den Tisch. *Made in*

Spain, stand darauf. Und: *tamaño / size / taille / Größe 43, marrón / brown / brun / braun*. Ich schaute weg von dem Karton, zu dem trostlosen Weihnachtsstern, der noch mitten auf dem Tisch stand. Die roten Blättchen zogen sich zusammen, sie rollten sich an den Enden auf, als hätten sie Schmerzen. Die Erde um die Pflanze herum sah trocken und hart aus.

»Möchtest du ihn jetzt aufmachen?« Mama zog eine Augenbraue hoch und sah mich fragend an. Danach schob sie ihren Stuhl zurück und ging auf Socken zur Anrichte, um sich Kaffee nachzuschenken. Ihre Beine waren behaart. Kleine widerspenstige Härchen, die aufrecht standen. Seltsam, dass die Haare auf den Beinen nicht grau werden, sie waren immer noch so braun wie früher die Haare auf ihrem Kopf.

Ich zuckte die Schultern und schüttelte den Kopf. »Nein«, sagte ich langsam. »Vielleicht sp-sp-später.« Wenn ich sehr nervös bin, fange ich immer an zu stottern.

Mama kam mit ihrem Kaffeebecher zu mir und gab mir einen Kuss auf den Kopf. »Das ist okay, Pelle. Mach ihn auf, wenn du bereit dafür bist.«

Das ließ mich wieder ruhiger werden. Ich brauchte diesen Karton also überhaupt nicht sofort aufzumachen. Vielleicht sogar nie. Ich könnte ihn mein ganzes Leben lang zu lassen. Schließlich war Papa nicht da, um mich zu zwingen, ihn zu öffnen. Aber dann würde ich mich immer fragen, was in dem Karton drin war. Was in den Briefen stand.

Mama verschwand nach oben, um sich anzuziehen, sie musste zur Arbeit. Und ich musste gleich zur Schule. Es war zehn nach acht. Ich nahm den Karton mit in mein Zimmer, schob ihn unters Bett und packte meine Schultasche.

»Einen Karton mit Briefen?« Eva geht neben mir. Wir laufen die Straße entlang, die hinaufführt zur Schule. »Von deinem Vater? Was für Briefe?«

Eva und ich kennen uns schon, seit wir Babys waren. Wir waren zusammen in einer Krabbelgruppe, und seitdem sind wir Freunde. Eva hat knallrote Haare, die ihre Mutter ihr flicht. Aber in letzter Zeit trägt sie sie häufiger offen, und manchmal hat sie so Lippenzeug drauf, das sie sich mit einem Pinsel auf den Mund schmiert. Ihr Gesicht ist gesprenkelt von Sommersprossen. Und sie ist ein klein wenig größer als ich. Irgendwann zwischen Dezember und Februar hat sie mich plötzlich eingeholt. Anfang Dezember war ich noch größer, aber als wir im Februar wieder Rücken an Rücken standen, überragte mich Eva auf einmal. Sie trägt immer öfter Kleider und Röcke, und mittlerweile muss ich aus dem Zimmer, wenn sie sich umzieht. Davor hatte sie nie Probleme mit so was. Aber wir gehen noch immer jeden Tag zusammen zur Schule, und sie greift noch immer nach meiner Hand, wenn wir durch den Wald rennen, auf der Suche nach Kaninchen, Hasen und Rehen. Auf die stößt man vor allem gegen Ende des Winters, wenn im Wald weniger Nahrung zu finden ist. Der Hunger treibt sie dann zu den Wohnvierteln, und Eva und ich freuen uns immer, sie zu sehen.

»Ja, von meinem Vater. Einen ganzen Karton voll.«

»Was steht denn in diesen Briefen?« Neugierig schaut mich Eva unter ihrer braunen Strickmütze an. Die Mütze hat ihre Oma gemacht. Sie ist dement und wohnt schon mehrere Jahre in einem Pflegeheim. Und obwohl sie niemanden mehr zu erkennen scheint und sich kaum an ihren eigenen Namen erinnert, weiß sie noch ganz genau, wie man strickt. Eva hat mindestens achtzehn selbst gestrickte Mützen und fünf Schals.

Der meiste Schnee ist inzwischen verschwunden, nur hier und da liegen noch kleine trotzige Häufchen. Das ist kein weicher samtiger Puderschnee mehr, sondern Eis, so hart wie Hornhautschwielen. Evas Hände stecken in Wollhandschuhen (gekaufte – ihre Oma kann keine Handschuhe stricken), und sie drückt ihre Tasche fest an sich. Den Hügel hinauf ist es immer kälter als hinunter wegen des kalten Nordwinds, der vom Meer weht. Unser Dorf liegt an der Küste. Ich wohne schon mein ganzes Leben hier. Zur Stadt ein wenig weiter entfernt führt eine lange, gerade Straße, und unsere Schule liegt genau in der Mitte.

»Das weiß ich nicht. Ich habe den Karton noch nicht geöffnet. Und ich weiß auch gar nicht, ob ich das überhaupt mache.«

»Natürlich machst du das! Pelle, tu nicht so blöd. Natürlich liest du, was dein Vater geschrieben hat! Vielleicht wollte er dir ja noch alles Mögliche erzählen oder so. Oder da ist Geld drin. Oder er hatte allerlei Geheimnisse, die er für dich aufgeschrieben hat.«

Ich puste mir in die Hände, um sie zu wärmen. Die Kälte durchdringt auch meine Sneakers.

Schweigend gehen wir weiter, während ich über ihre Worte nachdenke. Was für Geheimnisse sollten das denn sein? Inzwischen hatte es schon ein Mal geklingelt, und alle rennen über den Schulhof oder stellen noch schnell ihre Räder an den Fahrradständern ab. Eva und ich beschleunigen unseren Schritt. Wir sind fast drinnen, als Eva sich umdreht. »Versprich mir, dass du den Karton aufmachst und die Briefe liest.« Ihre braunen Augen sind starr auf mich gerichtet.

Ich murmele etwas und zucke die Achseln. »Ist gut.«

»Nein, Pelle. Ich kenne dich. Das reicht mir nicht. Schwöre es. Schwöre, dass du die Briefe lesen wirst.«

Was kümmert es Eva, ob ich die Briefe meines toten Vaters lese? Aber ich spucke auf den Schulhof, hebe die Hand und sage: »Okay. Na schön. Ich schwöre es.« Offensichtlich ist es wichtig für sie, und damit wird es auch wichtig für mich.

Stoß läuft im Flur an uns vorbei, und während er »Hey, Pelle« sagt, stößt er mir kräftig gegen den Arm. Ich habe immer irgendwelche blauen Flecken von Stoß. Eva stößt er nicht. Sie kriegt keine blauen Flecken von Stoß, bloß rote Flecken im Gesicht. Ich lache in ihre Richtung, aber Eva schaut ihm mit tiefroten Wangen nach. Das liegt an der Kälte, überzeuge ich mich selbst.

»Die Rollenverteilung, liebe Leute. Es ist so weit. Ich habe ein Stück für unsere Aufführung ausgesucht.«

Theater & Musik ist ein Pflichtfach im ersten Jahr auf unserer Schule, und vor den Sommerferien müssen wir ein Theaterstück vorspielen. Kreativer Ausdruck ist der Schule zufolge total wichtig, wenn man aufwächst. Wird schon so sein.

Harold Henderson, unser Lehrer für Theater & Musik und auch unser Mentor, schaut sich in der Klasse um und setzt sich auf seine Schreibtischkante. Hinter seinem Rücken nennen wir ihn HaHa, Wegen der HHs. Das ist, was ich über ihn weiß:

- Er ist geschieden und hat zwei Kinder, die die Hälfte des Monats bei ihm wohnen.
- Er trägt gerne Jeans, eigentlich immer.

- Vielleicht sogar immer dieselben.
- Er mag klassische Musik, vor allem Opern. Manchmal legt er eine Oper auf, wenn wir Stillarbeit machen.
- Ätzend. Mich macht das immer total nervös.

Mehr weiß ich nicht wirklich über ihn. Was eigentlich seltsam ist, wenn man bedenkt, dass er alles Mögliche über uns weiß. Als ich auf die Schule kam, hatten Mama und ich ein besonders langes Gespräch mit ihm. Mama hatte weinend erzählt, was alles passiert war. Herr Henderson hatte ganz ruhig zugehört. Aber bevor Mama und ich wieder nach Hause gingen, hatte er mich an sich gedrückt und gemurmelt: »Ach, Pelle. Armer Junge …« Das machten einige Leute in den ersten Monaten nach Papas Tod. Und alle fassten sie nach meinem Gesicht und schauten, ob ich schon weinte.

Aber ich weine nie. Wenn ich früher hingefallen war und mir die Knie aufgeschürft hatte, gab Papa mir einen Klaps auf die Schulter und sagte: »Kurz die Zähne zusammenbeißen, mein Junge.« Das hatte er wieder gelernt von seinem Vater, meinem Opa. Den habe ich nie gekannt. Mein Opa war ein Held und ist bei einem völlig absurden Unglück gestorben. Als meine Mutter mit mir schwanger war, hat mein Opa das Leben eines kleinen Mädchens gerettet. Im Zoo war ein Büffel ausgebrochen, und mein Opa war gerade da. Der Büffel raste genau auf das Mädchen zu, das mitten auf dem Pfad stand. Mein Opa zweifelte keine Sekunde und rannte zum Mädchen. Er schob es weg, konnte sich selbst aber nicht in Sicherheit bringen. Der Büffel erwischte ihn voll an der Brust. Kurze Zeit später starb mein Opa an seinen Verletzungen.

Immer, wenn Papa diese Geschichte erzählte, stand Mama kopfschüttelnd daneben, als könnte sie noch immer nicht glauben, dass mein Opa so ein Held war. Bloß habe ich ihn eben nie gekannt. Papa zufolge konnte Opa sehr hart sein, aber er hatte den Krieg erlebt, und Papa sagte, Krieg härtet einen ganz schön ab. Dann weinte man wirklich nicht mehr wegen eines aufgeschürften Knies.

Echte Jungs weinen sogar nicht, wenn ihr Vater tot in einem Sarg liegt. Wenn ich das Gefühl habe, trotzdem weinen zu müssen, kneife ich die Augen ganz fest zu und denke an allerlei andere Sachen, über die ich nicht zu weinen brauche. Wie Mineralien ausgegraben werden. Dass auf dem Mars Wasser gefunden wurde. Ob es wirklich Ufos gibt. Dass wir uns manchmal die Sterne ansehen, die es eigentlich nicht mehr gibt und schon vor Tausenden Jahren erloschen sind. Wie viele Tafeln Schokolade ich kaufen könnte, wenn ich einfach so einen Zwanzigeuroschein finden würde. Welche Torte ich am leckersten finde und warum. Welche Städte und Länder ich später besuchen möchte, wie die Tianzi-Berge in China, die in jeder Jahreszeit die Farbe wechseln. Dass ich sehen will, wo Nelson Mandela gefangen war.

Lauter Sachen, über die ich nicht zu weinen brauche.

»Dieses Jahr stehen wir vor einer gigantischen Herausforderung«, sagt HaHa dann. »Wir bringen eine Neuerzählung der *Odyssee* auf die Bühne.«

Was immer das auch sein mag, es klingt jetzt schon schrecklich.

»Der was?« Juno schaut ihn verwirrt an. Ihre glänzenden schwarzen Haare fallen ihr über den Rücken.

»Die *Odyssee* von Homer. Ein Heldenepos. Die *Odyssee* ist eine der bekanntesten klassischen Geschichten, die wir aus der griechischen Antike kennen.« Herr Henderson drückt den Rücken ein wenig durch. »Sie wurde um 800 vor Christus geschrieben und handelt vom Trojanischen Krieg und dem Mann Odysseus. Nach dem Krieg will er zurück zu seiner Frau Penelope und seinem Sohn Telemachos in Ithaka, aber dafür braucht er gut zehn Jahre. Während seiner Reise trifft er auf allerlei Wesen, wie Zyklopen, Monster und Riesen, die alles versuchen, ihn an seiner Heimkehr zu hindern. Poseidon, der Gott des Meeres, hasst Odysseus und jagt ihm einen fürchterlichen Sturm auf den Hals, sodass er auf der Insel Scheria angespült wird. Dort erzählt er seine Geschichte über den trojanischen Krieg, das Pferd von Troja und seine jahrelange Reise zurück zu seiner Familie. Die Göttin Athene steht auf Odysseus' Seite und versucht alles, um ihn heil nach Hause zu bringen. Sie geht zur Insel Ithaka und spornt Telemachos an, seinen Vater zu suchen. Der Junge macht sich auf den Weg und beginnt bei den Freunden seines Vaters, um dahinterzukommen, wer sein Vater nun wirklich ist und wo er sein könnte. Inzwischen versuchen andere Männer, Odysseus' Platz neben Penelope im Palast einzunehmen, aber sie weist sie alle ab. Die Phaiaken – das sind die Einwohner der Insel Scheria – helfen Odysseus bei seiner Rückkehr. Auf Ithaka begegnet er bei einem Schweinehirten seinem Sohn Telemachos und die beiden erkennen einander. Gemeinsam kehren sie zurück zu Penelope und besiegen alle Eindringlinge im Palast. Odysseus ist dann schon zwanzig Jahre lang weg gewesen, und die ganze Zeit hatte er nur ein einziges Ziel vor Augen: zurück nach Hause, zu seiner Frau und seinem Sohn.«

Nach HaHas Geschichte schaut Stoß verdattert um sich. »Das kann man doch überhaupt nicht auf der Bühne aufführen! Es klingt idiotisch. Griechische Götter, seltsame Wesen, ein Krieg …«

»Die Herausforderung besteht darin, das trotzdem zu machen, und das tun wir, indem wir die Story ein wenig vereinfachen. Wir stellen nicht alles dar, sondern entwerfen eine tolle neue Geschichte. Ich habe mir eine Fassung ausgedacht, die man prima aufführen kann, und eine Rollenverteilung habe ich auch schon.«

Ich lasse mich ein wenig tiefer in meinen Stuhl sacken. Je kleiner ich mich mache, desto kleiner ist auch das Risiko, dass Herr Henderson mich sieht und mir eine Rolle gibt. Hoffe ich.

»Penelope, Odysseus' schöne Frau, spielt Eva.« Herr Henderson schaut Eva lächelnd an, und sie strahlt übers ganze Gesicht.

»Die Rolle des Odysseus' bekommt Karl.«

Stoß schaut erstaunt auf. »Ich kriege die Hauptrolle? Und sie ist meine Frau?« Er zeigt auf Eva.

Herr Henderson nickt, und Stoß lacht zufrieden auf. »Cool.« Plötzlich scheint er keine Probleme mehr damit zu haben, dass es ein schwieriges Stück ist.

HaHa macht weiter mit der Rollenverteilung. Anna darf die Göttin Athene sein. Mike, Joe, Abdel und Aron sind Odysseus' Soldaten. Pjotr spielt den Gott Poseidon. Sara ist Kalypso und Sanne übernimmt die Rolle der Circe. Juri spielt den Schweinehirten. Finn ist der Gott Zeus. Es werden auch noch kleine Rollen ausgeteilt, wie zum Beispiel die Sirenen. Björn darf sich zusammen mit Elke um die Beleuchtung kümmern, und Joey und Aisha machen den Ton.

»Dann wären wir auch schon durch«, sagt HaHa, und er schaut noch mal auf die Liste in seinen Händen.

Erleichtert atme ich auf. Ich bin unsichtbar.

»Ach, und fast hätte ich das Wichtigste vergessen«, sagt HaHa dann. »Telemachos, Odysseus' Sohn. Pelle, ich möchte gern, dass du diese Rolle übernimmst. Das war's, liebe Leute. Wir fangen nächste Woche mit den Proben an. Ich schicke euch einen Link zu einem kurzen Zeichentrickfilm über die *Odyssee*. Darin wird die

Geschichte ziemlich einfach erklärt, und ihr könnt genau sehen, worum es geht.«

In diesem Moment klingelt es zur Pause. Stühle werden zurückgeschoben, Taschen auf die Tische gelegt, alle reden durcheinander. Ich bleibe kurz sitzen und starre auf meine Hände. Danach gehe ich zu Herrn Henderson, der seine Sachen einpackt.

»I-i-ich k-k-kann nicht auf die Bühne. D-d-das will ich nicht«, presse ich hervor.

Herr Henderson schiebt unsere Hefte in seine Aktentasche. Auf seinem Pullover sind Tierhaare.

»Pelle, alle müssen mitmachen. Das Theaterstück ist ein Pflichtteil. Das weißt du doch?«

»A-a-aber ich w-w-will es nicht.« Ich schaue Herrn Henderson an. »B-b-bitte. Ich kann vielleicht einen z-z-zusätzlichen Aufsatz schreiben. Über die *Odyssee*. Ich will n-n-n-nur nicht auf der Bühne stehen.«

»Pelle, das wäre so gut für dich. Den Horizont erweitern. Dich mehr trauen.« Er seufzt. »Telemachos ist eine wunderbare Rolle. Ist es schwierig für dich, weil es von einem Jungen handelt, der seinen Vater sucht?«

Ich schüttele den Kopf. »N-n-nein. I-i-ich … D-d-darum geht es nicht. Ich w-w-will einfach nicht auf der Bühne stehen.«

»Denk noch einmal darüber nach, ja? Und wenn du lieber eine andere Rolle hättest, können wir das vor nächster Woche bestimmt noch regeln. Einverstanden?«

»Kommt da kein Kl-kl-klavierstück drin vor? Das könnte ich machen.«

Herr Henderson schüttelt den Kopf. »Es ist kein Musical. Es ist ein Theaterstück. Und ich möchte gern, dass du Telemachos spielst.«

Ich zucke die Schultern. Hierüber brauche ich überhaupt nicht nachzudenken. Den Gedanken, im Mittelpunkt zu stehen, finde ich einfach nur schrecklich. Am Klavier kann man sich noch ein wenig verstecken, hinter allen achtundachtzig Tasten. Aber auf der Bühne geht das nicht. Ich will gar nicht dran denken. Wie mich alle anstarren und hinter vorgehaltener Hand flüstern. *Das ist Pelle. Du weißt schon. Der Junge mit dem toten Vater. Und dieser seltsamen Mutter. Der Junge, der manchmal stottert. Ja, der mit den großen Füßen. Viel zu groß für diesen Körper. Pelle mit dieser komischen Nase. Dieses besondere Kind. Anders als andere Kinder. Du-weißt-schon-Pelle.*

Im Kindergarten habe ich in einer Weihnachtsaufführung mal einen der Drei Heiligen Könige gespielt. Mitten auf der Bühne war ich plötzlich vor Schreck erstarrt, als ich all die Eltern sah. Ich war stocksteif an Ort und Stelle stehen geblieben, sogar, als die anderen beiden Heiligen Könige an mir zerrten und versuchten, mich von der Bühne zu bekommen, und Maria lauthals zu mir sagte, ich solle gefälligst Leine ziehen, und das Publikum anfing zu lachen. Schließlich war mein Vater auf die Bühne geklettert und hatte mich hochgehoben und mitgenommen hinter die Kulissen, wo er mir so lange Witze erzählte, bis ich ganz schlapp vor Lachen an ihm lehnte und das Theaterstück mit zwei Heiligen Königen und einer empörten Maria weitergegangen war.

»Bis morgen, Pelle.« Herr Henderson zog sich seine Winterjacke an. »Denk noch mal darüber nach.«

Zu Hause sitze ich sehr lange mit dem geschlossenen Schuhkarton auf dem Schoß in meinem Bett.

Draußen dämmert es schon. Der Wind pfeift unter der Tür hindurch. Mama ist noch bei der Arbeit. Sie ist Operationsassistentin im Krankenhaus in der nächstgrößeren Stadt. Manchmal fange ich schon mal an zu kochen, wenn sie noch nicht zu Hause ist, und ab und an nehme ich den Bus – Nummer fünfzehn –, um sie abzuholen, und dann nehmen wir uns unterwegs Pizza mit.

Ich knibbele an dem roten Klebeband, bis es sich löst, hole tief Luft und öffne den Deckel des Schuhkartons.

Es liegen gefaltete Zettel darin, weiße Notizzettel. Ich erinnere mich, dass Papa so einen Notizblock hatte. Darauf schrieben sowohl er als auch Mama allerlei Sachen auf.

Tramadol abholen: Dosis erhöhen?

Versicherung!

Nach Augensalbe fragen

Dr. Brent anrufen: 14.00 Uhr. Nicht vergessen!

Paint It Black – Rolling Stones (welche andere Musik?)

Solche Zettel liegen jetzt ordentlich zusammengefaltet in dem Karton. Es sind auch Päckchen in verschiedenen Formen darin. Ich nehme einige heraus, versuche zu ertasten, was darin ist. Ein zugeklebter Umschlag liegt auch in dem Karton, sechzehn steht darauf. Die Zettel, der Umschlag und die Päckchen sind alle nummeriert, erkenne ich jetzt. Auf jedem Zettel steht, soweit ich sehen kann, eine Zahl: 2, 13, 8, 4, 11, 9 …

Auf dem Boden des Schuhkartons liegt auch ein Schlüssel. Ich nehme ihn in die Hand und frage mich, zu welchem Schloss er wohl gehört. Ich erkenne ihn auf jeden Fall nicht und lege ihn wieder zurück.

Ein loser Zettel ist auch dabei, nicht gefaltet und nicht zugeklebt. Ich erkenne die Handschrift sofort.

Nimm dir in der richtigen Reihenfolge immer nur einen Brief.
Fang mit der 1 an. Nicht mehr als einen Zettel pro Woche. Du brauchst dir nicht jede Woche einen zu nehmen. Du darfst so viel Zeit dazwischen vergehen lassen, wie du möchtest.
Alles Liebe
Papa

Mehr steht nicht darauf. Ich wühle in dem Karton herum, bis ich den Zettel finde, auf dem eine 1 steht.

Mit zitternden Händen nehme ich ihn heraus. Ich lege den Deckel wieder auf den Karton und stelle ihn neben mich auf die Bettdecke. Den ersten Brief von meinem Vater lege ich auf mein Nachtschränkchen und starre darauf. Soll ich ihn aufmachen? Was wird darin stehen? Will ich das überhaupt lesen? Vielleicht ist es ein fürchterliches Geheimnis, das ich überhaupt nicht wissen will (*Hallo Pelle, hinten im Garten ist die Leiche von einem Mann verbuddelt, den ich einst ermordet habe. Würdest du die Knochen bitte ausgraben und ins Meer werfen, ohne dass jemand es sieht? Danke. Papa*)

Aber es ist, als säße mein Vater neben mir und würde mich ermutigen, den Brief zu nehmen, als würden sich seine Hände über meine legen, um ihn zu öffnen.

Hallo Pelle.

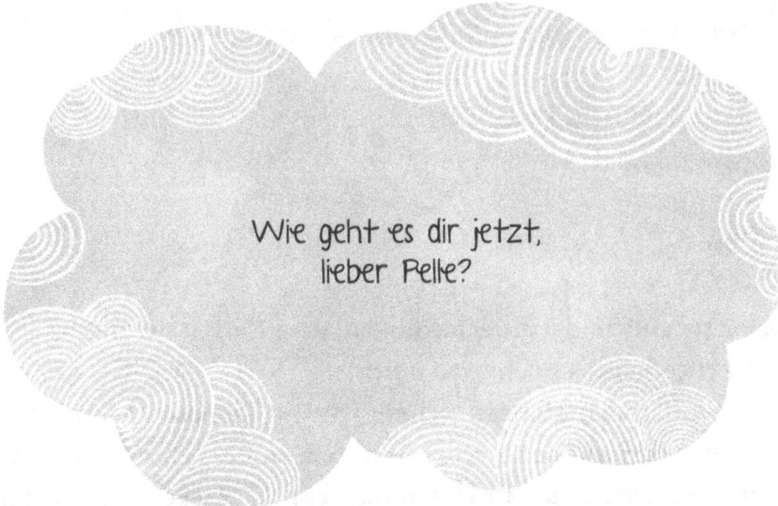

Eine Woche lang hatte ich an Brief Nummer 1 gedacht. *Hallo Pelle.* Warum hatte er denn nicht mehr dazu geschrieben? Aber wie lange ich auch auf den Zettel starrte, da standen wirklich nur diese zehn Buchstaben drauf. Heute Morgen nahm ich den zweiten Brief aus dem Karton.

Und Brief Nummer 2 verwirrt mich.

Mama gähnt und schaltet den Fernseher an. Es ist Freitagabend, und wir haben gerade gegessen. Wir schauen uns zusammen einen Krimi an. Neben dem Foto meines Vaters brennt eine Kerze, die neben seiner Urne steht, auf dem Schrank neben dem Fernseher.

Die Urne finde ich ziemlich gruselig. Die Vorstellung, dass der Körper meines Vaters in diesem blauen Gefäß steckt … Mama weiß noch nicht so recht, was wir mit der Asche machen sollen. Darum steht mein Vater dort, geduldig neben dem Fernseher, als würde er mit uns zusammen fernsehen und warten, bis wir wissen, was wir mit seinen Überresten machen wollen.

Im Krimi wird eine Bank überfallen, und jemand wird angeschossen. Sofort danach fängt die Werbung an. Mama steht auf und schenkt sich Tee nach, und für mich Saft.

»Wie war's heute in der Schule? Tut mir leid, dass ich nicht eher gefragt habe …« Sie setzt sich wieder auf das verschlissene braune Sofa und zieht sich eine Decke über die Beine. Sie sieht müde aus.

»Gut. Ich hatte eine Eins im Mathetest.«

Das wird sie nicht sonderlich überraschen, weil ich für fast alles immer eine Eins oder eine Zwei bekomme. In der Grundschule meinten sie, ich könne durchaus eine Klasse überspringen.

»Klug genug ist er dafür«, hatte die Lehrerin gesagt. »Er könnte die letzte Grundschulklasse überspringen. Dann wird er mehr stimuliert.«

Mama und Papa hatten darüber nachgedacht und mit mir darüber geredet. Schließlich hatten wir entschieden, dass ich doch ganz normal die letzte Grundschulklasse machen würde.

»Er ist noch ziemlich klein für sein Alter«, hatte Mama gesagt. »Auch was … das Verhalten betrifft. Er beschäftigt sich noch nicht mit Sachen, die viele andere Kinder schon interessieren. Pelle ist … Pelle. Er mag große Veränderungen nicht so gern. Wir fördern ihn lieber zu Hause ein wenig mehr mit allerlei Büchern. Und wenn er mag, könnte er eine neue Sprache lernen.«

Daraus wurde aber irgendwie nichts. Ich hätte gern Chinesisch lernen wollen, aber in unserem Dorf gab es niemanden, der Chinesisch-Unterricht gab. Als Papa sich beim China-Restaurant erkundigt hatte, dachten sie, er meinte, ich wolle chinesisch kochen lernen. Nachdem ich einmal da gewesen war und gelernt hatte, wie man eine gute Szechuan-Soße macht, hatte der Koch meine Eltern angesprochen.

»Junge zu klein. Schwierig mit große Messer. Tschak-tschak-tschak! Kann nicht ans Feuer«, sagte er wild gestikulierend, um danach auf Chinesisch weiterzureden, was ich nicht verstand, weil ich ja kein Chinesisch gelernt hatte.

»Er braucht doch nicht ans Feuer, um die Sprache zu lernen?«, hatte Papa erstaunt gefragt, und da hatten die Stunden aufgehört. Wir aßen danach aber öfter Fu Yong Hai, weil ich gelernt hatte, wie man das macht, indem ich dem Koch genau zugeschaut hatte. Wenn ich einmal etwas gesehen habe, merke ich es mir und vergesse es nie wieder. Was ganz schön schwierig ist, wenn man seinen eigenen Vater tot gesehen hat. Aber das nur so nebenbei.

Statt Sprachunterricht bekam ich von Papa und Mama lauter Bücher, aus denen ich Sachen lernen konnte. Bücher über Geschichte, die Entstehung der Erde, über das Weltall und allerlei Tierarten. Ich hatte Physikbücher durchgenommen und ein Buch über Psychologie gelesen. Ich hatte einen Atlas des menschlichen Körpers auswendig gelernt und wusste, wo sich jeder Knochen, jedes Organ und alle Blutgefäße befanden, und auch, wie sie alle hießen. Und ich wusste zum Beispiel auch, was *Pediculus humanus capitis* ist. Das klingt auf jeden Fall eine Ecke schicker als »Kopflaus«, was es eigentlich bedeutet.

Im vergangenen Jahr hatte ich mich auf Bücher und Artikel über den Tod gestürzt. Darüber weiß ich mehr als wer auch immer auf der Welt. Bloß kann man mit diesem Wissen nicht so viel anfangen. Weil es nicht wirklich hilft, wenn man traurig ist.

In der Schule war eigentlich alles einfach. Manchmal tat ich nur so, als würde ich etwas nicht begreifen, damit ich nicht so auffiel. Eva ist die Einzige, die das weiß, und sie findet es blöd. »Wenn du gut in etwas bist, brauchst du dich dafür doch nicht zu schämen?«

»Hm. Ich habe übrigens eine Mail von deinem Mentor bekommen«, sagte Mama plötzlich. »Irgendetwas darüber, dass du nicht in einem Theaterstück mitspielen möchtest. Warum nicht?«

»Darum. Ich möchte lieber nicht auf der Bühne stehen.«

Mama zupft an einem Fingernagel herum. »Das ist eine Pflichtaufgabe, schreibt Herr Henderson. Vielleicht kann er dich davon befreien und dich am Bühnenbild arbeiten lassen. Ich schicke ihm eine Mail und frage, ob das geht. Wie … wie läuft's mit dem Karton? Den Briefen?«

Wie geht es dir jetzt, lieber Pelle?

Ich habe meine Pinnwand leer geräumt und den ersten und zweiten Zettel nebeneinander aufgehängt.

Hallo Pelle.

Wie geht es dir jetzt, lieber Pelle?

»Es sind … Zettel. Einfach Zettel. Auf dem ersten stand ›Hallo Pelle‹. Und heute hatte ich einen, auf dem ›Wie geht es dir?‹ stand.«

Mama pulte wieder an ihrem Nagelhäutchen. Wegen ihrer Arbeit im Krankenhaus müssen ihre Nägel immer kurz sein, und sie darf keinen Nagellack oder Schmuck tragen. Sobald die Sommerferien da sind, lackiert sie sich ihre Fingernägel und lässt sie wachsen. Aber sobald ihr Urlaub vorbei ist, schneidet sie sie kurz und entfernt den Lack. Letzten Sommer hat sie zum ersten Mal ihre Fingernägel nicht lackiert und auch nicht wachsen lassen. Wir sind auch nicht weggefahren. Der vorige Sommer war wie Herbst, miefig und dunkel und nicht fröhlich und warm, wie VDT – Vor Dem Tod. Die Ferien VDT waren immer total schön, und ich erinnere mich an die Hitze, die Sonne, den Geruch von Sonnencreme, klebrigen Sand, lange Abende, die einfach nicht vorbeizugehen schienen. Ich vermute, dass Ferien NDT nie mehr so sein werden.

»Oh. Das ist … schön.« Mama greift nach der Fernbedienung und stellt den Ton lauter. Die Werbung ist vorbei und damit auch das Gespräch.

Ich weiß nicht, was ich mit dem zweiten Zettel anfangen soll. Ist es eine Frage, die ich beantworten muss? Soll ich zurückschreiben oder so? Darüber nachdenken? Mich draußen hinstellen und mit dem Himmel und den Sternen reden? Oder mit der Urne? Normalerweise würde ich das mit Eva besprechen. Wir würden uns übers Handy schreiben. Aber dazu habe ich jetzt keine Lust, weil sich heute Morgen etwas zwischen Eva und mir verändert hat. Etwas Kleines, aber trotzdem fühlt es sich groß an.

Heute Morgen auf dem Schulweg hatte Eva gefragt, ob ich den Karton schon aufgemacht hätte.

»Ja, das hatte ich doch versprochen. Dann weißt du doch, dass ich das auch mache.« Ich wich einem Hundehaufen auf dem Gehweg aus. Ich wollte immer einen Hund haben, aber Mama will das nicht, weil Hunde überallhin machen und keiner den Dreck wegräumt. Ich habe mindestens hundert Mal versprochen, dass ich die Hundehaufen *ganz bestimmt* wegmachen würde, dass ich sogar die Haufen anderer Hunde aufräumen würde (na ja, vielleicht), aber wir haben noch immer keinen Hund. Eva weiß, wie gern ich einen Hund hätte, und hat mir mal einen Kuschelhund geschenkt, einen Labrador. Der steht jetzt auf meinem Schreibtisch, und immer, wenn ich ihm über den Kopf streichele, denke ich an Eva.

»Und? Was stand in den Briefen drin?« Eva roch heute nach Blumen und Apfelsinen (okay, und ein ganz klein wenig nach gebratenem Backfisch). Es war Winterende und Eva roch jetzt schon nach Sommer. Sie trug die Haare offen, und schob sich immer wieder eine widerspenstige Locke hinters Ohr. Evas linkes Ohr steht ein klein wenig ab wie der Henkel an einem Teeglas, was ich lustig finde. Es passt zu ihr, mit ihren roten Haaren und ihrem Sommersprossengesicht.

»Es sind eher Zettel. Ich darf jede Woche nur einen einzigen lesen.«

»Oh. Hast du das gemacht?«

Ich nickte. »Ja, letzte Woche, als ich den Karton bekommen habe, den ersten. Da stand ›Hallo Pelle‹. Und auf dem von dieser Woche steht: ›Wie geht es dir?‹«

Auf Evas Stirn tauchten Denkfalten auf. »›Hallo Pelle‹? Dein Vater schickt dir Nachrichten nach seinem Tod, und dann sagt er: ›Hallo Pelle‹? Ist das echt alles? Keine langen Briefe?«

»Nein. Das ist alles. Na ja, da ist auch ein Umschlag drin, aber den darf ich noch nicht aufmachen.«

»Keine großen Geheimnisse, die er enthüllt? Über unbekannte Geschwister, die du hast? Oder wo er all sein Geld vergraben hat? Oder dass er für den Geheimdienst gearbeitet hat und Spion war? Einfach total langweilig ›Hallo Pelle‹?« Sie legt grinsend den Kopf schief.

»Ja. Genau das. Hey, hast du die Mathe-Hausaufgaben schon fertig? Sonst kann ich dir gern helfen.« Plötzlich wollte ich nicht mehr mit Eva über die Briefe sprechen. Es war, als würden sie weniger wert, weniger besonders, so wie Eva fast spöttisch darüber redete.

»Ja. Das war nicht so schwierig.« Sie zog die Nase hoch. Es war ein kühler, ja kalter Morgen, aber die Schneehäufchen waren verschwunden. Der Frühling kam tatsächlich. »Stoß hat mir gestern bei den Hausaufgaben geholfen.«

»Stoß?«

»Ja. Warum nicht?« Sie klang ein wenig aufgebracht, als hätte ich sie angegriffen. »Er ist bei uns in der Klasse und wirklich total nett. Und gut in Mathe.«

Ich bin besser in Mathe, wollte ich erwidern, also kannst du besser mich bitten, dir zu helfen. Stoß hatte noch nie eine bessere Note als eine Vier bekommen, und ich hatte immer mindestens eine Zwei. Ich kenne die ersten einunddreißig Zahlen von Pi auswendig. 3,141592653589793238462643383279. Ich kann jede beliebige Summe ausrechnen. Ich weiß die ersten fünfzig Primzahlen auswendig und dass es noch gar nicht lange her ist, dass man die einundfünfzigste Mersenne-Primzahl gefunden hat. Ich glaube, Stoß kann nicht einmal sieben Primzahlen hintereinander aufzählen, ohne einen Fehler zu machen. Aber das sagte ich nicht. Weil ich wusste, dass es einen ganz anderen Grund geben musste, warum sie ihre Hausaufgaben zusammen mit Stoß machen wollte. Darum hielt ich den Mund.

Den restlichen Tag achtete ich darauf, wie oft Eva Stoß anschaute und wie sie das tat. Eva und Stoß … Vor ein paar Monaten hatte Eva noch gesagt, sich verlieben sei total idiotisch und dass sie immer allein bleiben wollte. Genau wie ihre Tante Agnes, die alleine durch die ganze Welt reiste, weil sie keinen Mann und keine Kinder hatte, auf die sie Rücksicht nehmen musste. Aber plötzlich sah ich Eva über Sachen lachen, die Stoß sagte. Und wie sie sich mit den Händen durch die Haare fuhr, wenn sie ihn anschaute, sich noch ein wenig aufrechter hinstellte, wodurch sie noch größer wirkte. Ich glaube, Eva fand verliebt sein plötzlich überhaupt nicht mehr so lächerlich.

Stoß zwinkerte ihr manchmal zu, und dann wurde Eva genauso rot wie ihre Haare.

Einer Eva, die rot wurde, wenn Stoß ihr zuzwinkerte, wollte ich nichts mehr über die Briefe meines Vaters erzählen. Aber wenn ich Eva nichts mehr erzählen kann, habe ich niemanden mehr, der alles von mir weiß.

Seufzend denke ich wieder an die Zettel. *Wie geht es dir jetzt, lieber Pelle?*

Ich werde mir selbst überlegen müssen, was ich mit dieser Frage mache. Vielleicht sollte ich mich daran gewöhnen, immer weniger gemeinsam mit Eva zu unternehmen. Wohl oder übel, wenn sie sich mit Stoß anfreundet. Ich stehe auf und suche in der Küchenschublade nach einem Stift und Papier. Schade, dass mein Vater in der Urne kein Handy hat – und damit meine ich nicht so ein Papierhandy, wie man es in China in den Sarg legt, sondern ein echtes –, dann könnte ich ihm einfach eine Nachricht schicken. Briefe schreibt doch heutzutage eh keiner mehr.

Ich weiß nicht, was Mama mit seinem Handy gemacht hat. Das sind Fragen, die schwierig sind, weil Mama dann ganz oft in Tränen ausbricht.

Anfangs rief ich seine Nummer manchmal an. Ich hatte mir ab und zu vorgestellt, wie es wäre, wenn er dann ranginge. *Hier ist Papa!* Wenn sich rausstellte, dass er überhaupt nicht tot war, sondern einfach irgendwo auf einer Insel hockte, wo ihn keiner finden konnte. Dann stellte ich mir vor, dass er uns verlassen hat, weil er eine Weile allein sein möchte. Dass es einfach nur Ferien sind. Das würde ich auch verstehen, weil ich manchmal auch allein sein will.

Hier ist die Mailbox von Richard. Wenn du eine Nachricht hinterlässt, rufe ich so schnell wie möglich zurück. Einen schönen Tag! Beim ersten Mal hatte ich die Nummer bestimmt elf Mal hintereinander angerufen, nur um seine Stimme zu hören. Ich wollte schreien, dass er überhaupt nicht zurückruft und dass er nichts sagen soll, was nicht stimmt. Aber immer hatte ich schweigend wieder aufgelegt.

Ich schlurfe zurück ins Wohnzimmer und setze mich hin. Mama schaut kurz auf, vertieft sich dann aber wieder in den Krimi.

Mit der Kulikappe im Mund schaue ich auf das weiße Blatt Papier vor mir. Wie geht es mir eigentlich? Auf der neuen Schule geht es mir gut, bloß ist es wieder zu einfach für mich. Im Fußballverein läuft es. Ich bin in letzter Zeit nicht krank gewesen, das geht also auch gut. Ich bin noch immer sehr mager. Ein wandelndes Gerippe, aber Mama sagt immer, dass es besser wird, wenn ich älter werde. Dann bekomme ich mehr Muskeln. Ich habe keinen Wachstumsrückstand. Der kleinste Mann der Welt misst noch nicht mal 55 Zentimeter. Wenn man drei von denen aufeinanderstapelt, bin ich fast genauso groß. Wachsen läuft also auch.

Wenn ich es mir so ansehe, geht alles gut, von außen. Nach einer weiteren Viertelstunde Nachdenken und Rumkauen habe ich eine Antwort aufgeschrieben.

Hallo Papa,

es geht nicht schlecht. Aber auch nicht gut. Es ist bloß nicht mehr so schön ohne dich. Silvester habe ich mir die Hand an einer Zündschnur verbrannt. Ich wollte sie aufdröseln, um sie näher zu untersuchen, aber das ging schief. Man sieht noch immer einen rosa Fleck an meinem Daumen. Ansonsten ist es vor allem blöd, dass du nicht mehr da bist. Manchmal bin ich wütend auf dich. So wahnsinnig wütend! (Sorry!)

Wusstest du übrigens, dass sie auf Sulawesi – das ist eine Insel in Indonesien – lebensgroße Puppen von den Toten machen und die dann auf einen speziellen Balkon stellen? Dort wachen die Puppen über die Verstorbenen, die hinter ihnen begraben sind. Ich habe kurz überlegt, ob es Mama gefallen würde, wenn ich eine Puppe machen würde, die so aussieht wie du, aber ehrlich gesagt glaube ich das kaum.

Du stehst jetzt im Wohnzimmer, auf dem Schrank neben dem Fernseher, aber gleichzeitig bist du irgendwie überhaupt nicht da. Es fühlt sich an, als säßen Mama und ich in einem Kokon. Du weißt schon, wie Raupen. Bloß sind die im Durchschnitt elf Tage in ihrem Kokon gefangen. Dann werden sie zu Schmetterlingen. Aber es gibt auch eine Sorte, bei denen es vier Jahre dauert! Ich warte schon eine ganze Weile, bis wir uns wieder entpuppen. Aber Mama mag ihren Kokon, glaube ich, und sie webt ihn dicker und dicker. Manchmal ersticke ich fast.

Du fehlst mir.

Tschüss.

Pelle

Ich falte das Blatt zusammen und schaue um mich. Es fühlt sich lächerlich an, an einen Vater zu schreiben, der nicht mehr da ist. Und jetzt? Soll ich es in den Schuhkarton stecken? Wegwerfen? Oder einfach irgendwohin legen? Mein Blick fällt auf die Urne. Dann habe ich eine Idee.

Als Mama ins Bett gegangen ist, schleiche ich mich wieder nach unten.

Im Dunkeln wirkt die Urne größer, bedrohlicher. Anfangs habe ich sie ab und zu mal angefasst. Ich hatte gehofft, das würde mich irgendwie trösten. Aber die Urne fühlte sich kalt und hart an. Sie hatte nichts Tröstendes. Also habe ich damit aufgehört. Ich finde den Gedanken noch immer seltsam, dass mein Vater darin ist. Jetzt lege ich die Hand auf den Verschluss. Um die Urne öffnen zu können, muss ich sie mit einer Hand gegen meinen Bauch drücken und mit der anderen aufdrehen. Sie ist fester zugschraubt, als ich dachte. Der Verschluss quietscht ein wenig, und ich schaue schnell zur Tür. Gleich hört Mama was und kommt runter, um nachzuschauen, und ich stehe hier mit der offenen Urne. Das ist eine sehr schlechte Idee. Ich will die Urne gerade wieder wegstellen, als sich der Deckel endlich drehen lässt. Papas Asche liegt locker in der Urne. Papa war erst in einer Tüte, aber Mama hat ihn da herausgeholt und lose in die Urne geschüttet. Ich darf die Urne nicht fallen lassen, weil mein Vater dann im ganzen Wohnzimmer verteilt liegt und ich staubsaugen muss. Und wir können ja wohl kaum statt der Urne einen Staubsaugerbeutel auf den Schrank stellen.

Schnell lasse ich den Brief in die Urne fallen. Ohne auf die Asche zu schauen – jemand hat mir mal erzählt, dass man manchmal noch kleine Knochenstückchen darin sieht, und ich will auf keinen Fall ein Fingerglied oder einen Zehenknochen von meinem Vater zu sehen bekommen –, schließe ich die Urne und schleiche mich zurück ins Bett.

Du musst mir versprechen,
die Dinge zu tun, um die ich dich bitte.
Vertrau mir nur.

Draußen scheint schwach die Sonne. Heute Morgen beim Fußball war es richtig kalt gewesen. Ich bin Torwart, und wir haben letzte Woche das erste Wettspiel der neuen Saison gespielt, als wir endlich wieder auf die Felder konnten. Früher schaute mein Vater immer zu, bei jedem Spiel. Mama kommt ab und zu, aber nie bleibt sie die ganze Zeit. Fußball macht viel weniger Spaß, seit Papa nicht mehr da ist, genau wie alles andere. Das Leben ist eine salzlose Suppe geworden, sagt Mama, und ich glaube, da hat sie recht.

Heute Nachmittag habe ich mit Finn ein paar Games bei uns gespielt. Er wohnt zwei Straßen weiter. Finn ist der einzige Junge in der Klasse, mit dem ich mich treffe. Die anderen Jungs hängen lieber bei Stoß und seiner Gruppe ab. Außer Abdel, aber der hat eigentlich überhaupt keine Freunde und geht nach der Schule sofort nach Hause. Abdel wohnt hier noch nicht so lange.

»In unsere Klasse ist ein neuer Junge gekommen«, hatte ich meinen Eltern ein paar Monate, bevor Papa starb, erzählt. Papa hatte da schon nicht mehr ganze Tage gearbeitet, aber ich wusste noch nicht, warum das so war. Er sagte einfach, er sei sehr müde und würde es darum ruhiger angehen lassen. Ich hatte keine Ahnung von den Krebszellen in seinem Körper.

»Ach ja? Ist er nett?«, hatte Mama gefragt.

»Weiß ich nicht. Er spricht eine andere Sprache. Er ist, glaube ich, noch nicht so lange hier. Und er heißt Abdel.«

»Lad ihn doch mal ein«, hatte Papa gesagt. Das sagte Papa öfter. »Bring mal ein paar Freunde mit nach Hause.« Aber das hatte ich nie getan. Abdel bleibt lieber für sich. Nur als mein Vater gestorben war, kam er vorbei. Er wollte nicht reinkommen, aber er hatte die Stelle berührt, an der sein Herz war, und den Kopf gebeugt. So war er kurz stehen geblieben. Danach hatte er sich umgedreht und war weggegangen. Als ich ihm nachschaute, dachte ich so fest ich nur konnte an andere Sachen. Daran, wie Fossilien vorsichtig aus der Erde ausgegraben werden und wie sich Salzseen bilden und ob ich jemals alle 8848 Meter des Mount Everest erklettern würde.

Auf der Straße vor unserem Haus hatte ich dann plötzlich jemanden gesehen, leicht versteckt hinter ein paar Sträuchern. Eine dunkle Gestalt – ich konnte nicht einmal erkennen, ob es ein Mann oder eine Frau war –, die zu unserem Haus starrte. Ich war im Türrahmen stehen geblieben. Vielleicht war es ein alter Freund von Papa, der sich nicht rein traute oder nicht wollte. Oder vielleicht auch nur ein Vogelbeobachter, der nichts mit meinem Vater zu tun hatte, sondern einen seltenen Singvogel entdeckt hatte. Vielleicht eine Hawaaiikrähe, den seltensten noch lebenden Vogel. Es gibt in der Welt 10 965 verschiedene Singvogelarten, aber von der Hawaiikrähe gibt es nur noch 106 in Gefangenschaft und vielleicht noch ein oder zwei in der freien Natur. Die geheimnisvolle Gestalt hatte vielleicht so einen seltenen Vogel entdeckt, denn sie war ganz schnell wieder verschwunden.

Ich habe allerlei Bücher voll mit solchen Fakten, über die man nicht zu weinen braucht, wie die Anzahl der Vogelarten und dass der Twatwa ein Singvogel aus Suriname ist und auch Reißknacker heißt. Twatwa klingt viel schöner, finde ich. All diese Informationen stopfe ich in meinen Kopf, damit ich daran denken kann, wenn es nötig ist. Beim Begräbnis meines Vaters habe ich den ganzen Zeitstrahl der Dinosaurier auswendig aufgesagt, und während des langen Wartens im Krankenhaus, wenn Papa behandelt wurde, versuchte ich die verschiedenen Sternsysteme aufzuzählen. Als sie mir sagten, dass mein Vater krank sei, dachte ich daran, wie viel Schlaf Elefanten brauchen und wie Ameisen eine Stadt unter Sand bauen können und dass es in der Insektenwelt öfter eine Königin als einen König gibt. Die größte Ameisenkolonie der Welt ist 6000 Kilometer lang. Da passt der kleinste Mann der Welt 109 080 Mal rein. Und alle Ameisen der Welt zusammen wiegen genauso viel wie alle Menschen zusammen.

Lauter solche Sachen weiß ich.

Beim Begräbnis war meine ganze Klasse da. Das hätte Papa bestimmt gut gefunden – dass endlich Freunde kamen. Manche Eltern waren auch mitgekommen, und der Schuldirektor, der Hausmeister und alle Lehrerinnen und Lehrer, bei denen ich in der Klasse gewesen war. Meine Fußballmannschaft ist auch gekommen, außer Jonas, der war im Urlaub. Es waren so viele Leute, fast wie bei einer großen Geburtstagsfeier. Bloß lag das Geburtstagskind in einem Sarg.

Nachdem Finn nach Hause gegangen war, habe ich den dritten Zettel genommen. Ich hoffe, dafür nicht wieder die Urne aufmachen zu müssen. Zettel Nummer 3 ist ein wenig rätselhaft. Du musst mir versprechen, die Dinge zu tun, um die ich dich bitte. Vertrau mir nur.

Welche Dinge?

Plötzlich kann ich es nicht lassen, Brief Nummer 4 zu öffnen, auch wenn ich das eigentlich nicht darf. Andererseits: Was konnte mein Vater schon dagegen machen? Auferstehen und sauer auf mich werden? Also faltete ich den vierten Zettel auf, aber ich sagte schon noch schnell: »Sorry, Papa.«

Nimm Schwanenkopfschrauben und baue die Baumhütte in den kommenden Wochen zu Ende – es ist wichtig, dass du Schwanenkopfschrauben nimmst.

Das Baumhaus ist ein Projekt vom vorletzten Sommer, kurz bevor Papa krank wurde. Unser Garten ist groß und grenzt an eine Weide, auf der manchmal Pferde stehen. Mama nennt es einen »wilden« Garten, was bedeutet, dass sie nie Lust hat, das Unkraut, den Löwenzahn, die Disteln und den Klatschmohn auszurupfen. In einem Teil des Gartens hat sie Tomaten und Zucchini und anderes Gemüse gepflanzt, aber den hat sie vergangenen Sommer vernachlässigt. Unsere Tomaten kommen jetzt aus dem Supermarkt und schmecken total anders.

Der Schuppen meines Vaters steht neben unserem Haus. Und ganz hinten, bei den Apfelbäumen und der Eiche, hatte er mit dem Bau einer Baumhütte angefangen. Das Plateau ist bereits fertig, genau wie die Seitenwände, bloß ist das Dach erst halb drauf. Die Hütte stützt sich auf die starken, niedrigen Äste des Baumes. Um hinein zu gelangen, muss man eine Leiter hochklettern. Die Strickleiter, die dort hängen müsste, liegt im Schuppen, weil noch Haken am Plateau zum Aufhängen befestigt werden müssen. Ich war schon über ein Jahr nicht mehr dort hinten. Und ehrlich gesagt: Jetzt, da ich zwölf bin, finde ich ein Baumhaus ziemlich kindisch. Als wir vor zwei Jahren mit dem Bau anfingen, erhob sich das Gerüst hoch über mir, und ich fand die Idee großartig. Papa hatte mich alles selbst ausrechnen lassen. Die Tragkraft, wie viele Stützpunkte es geben musste. Es war ein total tolles Projekt gewesen.

»Ein eigenes Plätzchen, an dem du gemütlich lesen, mit Freunden abhängen oder dich einfach zurückziehen und chillen kannst. Ich wollte früher immer eine Baumhütte. Und dann die Sommerabende, Pelle! Dann können wir zusammen dort übernachten, wenn wir ein Moskitonetz aufhängen!«

Während der Sommer heißer wurde und die Tage wieder kürzer, wurde unser Bau immer größer. Ein Bretterplateau tauchte auf. Robuste Holzwände mit einer Aussparung für das Fenster. Wir arbeiteten Seite an Seite, das Radio dabei an. Manchmal sangen wir lauthals mit. Papa brachte mir bei, wie man mit Querbrettern einen Boden zusammenzimmerte. Ich half ihm bei der Konstruktion, auf die das Dach kommen würde. Das Dach und die Bretter, die nebeneinandergelegt werden mussten, lagen jetzt halb darauf. Die andere Hälfte musste noch befestigt werden. Aber so weit ist es nicht mehr gekommen. Papa wurde krank.

»Wir bauen die Hütte zu Ende, sobald ich mich besser fühle«, hatte er gesagt. »Nächsten Sommer hast du deine Baumhütte!« Aber im nächsten Sommer war Papa nicht mehr da. Ich habe die Baumhütte seitdem nicht mehr besucht. Warum sollte ich eine Hütte zu Ende bauen wollen, in der ich doch nie mehr sein werde? Welcher Zwölfjährige will denn bloß ein Baumhaus? Und ich habe keine Ahnung, was Schwanenkopfschrauben sind.

Am nächsten Morgen stehe ich im Türrahmen von Papas Schuppen. Auch hier gehe ich nicht mehr hin, seit er tot ist. Höchstens stellen wir hier ab und zu mal Sachen ab, die wir nicht mehr brauchen, und dann machen wir die Tür schnell wieder zu. Es gibt nichts im Haus, das wieder festgedreht oder wo irgendwas reingeschlagen werden müsste. Und wenn doch etwas kaputt geht, dann lassen wir es so. So bekommt unser Haus immer mehr Narben von Sachen, die kaputt sind und es auch bleiben.

Im Schuppen riecht es muffig und feucht, ich atme den Geruch von Schmieröl und Holzspänen ein. Ein Schauder läuft mir über den Rücken, als ich auf den Lichtschalter drücke. Dicke Staubschichten bedecken die Werkbank, in den Ecken hängen graue Spinnweben mit leeren Hüllen von Fliegen und Wespen. Sanft bewegen sie sich im Luftzug hin und her. Auf dem Boden liegen Mäusekötel. Die Kälte zieht an mir vorbei, als wollte sie aus dem modrigen Schuppen entwischen.

Gartengeräte. Pinsel. Paps gelbe Zettel hängen überall, und ich schaue mir das wunderliche Labyrinth aus Tipps und Anweisungen an. *Schweißgerät. Nicht ohne Schutzbrille benutzen! Terpentin nur bei Farben auf Ölbasis.* Manche Zettel haben sich durch die Feuchtigkeit aufgerollt.

Ich hole tief Luft und gehe hinein. Mit den Fingern fahre ich über die Schubladen, die Schränke, die Werkbank. Sie werden ganz schwarz und fettig. Ich wische sie an meiner Hose ab, und mir fällt zu spät ein, dass das Mama immer sauer macht. Ich gehe zu den Schränkchen, in denen mein Vater Schrauben und Nägel aufhob, und ich lese alle Zettel. Ich suche überall, aber nirgends finde ich Schwanenkopfschrauben.

Zylinderschrauben. Flügelschrauben. Kreuzschlitzschrauben.

Die gibt es hier alle. Ich finde auch Paps' Süßigkeitendose. Die holte er immer hervor, wenn wir zusammen arbeiteten. Dann schüttelte er sie ein wenig und hielt sie mir vor die Nase.

Ich öffne den Deckel. Ein paar Sahnebonbons liegen noch darin, ein paar Katzenpfötchen und eine halbe Rolle Pfefferminz.

»Nimm dir ruhig noch eins«, sagte Papa immer. Und dann zwinkerte er mir zu.

Mama will nicht, dass ich Süßigkeiten esse. Sie glaubt nicht an Zucker. »Sieh dir nur Blume an. Die ist immer so hektisch, wenn sie Süßigkeiten gegessen hat.« Blume ist unser Nachbarsmädchen. Sie ist fast vier Jahre älter als ich. Alles an Blume ist besonders. Ihre Hektik (durch den Zucker, Mama zufolge), ihre Locken, die frechen dunklen Augen, mit denen sie einen so herausfordernd anschauen kann, und ihr Mut. Blume traut sich alles und kann alles, so scheint es. Blume traut sich, aufs Dach zu klettern (ich nicht, ich trau mich nicht so hoch), sie schwänzt manchmal, wenn sie keine Lust auf Schule hat, und sie kann großartig Gitarre spielen. An warmen Sommerabenden hallen die Akkorde sanft durch unseren Garten. Im Winter dämpfen die geschlossenen Türen das Geräusch.

Ich höre gerne zu, wenn Blume spielt, obwohl Gitarre nicht das Gleiche ist wie Paps' Klavier. Blumes Eltern sind Hippies, sagt Mama immer ein wenig missbilligend. Blumes Mutter glaubt an Götter (für die sie Räucherstäbchen anzündet) und an Zucker. Und weil meine Mutter nicht an Süßigkeiten glaubt (und übrigens auch nicht an Götter und Räucherstäbchen), hatte mein Vater diese Dose für uns. Weil wir sehr wohl an Süßigkeiten glaubten.

Ich nehme ein Katzenpfötchen. Es ist ganz hart und kalt, und ich schiebe es mir in den Mund.

»Was machst du denn da?«

Vor Schreck lasse ich die Süßigkeitendose auf die Werkbank fallen. Mama steht im Türrahmen, sie hat sich gegen die Kälte einen großen Schal um den Hals gewickelt.

»Äh … ich suche Schrauben.« Mit der Zunge drücke ich die Lakritze zwischen Zähne und Wange, damit sie es nicht sieht.

»Was für Schrauben?«

»Schwanenkopfschrauben. Fürs Baumhaus. Ich … Die Zettel, weißt du? Papa schrieb, ich solle das Baumhaus zu Ende bauen.« Ich räuspere mich. Wahrscheinlich findet sie das lächerlich. Ich finde es selbst auch komisch. Die Baumhütte gehört zu früher. Oder vielleicht zuckt sie mit den Schultern und geht wieder ins Haus. Manchmal scheint es, als wäre sie auch ein wenig gestorben. Als wäre sie nur noch eine leere Hülle, genau wie die ausgehöhlten Wespenleibchen in den Spinnennetzen.

»Oh.« Mama schaut durch das schmutzige Fenster nach draußen, und auf ihrer Stirn entsteht eine tiefe Falte. Sie zieht die Augenbrauen zusammen. »Hast du da was im Mund? Ich rieche … Anis oder so.« Ihr Blick wandert zu der Werkbank. Sie greift nach der Dose. »Süßigkeiten?« Sie schaut mich erstaunt an.

»Von … Papa.« Ich starre auf die Werkbank. »Das war unsere Süßigkeitendose.«

Sie sagt nichts und schaut sich um. Gedankenverloren schließt sie die Dose und stellt sie wieder hin. Mit dem Finger streicht sie über die fettige Staubschicht auf der Werkbank, sie greift nach einem Kugelschreiber und klickt ihn auf und zu. Beißt sich auf die Lippen. Sie nimmt eine kleine Büchse mit Schraubenziehern und schaut erstaunt darauf. Die Büchse sieht alt aus.

»Die war noch von deinem Opa«, sagt sie dann verdutzt. »Die hat dein Vater bekommen, als er selbst noch ein kleiner Junge war.

Damit er seinem Vater im Haus bei Reparaturen helfen konnte. Dass er die aufgehoben hat, nach allem …«

»Natürlich hat er die aufgehoben. Opa war ein Held!«

Mama sagt nichts und stellt die Büchse ziemlich fest wieder ab. »Soll ich dir beim Suchen helfen?« Sie legt mir eine Hand auf die Schulter.

Überrascht nicke ich.

Gemeinsam durchsuchen wir die Schubladen. Ab und an bleibt Mama nachdenklich mit einem Werkzeug in der Hand stehen, als würde sie hoffen, dass jemand ihr erzählte, wofür man das benutzt.

»Weißt du …«, sagt sie einen Moment später. »Ich kann kein Baumhaus bauen. Ich wüsste nicht, wie. Aber vielleicht schaffen wir es zusammen.« Mit der Hand wischt sie sich die Nase ab, an der ein Tropfen hängt. »Ich will dir gern helfen. Und wenn wir diese Schrauben nicht finden können, fragen wir jemanden. Vielleicht sollten wir den Schuppen übrigens mal aufräumen.« Sie zeigt auf die Sachen, die wir im vergangenen Jahr da abgestellt haben. Eine kaputte Kaffeemaschine. Verschlissene Kissen. Einen durchgebogenen Stuhl. Einen verrosteten Wäscheständer und noch mehr Krempel. »Das hat Papa natürlich immer gemacht, das hier war wirklich sein Heiligtum. Aber nun ja, er räumt hier nicht mehr auf … Jetzt gehört es uns. Ich rufe morgen beim Sperrmüll an, dass sie vorbeikommen sollen. Alles, was wegdarf, stellen wir hier in diese Ecke. Hilf mir mal, den Sessel hochzuheben.«

Fast eine Stunde arbeiten wir ohne Pause, bis an der einen Seite des Schuppens ein großer Berg mit kaputten und alten Sachen steht und die andere Seite ganz aufgeräumt ist. Die Zettel haben wir alle hängen lassen. Mama hat schwarze Streifen im Gesicht. Sie richtet sich auf und stemmt die Hände in die Hüften. »So. Das sieht wieder ordentlich aus.« Sie sieht mich an. Ihre Augen glänzen, und ihre Mundwinkel gehen zufrieden nach oben.

Bloß haben wir keine Schwanenkopfschrauben gefunden.

»Pelle! Nun warte doch mal!«

Atemlos rennt Eva hinter mir her, auf dem Weg zur Schule. »Warum bist du schon weitergelaufen? Ich habe auf dich gewartet!«

Ich zucke die Achseln. »Sorry. Ich dachte, ich sei zu spät.« Ich werfe Eva einen Seitenblick zu, schaue auf ihre roten Wangen und ihre zusammengezogenen Augenbrauen.

»Zu spät? So ein Unsinn, du bist nie zu spät. Hey, wie war dein Wochenende?«

»Okay. Samstag hatten wir ein Fußballspiel, Finn kam vorbei, und ansonsten habe ich nicht viel gemacht. Ach ja, wir haben endlich Papas Schuppen aufgeräumt. Und du?«

»Karl und ich waren in diesem neuen Hamburgerladen. Der ist echt cool!« Eva lacht. »Total modern und so. Da hingen Riesenbildschirme, auf denen Filme gezeigt werden. Wenn man also will, kann man da den ganzen Abend sitzen und sich Filme ansehen. Und sie hatten W-LAN und eine Chill-Ecke und …«

»Ich mag keine Hamburger«, lüge ich. Ich will, dass Eva über ihren Abend mit Stoß den Mund hält.

»Häh? Quatsch nicht. Du bist ganz verrückt nach Hamburgern!«

»Nicht mehr. Ich … ich denke darüber nach, Vegetarier zu werden. Oder Veganer.«

Sie bleibt einen Moment stehen. »Du?! Du isst total gern Fleisch!«

Wieder zucke ich die Schultern und gehe einfach weiter.

Den Rest des Tages wirft Eva mir ab und an einen fragenden Blick zu. In der Pause sitzt sie bei Stoß und seiner Gruppe. Sie lacht über die Sachen, die er sagt. Stoß muss wirklich sehr viel Humor haben, so oft wie Eva lacht. Nie gemerkt, dass er so witzig ist.

Finn stupst mich an. »Gamen? Nach der Schule?«

Ich schüttele den Kopf. »Nein, ich gehe später mit meiner Mutter ins Eisenwarengeschäft.«

»Schwanenkopfschrauben, sagtest du, Junge?« Der Mann hinter der Ladentheke schaut angestrengt. Als hätte er selbst eine Schraube im Leib. Er kratzt sich den Kopf und wendet sich nachdenklich zu der Wand hinter ihm. Hunderte Schubladen, in denen lauter Nägel, Muttern und Schrauben liegen.

Mama schaut auf ihre Armbanduhr. Wir hatten uns auf dem Marktplatz verabredet und waren schnell zu diesem Geschäft gegangen, das offiziell in fünf Minuten schließt. Bei uns im Ort gibt es nicht so viele Läden, aber einen Eisenwarenhandel haben wir. Ich bin zum ersten Mal hier und schaue mir erstaunt an, was es alles gibt.

Der Verkäufer fährt sich durch seine zerzausten braunen Haare und kratzt sich am Scheitel, als hätte er *Pediculus humanus capitis*. Läuse. »Schwanenkopfschrauben …«, murmelt er. Er zieht sämtliche Schubladen auf, schüttelt den Kopf und schiebt sie zu. Nach ein paar Minuten sieht er uns wieder an. »Bist du dir sicher? Ehrlich gesagt, habe ich noch nie davon gehört.«

»Vielleicht könnten Sie im Computer nachsehen?« Mama zeigt auf die Ladentheke, auf der ein Laptop steht. Sie hat den Reißverschluss ihrer dicken Winterjacke aufgezogen und pustet sich ein paar Haare aus dem Gesicht. Eigentlich ist es zu warm für eine Winterjacke.

Der Mann tippt etwas in den Computer und schüttelt dann den Kopf. »Nein. Die gibt es nicht, ich dachte es mir schon. Vielleicht haben Sie es falsch verstanden?«

Ich lasse meine rechte Fußspitze über den Boden kreisen. Es stand wirklich in dem Brief. Schwanenkopfschrauben.

»Vielleicht.« Mama seufzt und dreht sich zu mir. »Kannst du auch äh … andere Schrauben nehmen?«

»Wofür sind sie denn?«, fragt der Mann. Ich sehe, dass er grüne Augen hat, die Farbe von Oliven. Über sein Kinn zieht sich eine Narbe.

»Eine B-B-Baumhütte«, bringe ich hervor. »Da muss n-n-noch ein Dach drauf. Und eine Strickleiter dran. Und d-d-das soll ich alles mit Sch-Sch-Schwanenkopfschrauben befestigen.«

Er nickt bedächtig. »Und diese Schrauben … Hast du die schon mal benutzt?«

»Mein Vater benutzte sie, glaube ich.« Mein Gesicht ist bestimmt so rot wie Mams Stiefel.

Mama legt mir eine Hand auf den Arm. »Sie … Mein Mann und mein Sohn waren dabei, ein Baumhaus zu bauen. Es ist noch nicht ganz fertig, und jetzt suchen wir die Schrauben. Mein Mann hat gesagt, wir bräuchten diese.«

»Vielleicht sollte er dann am besten selbst kurz reinschauen«, schlägt der Verkäufer vor. Er hebt entschuldigend die Schultern. »Ich weiß es wirklich nicht.«

»Das wird kaum gehen«, sagt Mama und zieht ihren Reißverschluss wieder zu. »Er ist letztes Jahr gestorben.«

»Oh!« Die Gesichtsfarbe des Mannes ändert sich, und jetzt wird er so rot wie Mams Stiefel. »Das tut mir leid.«

Das ist immer so seltsam. Wenn man zu jemandem sagt, dein Vater sei tot, antworten sie: »Das tut mir leid.«

»Sie können nichts dafür, es ist ja nicht Ihre Schuld, dass er gestorben ist«, sage ich darum. Ich sehe, dass Mama die Lippen zusammenkneift.

»Äh, nein …«, sagt der Mann erstaunt. »Aber weißt du was, ich könnte ja vorbeikommen und mir ansehen, was du brauchst, um deine Baumhütte fertig zu bauen. Ich könnte …« – er kratzt sich wieder den Kopf – »… morgen nach Ladenschluss.«

»Ich weiß nicht …«, sagt Mama zögernd. »Das ist doch ein wenig zu viel verlangt.«

»Das ist gar kein Problem. Und dann kannst du mit deiner Hütte weitermachen.« Er zwinkert mir zu.

Mama sieht mich verzweifelt an. Ich zucke die Achseln. Mir kommt es schon sehr praktisch vor, wenn jemand mal schauen würde, wie wir weitermachen könnten.

»Gut.« Mama nimmt einen Zettel und einen Stift von der Ladentheke und schreibt unsere Adresse auf.

Ich muss eine wichtige Entscheidung treffen. Erst das Baumhaus zu Ende bauen und dann erst Brief Nummer 5 öffnen oder einfach jetzt schon den Brief meines Vaters aufmachen. Ich sitze mit dem Schuhkarton auf dem Schoß da und starre auf die Zettel. Nur einen pro Woche, hat Papa geschrieben. Das würde also bedeuten, dass ich nicht alle Aufträge schon fertig zu haben brauche, bevor ich den nächsten Zettel nehme. Ein Teil von mir will alle Briefe so schnell wie möglich aufreißen, alles lesen. Ein anderer Teil will alles möglichst lange aufschieben, denn je mehr Briefe geöffnet sind, desto schneller ist der Karton leer. Und dann werde ich nie mehr einfach so eine unerwartete Nachricht von meinem Vater bekommen.

»Pelle!« Mama steht unten an der Treppe. »Eva und Karl sind da, ich schicke sie rauf, ja?«

Eva und Stoß?! Was machen die denn hier? Ich stelle den Karton auf mein Bett, renne zum Spiegel und fahre durch meine abstehenden Haare. Ich lecke an meiner Hand und reibe mir ein wenig Schokolade vom Kinn. Auf dem Fußboden liegt noch eine schmutzige Unterhose, die ich schnell unter mein Kopfkissen stopfe. Evas leichte und Stoß' schwerere Schritte hallen wie Trommelwirbel auf der Holztreppe.

»Hey!« Eva macht die Tür auf und lacht. Sie sieht strahlend aus. Die Haare fallen ihr offen auf die Schultern, sie trägt eine Jeansjacke und um den Hals einen riesigen Schal. Mein Herz macht kurz einen Satz, bis ich Stoß sehe, der hinter ihr ins Zimmer kommt. Er hat die Hände in die Hosentaschen geschoben und schaut sich neugierig um. Seine dunkelbraunen Haare hat er streng nach hinten gekämmt, sie glänzen vom Gel. Stoß mustert mein Bett mit der Micky-Maus-Bettdecke (die bis vor einer Minute noch völlig okay war, jetzt aber plötzlich lächerlich kindisch aussieht). Sein Blick wandert an meinem Schreibtisch vorbei, auf dem meine Bücher, Zeichnungen, Papierflugzeuge, Evas Labrador und Stifte liegen. Er inspiziert die Wände mit den Postern von *Der Kleine Hobbit*, dem Sternensystem, dem Periodensystem der Elemente und Real Madrid. Stoß' Blick bleibt kurz an der Pinnwand mit den vier Zetteln meines Vaters hängen und huscht dann weiter über meine Spielkonsole, den kleinen Fernseher, das Waschbecken mit der abgebrochenen Ecke, den Regalen voller Bücher, Modellautos, Legorobotern, die ich irgendwann mal gebaut habe, und dem eingerahmten Foto von Papa und mir.

Stoß ist noch nie in meinem Zimmer gewesen (und ich nicht in seinem). Es ist zwar vorbeigekommen, als Papa unten in seinem Sarg lag, aber da kam niemand auf die Idee, durch den Rest des Hauses zu geistern. Alle wollten möglichst schnell wieder weg. Stoß hatte sich Papa nicht einmal angeschaut. Er war einfach auf dem alten Fußboden in der Küche stehen geblieben und hatte gemurmelt, es tue ihm leid, dass mein Vater tot sei. Danach ging er sofort wieder.

»Hey«, murmele ich zurück und räuspere mich. »Was macht ihr hier?«

Eva fasst sich mit beiden Händen in die Haare. In ihren Augenwinkeln glänzt ein wenig rosa Puder, und sie lässt sich auf mein Bett fallen.

»Wir kommen halt vorbei, wir waren gerade in der Nähe. Und wir dachten, es wäre praktisch, über das Theaterstück zu sprechen.«

So wie Eva »wir« sagt, klingt es, als wären sie und Stoß schon total lange zusammen. Ich weiß nicht, wie ich hierauf reagieren soll. Ich habe immer gedacht, dass Eva und ich ein »Wir« sind – oder das auf jeden Fall eines Tages sein würden.

»Oh. A-a-aber ich weiß nicht, ob ich überhaupt mitmachen w-w-will.«

Eva schaut ein wenig irritiert. »Wieso das? Wir müssen alle mitmachen, und du machst da keine Ausnahme. Und hey, wir sind deine Eltern, also musst du auf uns hören.« Jetzt lacht sie.

»Meine Eltern?!«

»Ja. Ich bin Penelope, deine Mutter. Und Karl ist Odysseus, dein Vater.« Eva zwinkert mir zu.

»Das also ist dein Zimmer.« Stoß geht an mir vorbei und verpasst mir dabei kurz einen Fausthieb auf den Arm.

»J-j-ja.«

Stoß betrachtet meine Bücher und liest die Zettel an der Pinnwand. Am liebsten würde ich ihn da wegschubsen – die Briefe sind nur für mich. Ich behalte ihn im Blick. Er hat mehr Muskeln als ich. Vielleicht steht Eva ja darauf. Stoß macht viel Sport. Jetzt geht er in meinem Zimmer umher, als würde er etwas suchen. Danach setzt er sich neben Eva. Seine Hand berührt den Karton, und ich schnelle zum Bett, um ihn zu nehmen, aber Eva kommt mir zuvor. Über Stoß' Beine hinweg langt sie nach dem Karton, zieht ihn zu sich und macht den Deckel auf.

»Hey, ist das dieser Karton? Von deinem Vater?« Mit den Fingern wühlt sie durch die Briefe.

»Ja.« Ich möchte nicht, dass Eva das macht. »Gib nur, ich wollte ihn gerade wegstellen.«

»Bei welchem Brief bist du denn jetzt?« Sie ignoriert meine ausgestreckte Hand und starrt weiterhin fasziniert auf die Zettel.

Stoß beugt sich kurz über Eva, um in den Karton zu schauen. »Briefe? Was denn für Briefe?« Stoß nimmt einen heraus.

»Nicht! Nicht öffnen!« Ich schieße vor und nehme den Karton von Evas Schoß. Ich will nach dem Zettel in Stoß' Hand greifen, aber dann sehe ich ein Funkeln in seinen stahlgrauen Augen. Einen Moment leuchten sie auf, und ein leichtes Grinsen zieht über sein Gesicht. Er hält die Hand hinter seinem Rücken, damit ich nicht an den Zettel rankomme.

»Immer mit der Ruhe! Erst sagen, was das für Zettel sind!«

Ich schaue Eva flehend an, aber sie dreht das Gesicht weg.

»Briefe von meinem Vater«, sage ich. »Gib ihn mir zurück.«

In Stoß' Augen glänzt etwas Bösartiges.

»Verstehe ich das richtig, du bekommst Nachrichten von deinem toten Pa? Post aus dem Jenseits? Haha! Creepy, eigentlich.« Stoß schaut auf den Zettel in seiner Hand, der sich noch immer außerhalb meiner Reichweite befindet.

»Stoß, los, komm, das ist kindisch, gib ihn zurück ...« Eva sieht ihn an. In ihrer Stimme steckt gleichzeitig ein nervöses Lachen und ein wütender Anraunzer.

Stoß schüttelt den Kopf. »Nein, das finde ich viel zu interessant. Zombiepost, haha!« Er steht auf.

Ich versuche währenddessen, meine Panik unter Kontrolle zu bekommen. Aber es fühlt sich an, als müsste ich einen zu groß aufgeblasenen Ballon in ein zu kleines Gefäß stopfen. Immer wieder stülpt sich ein Stück von dem Ballon raus. Ich sehe Eva an.

»G-g-gib d-d-den B-b-brief zurück! Der gehört m-m-mir!«

Eva ist auch aufgestanden und seufzt tief, als würde ein nerviges Kleinkind an ihren Haaren ziehen.

»Los, Karl, nun mach schon. Sei nicht so. Ich gehe runter. Ich will nach Hause.« Sie dreht sich noch kurz um, und ihr Blick sagt: »Sorry, Pelle«, aber aus ihrem Mund kommt: »Tu, was du nicht lassen kannst, Karl, aber ich würde den Brief einfach zurückgeben.« Sie geht zur Tür und bleibt dort stehen, wartet auf ihn.

»G-g-gib her.« Ich sehe Stoß jetzt wütend an, aber er lacht. Er schiebt den Brief in seine Hosentasche.

Wir stehen uns gegenüber wie ein Stier einem Matador in der Arena. Ich schnaube, will ihm den Kopf in den Bauch bohren. Aber ich weiß auch, dass ich nicht die geringste Chance habe. Ich bin zu mager, zu schwach. Es würde lächerlich aussehen. Stoß bringt ein triumphierendes Kichern hervor, zieht den Zettel aus der Hosentasche und wirft ihn in meine Richtung. Er wirkt plötzlich zutiefst gelangweilt.

»Da.« Er dreht sich um, und während ich den Zettel vom Boden aufhebe, geht er pfeifend zur Tür hinaus. Eva wirft noch einen kurzen entschuldigenden Blick in meine Richtung und folgt ihm dann die Treppe hinunter.

Ich halte den Zettel fest in der Faust umklammert und stelle mich ans Fenster. Der Panikballon verliert langsam an Luft. Ich schiebe eine der Lamellen der Holzjalousie weg und starre durch die Zweige der Trauerweide vor dem Haus. Ich sehe Eva und Stoß unten gemeinsam aus der Haustür kommen. Eva sagt etwas zu ihm, er zuckt mit den Achseln und geht langsamer, damit Eva vor ihm läuft. Er schaut rauf zu meinem Fenster und zieht grinsend etwas aus seiner Hosentasche. Mit wild klopfendem Herzen sehe ich, dass er einen Zettel in die Höhe hält. Ich schnappe nach Luft, öffne meine Hand und sehe einen zerknüllten Einkaufszettel. Er hat meinen Brief ausgetauscht! Fassungslos starre ich aus dem Fenster. Stoß tippt sich kurz an die Stirn, als würde er mich grüßen, dreht sich um und folgt Eva, während er Paps' Brief wieder in seine Hosentasche gleiten lässt.

Ich lasse die Jalousie los. Meine Füße fühlen sich an, als wären sie am Fußboden festgeklebt, ich kann mich kaum bewegen. Ich mache die Augen ein paarmal auf und zu und versuche, das heiße Gefühl im Hals, durch das alles zugekniffen wird, wegzuschlucken. Ich nehme den Karton und fange an zu suchen.

Der größte Hund der Welt ist eine Deutsche Dogge. Wenn sie steht, ist sie 2,23 Meter groß. Stoß hat meinen Brief. Der kleinste

Hund der Welt ist ein Terrier. Der ist kaum 7 Zentimeter lang und so groß wie eine Cola-Dose.

Brief Nummer 9 ist verschwunden.

»War das Evas Freund?« Mama schöpft Spaghetti auf meinen Teller. Die gelbweißen Fäden plumpsen wie kämpfende Würmer darauf. Ich nehme etwas Streukäse.

»Sie v-v-verstehen sich einfach gut.« Ich versuche, ihrem eindringlichen Blick auszuweichen.

Delfine schlafen nie wirklich. Sie können nicht allzu lange unter Wasser bleiben, dann ertrinken sie. Wenn sie müde werden, schläft nur die eine Hälfte ihres Gehirns, und danach die andere. Mit einem geschlossenen und einem offenen Auge lassen sie sich ein wenig treiben. Wie praktisch es wäre, wenn wir unsere Gehirnhälften auch kurz ausschalten könnten. Dann könnte ich die Panikhälfte jetzt abschalten. *Brief Nummer 9.* Neun ist eine Primzahl. Es ist auch eine Kaprekar-Zahl. Kaprekar war ein indischer Wissenschaftler, und er entdeckte etwas Besonderes. Wenn man die 9 ins Quadrat erhebt, macht das 81. Und wenn man die 8 und die 1 wieder addiert, macht das wieder 9. Also: 9 x 9 = 81, und 8 + 1 = 9.

Wissenschaftler glauben, dass es vielleicht einen neunten Planeten in unserem Sonnensystem gibt, und diesen Planeten nennen sie Planet Neun. Niemand hat ihn schon in Wirklichkeit gesehen, aber man hat Spuren davon gefunden. Er muss bloß noch mal auftauchen, dieser Planet Neun.

»Oh. Ich dachte immer, ihr wärt … Ach, na ja.« Mama schüttelt den Kopf, und dadurch rieche ich etwas, was ich schon sehr lange nicht mehr gerochen habe. Leichter Parfümduft. Es ist bestimmt ein Jahr her, dass sie zuletzt Parfüm benutzt hat. Sie lächelt und gibt mir Salat.

»Wie spät wollte dieser Mann noch mal vorbeikommen, um sich das Baumhaus anzusehen? Es ist ja schon ziemlich dämmrig, hoffentlich kann er alles gut sehen.« Sie schaut aus dem Küchenfenster.

Soll ich ihr erzählen, was Stoß gemacht hat? Und dann? Dann ruft sie vielleicht seine Eltern an, um ihnen zu berichten, dass Stoß einen Brief von meinem toten Vater gestohlen hat. Stoß wird es leugnen. Nein, natürlich hat er keinen Brief gestohlen, was für eine lächerliche Beschuldigung! Wenn er schon was stehlen würde – was er natürlich niemals täte! –, dann wohl kaum einen Brief, sondern Geld oder Schmuck oder eine Tafel Schokolade aus dem Supermarkt. Und seine Mutter würde auch sagen, dass Stoß so was niemals tun würde. Sie würde auflegen und den Kopf schütteln. »Schade, wirklich, das war so eine nette Frau, aber sie ist ganz schön durcheinander«, würde sie sagen. »Seit ihr Mann gestorben ist, ist sie ein wenig ...« Und dann würde sie mit dem Zeigefinger Kreise an ihrem Kopf drehen. Danach würde sie weitermachen mit dem Essen oder Fernsehen, und Stoß würde den Zettel im Klo runterspülen oder so.

Also besser nichts erzählen, beschließe ich, und schlürfe ein paar Spaghetti. Vielleicht ist es einfach ein Scherz von Stoß – obwohl ich nicht darüber lachen kann –, und ich bekomme Brief 9 morgen zurück.

Sicherheitshalber mache ich aber ab jetzt Liegestütze. Ich muss stärker werden, Muskeln bekommen. Damit andere mir nicht mehr so auf der Nase herumtanzen, wie Stoß heute Nachmittag, und auch, weil Eva offensichtlich auf Muskeln steht, weil ... Was sollte sie sonst in ihm sehen?

Mama nimmt noch ein wenig Spaghetti. »Woran denkst du? Du bist so weit weg«, sagt sie, lacht und wuschelt mir durch die Haare. »Himmel, die werden wirklich zu lang. Was hältst du davon, wenn wir am Wochenende mal zum Friseur gehen?«

Ich nicke überrascht. Ich war bestimmt schon ein Jahr nicht mehr beim Friseur. Ab und zu nahm Mama eine Schere und schnippelte lustlos an meinen Haaren herum, weshalb sie jetzt einem Staubwedel ähneln. Aber mit sehr viel Gel klappt es jeden Morgen, sie ein wenig in Form zu bekommen.

Es klingelt, und Mama bedeutet mir, ich solle aufmachen. Ich schlurfe zur Haustür und sehe erst dann, dass ich zwei verschiedene Socken trage: einen mit Punkten und einen gestreiften. Mama hat nie Lust, Sockenpaare zusammenzusuchen. Sobald sie gewaschen sind, verschwinden sie in einem großen Korb, und manchmal gelingt es mir nicht, zwei gleiche zu finden. Wie heute Morgen.

Als ich die Tür aufmache, steht der Mann aus dem Eisenwarenladen vor mir und schaut nach oben. Er klopft an das Holz des Türrahmens und kratzt mit dem Finger ein wenig Farbe ab, was ich ganz schön frech finde. Stell dir mal vor, du bist irgendwo zu Besuch und reißt einfach ein Stück Tapete von der Wand. Oder du kratzt Farbe ab.

Der Mann trägt eine dunkelblaue Jacke, einen karierten Schal und eine Baseballkappe, an die er zur Begrüßung kurz tippt. Er hat ein rundes Gesicht und einen kurzen braunen Stoppelbart, der sich von einem Ohr zum anderen zieht. Ein Hipsterbärtchen. Seine olivengrünen Augen schauen mich fröhlich an.

»Also ist es doch hier! Ich war erst vorbeigegangen. Das Holz hier« – wieder klopft er gegen den Türrahmen – »da sitzt der Borkenkäfer drin. Siehst du? Warte mal.« Er greift in die Innentasche seiner Jacke und zieht einen Stift hervor. Den drückt er gegen das Holz, ein wenig fester, und dann verschwindet die Spitze darin, als wäre das Holz Teig. Er zieht den Stift zurück, und man sieht ein Loch, aus dem ein wenig Sägemehl fällt. »Siehst du? Porös. Löcher, Holzmehl. Die Mistviecher nisten sich da ein, ohne dass man es bemerkt, und greifen von innen allmählich alles an. Anfangs sieht man das von außen nicht, aber sie fressen manchmal so viel weg, bis alles einstürzt. Sie legen Eier, aus denen schlüpfen Larven. Und das sind hungrige Kerlchen, die fressen alles auf. Manchmal werden sie zehn Jahre alt, und wenn sich dann endlich zu Borkenkäfern verpuppen, leben sie nur noch eine Woche oder zwei. So ein Ungeziefer. Ihr müsst was dagegen unternehmen, sonst ist alles bald hinüber. Ich kann euch beraten.« Er streckt die Hand aus. »Ich hatte mich gestern ja gar nicht vorgestellt. Ich bin Jackson. Sag einfach Jack.«

»Pelle«, sage ich und nehme seine Hand. »Sag einfach Pelle.«

Seine Hand ist so groß, dass meine darin verschwindet. Er drückt sie kräftig und lächelt.

»Kommen Sie ruhig rein«, ruft Mama von der Küche aus.

Ich trete zur Seite, damit Jack an mir vorbei ins Haus gehen kann. Die Vorstellung, dass unser Haus offensichtlich fast einstürzt, bereitet mir Sorgen. Oder noch schlimmer: Jetzt, da ich es weiß, ist es, als könnte ich die Borkenkäfer sogar am Holz knabbern hören.

Jack stellt sich Mama vor und setzt seine Kappe ab.

»Liesbet«, sagt Mama. Danach bleibt es kurz still, während sich Jack in der Küche umsieht und Mama ihn mustert.

Sie schauen beide erschrocken auf, als ich mein Puddingschälchen auf den Fußboden fallen lasse. Es zerspringt in tausend Scherben.

»Pelle …« Mama seufzt. »Wie tollpatschig du manchmal bist. Das ist das zigste Mal, dass etwas kaputtgeht. Letzte Woche auch schon das Glas …«

»Ich räume es auf«, sage ich und fange an, die Bruchstücke aufzukehren.

»Schöne Küche.« Jack räuspert sich. »Gemütlich.«

Mama schaut sich um, als sähe sie die Küche zum ersten Mal. Den langen weißen Holztisch, die bunten Ameisenstühle, die Bretter voller Kräutergläser, die gelb-blauen portugiesischen Bodenfliesen, das Schränkchen mit den Kochbüchern. Am Küchenschrank hängt eine Schranktür schief, wodurch sie nicht mehr richtig schließt. Auf allen Brettern liegt eine Staubschicht. Mama hat den Tisch schnell abgeräumt und die Teller in das Granitspülbecken gestellt.

»Finden Sie? Die war schon im Haus, als wir es kauften. Der Plan war immer, sie irgendwann mal zu ersetzen, aber, ach … Und ich müsste mal wieder sauber machen.« Sie streicht sich eine Haarsträhne hinters Ohr und schiebt ein paar Tassen auf der Anrichte herum. »Soll ich Tee machen? Pelle, zeigst du Jack, wo das Baumhaus ist? Dann setze ich in der Zwischenzeit Wasser auf.« Sie lächelt uns an. Jack lächelt zurück, und die Wangen meiner Mutter werden rosa. Ich schaue von ihr zu Jack und will plötzlich, dass er nicht hier ist. Er dreht sich zu mir.

»Super! Na ja, dann zeig mir euer Projekt mal bitte.«

Ich drehe mich um, ziehe meine Gummistiefel an und gehe zur Gartentür.

An der Baumhütte gibt es kein Licht, aber weil es ein wolkenloser kalter Abend mit Vollmond ist, wird sie trotzdem gut beleuchtet.

»Aber hallo! Das ist eine wunderbare Hütte!« Jack geht um sie herum, pfeift zwischen den Zähnen und drückt und zieht an den Brettern. Plötzlich hoffe ich, dass da kein Borkenkäfer drin sitzt. »Robust. Facharbeit. Dein Vater wusste, was er tat. Da muss noch eine Leiter hin, sehe ich. Und das Dach ist noch nicht fertig. Warte …« Er kramt in seinen Taschen und holt eine Taschenlampe hervor. Der kleine starke Lichtstrahl huscht über das Baumhaus wie ein Salamander. In einer Ecke am Dach sehe ich, wie sich eine Kreuzspinne vor dem Licht versteckt. Ihr Spinnennetz wackelt hin und her, während sie eine dunkle Ecke sucht. Ein paar Motten schwirren um das Lichtbündel, und die Fäden des Spinnennetzes glänzen im Licht wie Perlmutt.

»Das ist ein Spinnenweibchen«, sage ich, und ich zeige Jack die Kreuzspinne.

»Ja, das sehe ich. Woher weißt du das?« Er sieht mich erstaunt an und richtet die Taschenlampe auf die kleine Spinne, die versucht, sich immer weiter zu verkriechen.

»An dem runden Leib. Männchen sind kleiner, und sie haben einen länglichen Leib.«

»Das stimmt. Erstaunlich, dass du das weißt. Das wissen nicht viele Kinder.« Er lenkt den Lichtstrahl wieder auf die Konstruktion der Baumhütte und murmelt ein wenig vor sich hin.

»Die Spinnenmännchen werden von den Spinnenweibchen aufgefressen, nachdem sie sich gepaart haben …« Ich schaue Jack eindringlich an und fahre fort. »So läuft das. Die Männchen überleben es nicht, wenn sie einer Frau den Hof machen. Sie sterben einen qualvollen Tod. Manchmal ist es als Männchen besser, das nicht zu tun …«

Jack sieht mich kurz an und zuckt dann die Achseln. »Das stimmt wohl.« Wieder richtet er das Lichtbündel auf die Baumhütte und sieht sich in Ruhe die verschiedenen Teile an. »Gut, ich glaube, ich weiß, was du brauchst. Lange Holzschrauben für die Dachkonstruktion und eine Strickleiter mit fünf bis sechs Sprossen. Natürlich auch eine Ankerkonstruktion, damit die Leiter nicht wackelt, wenn man darauf steigt. Ich mache schnell eine Liste für dich, dann weißt du, was du dir besorgen musst. Ich habe alles in meinem Geschäft.«

»Im Schuppen liegt eine Leiter«, erwidere ich. »Mein Vater hat die beste Leiter gemacht, die es gibt.«

»Oh, wie gut! Dann kannst du die aufhängen.« Er lässt die Lampe über den Rest des Gartens wandern. Dadurch sieht alles märchenhaft aus.

»Und die Schwanenkopfschrauben?«

Jack knipst die Taschenlampe aus, sodass wir jetzt nur im Mondlicht stehen.

»Nein, mein Junge, die brauchst du nicht. Ich habe noch mal gründlich danach gesucht, heute, aber es gibt sie wirklich nicht. Ich glaube, das war ein Irrtum.«

»M-m-mein Vater hat aber gesagt …«

»Glaub mir, wenn es sie gäbe, hätte ich sie für dich gefunden. Manchmal denken sich Leute Namen für Dinge aus, vielleicht hat er die langen Holzschrauben Schwanenköpfe genannt. Schwäne haben lange Hälse, das könnte gut sein.« Er schaut mich freundlich an.

Ich starre auf den Boden. Das könnte sein, natürlich könnte es sein, dass mein Vater sich vertan hat. Aber das glaube ich nicht. Jack hat einfach keine Ahnung, das ist es. Ich drehe mich um und gehe zurück ins Haus.

Nach der Kälte im Garten fühlt sich die Küche an wie ein warmes Bad. Jack stampft seine Schuhe auf der Kokosmatte sauber, und Mama sieht auf, während sie heißes Wasser in die Teekanne schenkt. Sie hat auch eine Packung Kekse auf den Tisch gestellt.

»Hat es geklappt?«, fragt sie.

»Ja, ich mache eine Liste für Pelle. Das ist eine sehr solide Hütte, soweit ich das im Dunkeln beurteilen konnte. Und so viel muss nicht mehr daran gemacht werden. Oh, wunderbar, heißer Tee, danke!« Seine großen Hände falten sich um den Becher, und er setzt sich auf den blauen Ameisenstuhl. Den Stuhl, auf dem Papa immer saß. Kurz schaue ich Mama an, und ich sehe, dass sie sich auf die Lippe beißt, bevor sie mir Tee einschenkt.

Jack zieht ein Stück Papier aus seiner Brusttasche und einen Stift aus der Innentasche seiner Jacke und fängt an zu schreiben. Unter seinen großen, kräftigen Händen taucht eine feine, sorgfältige Handschrift auf. Er schiebt mir das Blatt zu. »Da steht alles drauf. Die Hütte kann in einem Tag fertig sein, wenn du ein wenig Hilfe bekommst. Gibt es jemanden, der dir dabei unter die Arme greifen kann?«

Mama, die, an die Anrichte gelehnt, zu ihm schaut, sagt: »Bestimmt. Wir könnten den Nachbarn fragen, oder Paul. Und all die Sachen – verkaufen Sie die?«

»Wollen wir uns nicht duzen? Ja, die verkaufe ich. Ich kann sie zur Seite legen, dann holst du sie am Wochenende ab.«

»Das wäre nett.« Mama sieht ihn lächelnd an. »Ja, dann … danke Ihnen … danke dir. Bestimmt möchtest du jetzt nach Hause. Toll, dass du vorbeikommen konntest. Seit … Na ja, seit Richard nicht mehr da ist, bleiben solche Sachen liegen.«

»Oh, wirklich gern geschehen. Zu Hause wartet niemand auf mich. Na ja, ein paar Wandelnde Äste und eine Katze.«

»Du bist nicht verheiratet?« Mamas Blick wird höflich-neugierig.

Jack schüttelt den Kopf. »Nein. Hat sich nicht so ergeben. Ich habe die Feuersteins.« Kurz lacht er. »So nenne ich meine Familie Gespenstschrecken, meine Wandelnden Äste. Und Mia, meine Katze.«

Mama versucht zu schauen, als wäre es die normalste Sache der Welt, mit einer Familie Insekten zusammenzuwohnen, die man nach einer Zeichentrickserie benannt hat. »Oh. Schön.«

Er grinst. »Ich bin eigentlich Entomologe.« Er schaut zu mir und erklärt: »Insektenforscher. Das habe ich studiert. Entomologie.«

Daher wusste er, dass es ein Spinnenweibchen war.

Mama zieht erstaunt die Augenbrauen hoch. »Aha, das hört man nicht oft!«

»Nein, in dem Fach gibt es nicht so viel Arbeit. Ich habe ein paar Jahre im Amazonasgebiet gelebt, Insekten erforscht. Aber das Projekt, an dem ich gearbeitet habe, lief ab, und da musste ich zurück. Letztes Jahr konnte ich hier den Eisenwarenladen eines Freundes übernehmen. Und manchmal wird meine Hilfe als forensischer Entomologe gebraucht.«

Mama hat sich ihm gegenübergesetzt. »Und was ist das?«

Wieder schaut Jack in meine Richtung, bevor er fortfährt.

»Das ist nicht so appetitlich, eigentlich. Schaust du ab und zu mal Krimis? Polizeiserien?«

Mama nickt und lacht mich an. »Die sehen Pelle und ich sehr gern! *CSI, Dexter, Tatort*. Aber was hat das mit Insekten zu tun?«

»Ja, also, wenn eine Leiche gefunden wurde, ist längst nicht immer klar, wie lange die da schon liegt, also wie lange jemand bereits tot ist. Bist du dir sicher, dass du das hören willst?« Er schaut zu Mama, bewegt den Kopf aber in meine Richtung.

»Pelle verträgt schon was«, sagt Mama, und sie nickt mir zu.

Ich rutsche auf meinem Stuhl hin und her und nehme mir noch einen Keks.

»Und ich habe heute bei der Amputation von einem Zeh geholfen«, fährt Mama fort, »ich bin was gewöhnt. Ich arbeite als OP-Assistentin.«

»Aha! Tja, wenn eine Leiche eine Weile irgendwo liegt, setzen sich Fliegen oder Käfer darauf, und die legen Eier auf ihr ab oder auch in ihr, besonders, wenn es Wunden gibt. Aus diesen Eiern kommen Maden, und das werden erwachsene Fliegen, die dann wieder Eier legen usw. Anhand des Stadiums der Larven kann man ziemlich genau ausrechnen, wie lange eine Leiche schon dort liegt. Das mache ich ab und zu.«

Mama zieht die Augenbrauen hoch. »Ah, ja, das ist … interessant. Und ein wenig unheimlich, eigentlich. Heftig.«

»Ja, die meisten Leute finden es nicht so angenehm, das zu hören. Aber es ist gute Arbeit, und auf diese Weise können viele Morde gelöst werden.« Jack nimmt noch einen Schluck Tee und stellt den Becher ab.

Ich schaue auf seine Hände. Die haben also Leichen angefasst und allerlei Insekten.

»So, dann werde ich mal«, sagt Jack und steht auf. »Ich sorge dafür, dass Samstag ein Karton für euch mit allen Sachen bereitsteht. Und wenn du möchtest, könnte ich dir am Sonntag auch helfen.« Er schaut von Mama zu mir. »Es ist lange her, dass ich so was Tolles wie eine Baumhütte gebaut habe. Weißt du was, sag einfach am Samstag, ob du meine Hilfe brauchst oder nicht, ja?«

»Danke schön. Pelle, bringst du Jack zur Tür? Auf Wiedersehen, Jack.« Mama reicht ihm die Hand und lächelt.

Als ich die Haustür gerade hinter ihm schließen will, dreht sich

Jack noch einmal um. Er macht den Reißverschluss seiner Jacke zu, sein Atem bildet Wölkchen in der Luft.

»Wenn ich fragen darf, woran ist dein Vater gestorben?« Jack schaut mich ruhig an.

Ich denke an den Moment zurück, an dem ich zum ersten Mal hörte, dass Papa schwer krank war.

»Es ist eine aggressive Krebsart«, hatte Papa gesagt. Er saß am Küchentisch. Die Sonne strömte durch die Fenster hinein, und der Himmel war hellblau. Mama saß mit roten Augen am Tisch und hielt meine Hand fest.

»Wir finden, dass du es wissen musst.« Papas Stimme klang überraschend gelassen. »Denn in den kommenden Monaten … wird es anders werden. Wahrscheinlich werde ich viel im Bett liegen. Ins Krankenhaus müssen.«

Der Krebs war in seinem Gehirn, sagte er. Und er ließ sich nicht gut operieren, weil sie dann etwas treffen könnten, wodurch er gelähmt würde, oder blind, oder vielleicht nicht mehr sprechen könnte. Das wollte er nicht. Er redete von Bestrahlung und Überlebenschancen.

»Aber du überlebst das doch?« Erschrocken schaute ich ihn an.

»Natürlich überlebt Papa das!«, rief Mama schnell.

»Das weiß ich nicht, Pelle. Ich kann es dir nicht versprechen«, sagte Papa.

Ich entschied mich damals, Mama zu glauben.

In den letzten Wochen vor seinem Tod wusste Papa manchmal Sachen nicht mehr. Er erinnerte sich nicht mal an die richtigen Worte.

»Wie heißt das noch mal?«

»Was, Papa?«

»Dieses … Ding. Du weißt schon. So ein … Ding.«

Es war für uns beide frustrierend, dass ich nicht wusste, welches Ding er meinte, weil es ja Milliarden Dinge in der Welt gibt. Und wie klug mein Vater auch gewesen war, er verlor dennoch einen Teil von allem, was er stets gewusst hatte.

Vielleicht hatte er darum ja aufgeschrieben, dass ich Schwanenkopfschrauben nehmen sollte – weil er nicht mehr wusste, wie die Dinge hießen.

»Borkenkäfer«, sage ich zu Jack und mache die Tür zu.

»Borken …?!«, höre ich ihn noch erstaunt wiederholen.

Ich bleibe noch einen Moment, mit dem Rücken gegen die Tür gelehnt, stehen und höre ihn dann den Gartenpfad hinuntergehen.

Das ist ein schöneres Wort als Krebs. Aber es läuft auf dasselbe hinaus. Von innen aufgefressen werden. Ab jetzt sage ich einfach, dass Papa am Borkenkäfer gestorben ist.

Kauf in der Stadt
ein schönes Kleid für Mama.
Lade sie danach ins Restaurant ein.

In Brief Nummer 5, der mehr ein Päckchen ist als ein Brief, steckt Geld. Es ist jetzt einen Monat her, dass ich den Karton bekommen habe. Erstaunt schaue ich auf das Bündel Geldscheine in meiner Hand und auf die Wörter meines Vaters. Ein Kleid kaufen? Was ist das für ein lächerlicher Auftrag? Und Mama ins Restaurant einladen? Ich starre auf das Geld. Ich weiß nicht, was ein Kleid kostet, weil ich noch nie eins gekauft habe, aber es kommt mir vor, als sei es genug. Genug, um eins zu kaufen und dann auch noch essen zu gehen. Ich könnte es auch verstecken und etwas ganz anderes damit machen. Vielleicht ein paar neue Videospiele kaufen. Neue Sportschuhe, die nicht so verschlissen sind. Mama braucht nicht zu wissen, dass das Geld eigentlich für sie bestimmt ist. Ich könnte jemanden bezahlen, um meinen Brief von Stoß zurückzubekommen.

Aber dann denke ich an die Worte meines Vaters. Dass ich alles tun soll, was er aufschreibt, und ihm vertrauen soll. Verdammt.

Wir waren schon total lange nicht mehr essen gegangen. Das

letzte Mal mit Papa, bei einem Italiener. Da hatte er schon Borkenkäfer und war krank von den Medikamenten. Aber Mama hatte Geburtstag, und er hatte für drei Personen reserviert. Erst wollte Mama nicht, sie hatten sich gestritten, und sie hatte gesagt, es sei idiotisch, dass er »in seinem Zustand« in einem Restaurant sitzen wolle, dass er einfach ins Bett gehen solle. Mein Vater hatte sich angezogen, den Gürtel ein wenig enger geschnallt, seine Schuhe zugebunden und Aftershave aufgelegt. Danach hatte er Mama umarmt und gesagt, es sei wichtig, dass sie schöne Erinnerungen machen. Das waren seine Worte: schöne Erinnerungen machen. Dass Erinnerungen an ihn krank im Bett nicht schön waren. Da hatte er ein gutes Argument.

Er hatte an diesem Abend nicht viel gegessen, und er musste ein paarmal zur Toilette, und trotzdem war es gesellig. Als er zum dritten oder vierten Mal oder so zur Toilette ging, hat Mama mich hinterhergeschickt. »Geht er jetzt schon wieder?«, hatte sie gesagt. »Pelle, schau mal bitte, ob alles in Ordnung ist bei Papa.«

Ich war Papa gefolgt. Danach ging ich zurück zum Tisch.

»Und?« Mama schaute auf, während sie an ihrer Serviette herumzupfte.

Sollte ich erzählen, dass ich gehört hatte, wie er sich übergab?

»Er pinkelt«, sagte ich. Ich sah die Erleichterung über ihr Gesicht ziehen. Lächelnd nahm sie einen Schluck Wein.

Es war eine ziemlich schöne Erinnerung geworden.

Ich gehe nach unten. Mama lehnt an der roten Tür und schaut in den Garten, in den das Sonnenlicht zaghaft scheint. Sie dreht sich um, als ich in die Küche komme, und lächelt.

»Morgen kaufen wir die Sachen bei Jack. Das Wetter wird immer besser, dann könnten wir Sonntag vielleicht an deiner Hütte arbeiten. Ich weiß nichts über Baumhäuser bauen, aber was hältst du davon, wenn wir Jack bitten, uns zu helfen? Schließlich hat er das angeboten, und es ist vielleicht gut, wenn er uns hilft. Aber sonst kann ich auch Paul anrufen und fragen, ob …«

»Jack ist prima.« Ich denke an das letzte Mal, als Paul hier war und er mit Mama getanzt hatte, an Papas Sterbetag. Ich habe keine Lust, Paul wieder mit Mama tanzen zu sehen. Außerdem weiß er, glaube ich, auch nichts über Baumhäuser. Er macht irgendetwas mit Zahlen und Geld.

»Oh ja, und wir gehen zum Friseur. Das machen wir nach dem Fußball.« Mama stellt ihren Kaffeebecher auf die Anrichte.

»Okay.«

Es ist lange her, dass sie Pläne gemacht hat, Pläne für länger als ein paar Stunden im Voraus. Die meisten Wochenenden verlaufen öde und träge, wie eine Schnecke, die mühsam über einen Pfad kriecht.

»Können wir danach noch in die Stadt?« Ich stopfe meine Brote in den Rucksack.

»In die Stadt? Also, ich weiß nicht. Zum Friseur und am Eisenwarenladen vorbei ist schon ziemlich viel.« Nachdenklich runzelt sie die Stirn. »Wieso?«

Ich räuspere mich, ziehe einen Zettel aus meiner Hosentasche und strecke ihn ihr entgegen.

Sie zögert einen Moment, bevor sie ihn annimmt. »Ist das … Ist das ein Brief von Papa?«

Ich nicke.

»Uff, ich weiß nicht ob … Ich meine, der ist doch für dich?« Sie hält den Zettel zusammengefaltet in der Hand.

»Ja. Aber da steht was über dich drin.«

»Oh. Pelle, ich weiß nicht, ob ich … dafür stark genug bin, verstehst du? Ich fühle mich ein wenig wie eine Seifenblase, und ich will nicht wieder platzen.« Ihr Blick schießt hin und her. »Ich weiß nicht, ob ich es gut erklären kann. Ich finde es so schön, dass du diesen Karton bekommen hast. Ich glaube, so möchte Papa dir helfen, weiterzumachen mit Sachen. Mit dem Leben. Aber ich weiß nicht, ob ich das schon kann. Verstehst du? Wenn ich also diesen Brief lese, dann weiß ich nicht, ob ich stark genug bin. Oder ob es nicht zu wehtut, um … was von Papa zu hören.« Tränen steigen ihr in die Augen, und sie starrt auf den Zettel in ihren Händen. »Nummer 5 schon? Wie viele Briefe sind in dem Karton, Pelle?«

»Sechzehn.« Was nicht stimmt. Jetzt sind nur noch zehn darin, weil Stoß einen geklaut hat und ich schon fünf aufgemacht habe.

Mama bläst die Backen auf und lässt die Luft langsam entweichen. Sie beißt auf die Innenseite ihrer Wangen und scheint nachzudenken. Dann reicht sie mir den Brief wieder. »Ich kann das nicht lesen, Pelle. Es tut mir leid. Ich glaube auch, nur du solltest die Briefe lesen, sonst hätte ich ja so einen Karton bekommen. Weißt du was? Du liest sie, und dann machst du einfach, was du tun sollst. Wenn also in so einem Brief steht, dass du in die Stadt gehen sollst, dann darfst du das machen. Dann fährst du morgen allein in die Stadt.«

Ich nehme den Brief wieder. Ich verstehe sie schon. Und es besteht das Risiko, dass Mama den Rest des Tages weinend verbringt und anschließend Samstag und Sonntag im Bett liegen bleibt, wenn sie den Zettel liest.

»Und wenn etwas darin steht, was ich mit dir machen soll?«, frage ich.

»Dann erzählst du mir das eben. Soll ich mit in die Stadt?«

Ich denke nach. *Kauf ein schönes Kleid für Mama.* Da steht nicht: Lass Mama ein Kleid aussuchen. »Nein. Ich glaube nicht. Bloß am Sonntagabend musst du mitkommen, wenn ich dich darum bitte. Irgendwohin.« Ich könnte sie dann Sonntagabend zum Essen einladen. Ich habe noch keine Ahnung, wohin wir gehen könnten. Das liegt natürlich auch daran, wie teuer das Kleid ist.

Mama nickt. Es bleibt still zwischen uns, während ich den Brief wieder in meine Hosentasche stecke und frühstücke. Die Luft fühlt sich schwer an.

»Entschuldige, Pelle«, sagt Mama leise. »Ich schaffe es so gerade eben, den Tag zu überstehen. Nicht mehr bei jeder Kleinigkeit in Tränen auszubrechen, dafür bin ich gerade stark genug. Aber mehr ist noch nicht drin, es tut mir leid. Ich … ich vermisse ihn einfach so sehr.« Mit der Rückseite ihrer Hand reibt sie sich die Wange. Ihre Stimme zittert.

Ich auch!, will ich schreien. Ich vermisse ihn auch. Du bist nicht die Einzige! Als er starb, bist du auch gestorben, und ich habe euch beide verloren! Aber dann denke ich an Wühlmäuse. Wie ihr Fell je nach Jahreszeit die Farbe ändert. Und daran, wie Giraffen schlafen: Sie legen sich hin, drehen den Hals in eine Schlaufe und lassen den Kopf auf ihrem Körper ruhen. Ich frage mich, ob sie sich nicht ab und an mal verheddern. Giraffen kämpfen auch manchmal, das machen sie mit ihren Hälsen. Damit schlagen sie sich gegenseitig. Das sieht sehr seltsam aus, kämpfende Giraffen.

Ich schaue schnell zu Mama, um zu sehen, ob sie sich schon wieder ein wenig beruhigt hat. Tief in Gedanken versunken, starrt sie auf den Fußboden. Ein guter Moment, aufzustehen und zur Schule zu gehen.

»Hey, Pelle, jetzt warte doch mal!« In der Pause kommt Eva zu mir. Finn, Abdel und ich stehen auf dem Schulhof. Ich drehe mich um und gehe weg.

»Lass mich in Ruhe, Eva.«

»Warum wartest du morgens nicht mehr auf mich?« Sie legt mir eine Hand auf den Arm.

In den letzten Tagen war ich allein zur Schule gegangen.

»Weil du Stoß mit zu mir gebracht hast und er einen meiner Briefe gestohlen hat.«

»Gestohlen? Wie meinst du das? Er hat ihn doch zurückgegeben? Das habe ich selbst gesehen. Na ja, er hat den Brief auf den Boden geworfen, nicht sehr freundlich, aber du hast ihn doch wieder? Er würde niemals so einen Brief mitnehmen.«

»Er hat den Brief von meinem Vater mit einem Einkaufszettel vertauscht, und den hat er mir gegeben. Er hat Brief Nummer 9. Und ich finde, das ist deine Schuld.«

»Jetzt mach mal einen Punkt! Dafür kann ich doch nichts? Pelle!«

Ich schaue in ihr Sommersprossengesicht.

»Du hast ihn mit zu mir genommen. Also ist es deine Schuld.« Ich schüttele ihren Arm ab und gehe weiter.

»Das ist nicht wahr! Ich … Es war Stoß' Idee, zu dir zu gehen!«

Ich drehe mich um. »Stoß' Idee? Wieso?«

Ihr blasses Gesicht wird rot. »Ich … Er wollte zu dir. Er war vorbeigekommen, um sich meine Bio-Notizen zu leihen. Wir redeten noch ein wenig, und da schlug er vor, bei dir vorbeizuschauen.«

»Einfach so? Ihr kommt einfach so auf die Idee, mich zu besuchen? Er ist nicht mal ein Freund von mir, warum also sollte er vorbeikommen wollen? Ich glaube dir kein Wort.« Mit geballten Fäusten schaue ich sie an.

Eva seufzt. »Es war … Ich hatte ihm von dem Karton erzählt. Von den Briefen deines Vaters.« Sie wird noch röter. »Wir … waren neugierig. Darum. Aber ich konnte doch nicht wissen, dass er einen Brief mitnehmen würde, Pelle, wirklich nicht! Sonst hätte ich ihn niemals mitgebracht!«

Ich weiß nicht, was mich wütender macht: dass sie Stoß mit zu mir genommen hat oder dass sie ihm von den Briefen erzählt hat.

»I-i-ich dachte, dir k-k-könnte ich vertrauen. Hau ab, Eva.«

Evas Augen füllen sich mit Tränen. In diesem Moment kommt Stoß zu uns rübergeschlendert, die Hände in den Hosentaschen. Er hat Steven und Joe im Schlepptau, und sie lachen über etwas.

»Hey, Pelle. Noch Post von deinem toten alten Vater bekommen in letzter Zeit?« Er zieht die Hand aus der Hosentasche, und ich sehe etwas Weißes darin.

Steven und Joe lachen.

Eva dreht sich mit einem Ruck zu Stoß. »Was bist du für ein erbärmlicher Idiot!«, faucht sie.

Ich starre auf den weißen Papierzipfel in seiner Hand.

Und danach verpasse ich ihm einen Kopfstoß.

»Was ist passiert? Was ist mit deinem Auge? Und deiner Lippe? Pelle! Was …?« Mama starrt mich schockiert an, als sie von der Arbeit nach Hause kommt. Sie lässt ihre Tasche auf den Boden fallen, rennt auf mich zu, nimmt mein Gesicht in beide Hände und inspiziert mein zugeschwollenes blaues Auge, meine aufgeplatzte Lippe und die Schürfwunden auf meiner Wange.

»I-i-ich habe mich geprügelt.« Sprechen tut ein wenig weh und ich schmecke noch immer den Eisengeschmack von Blut im Mund. Als würde man einen rostigen Löffel ablecken.

»Du hast dich geprügelt? Du?!« Mit zusammengezogenen Augenbrauen sieht sie mich an. »Warum? Mit wem? Wann? Weshalb?«

In diesem Moment klingelt es.

Mama schaut auf und lässt mein Gesicht los. »Bleib hier«, sagt sie und geht eilig zur Haustür.

Im Flur höre ich Stimmen. Vorsichtig taste ich meine Wange ab und sauge ein wenig Luft ein. Alles tut weh. Aber Stoß hat schlimmere Schmerzen, denke ich grinsend, um mich danach wieder zusammenzukrümmen. Sogar Grinsen tut weh.

»… gerade erst zu Hause, das hier überfällt mich ein wenig.« Ich höre die Tür ins Schloss fallen und anschließend Schritte, die zur Küche kommen. »… nichts für Pelle. Das macht er nicht einfach so.«

Ich höre Herrn Hendersons Stimme. »Darum wollte ich ja kurz mit dir reden, Liesbet.«

Die Tür öffnet sich, und Mama lässt meinen Mentor vorgehen. Mit einer Mischung aus Erstaunen, Mitleid und Empörung sieht er mich an.

»Tag, Pelle.«

»Hallo.«

Mama scheint einen Moment nicht zu wissen, was sie jetzt tun soll. Sie schaut zu mir und dann wieder zu HaHa. »Äh, … setz dich doch. Ich weiß nicht so recht … Möchtest du was zu trinken? Ich bräuchte was.« Sie geht zum Kühlschrank und nimmt eine Packung Saft heraus. »Pelle, du auch? Vielleicht solltest du mit einem Strohhalm trinken.« Sie redet immer weiter. »Im Krankenhaus war es auch schon so ein hektischer Tag. Und der Bus war viel zu voll, ich musste stehen, und dann fiel jemand in Ohnmacht und …« Sie schenkt ein und stellt die Gläser auf den Tisch. »Na ja, das ist jetzt nicht mehr so wichtig. Was ist passiert?«

»Pelle hat sich in der Schule geschlagen. Er hat Karl einen Kopfstoß verpasst und ihm damit die Nase gebrochen.«

Meine Mutter schnappt nach Luft. »Nein! Pelle? Pelle! Pelle?«

Ich starre auf die Tischplatte. »Daf wollte ich nicht …« Ich lispele ein wenig, weil alles geschwollen ist. »Ich meine, den Kopfstof wohl, aber nicht die Nafe.«

»Es ging um ein Papiertaschentuch, glaube ich.« Herr Henderson schüttelt den Kopf. »Jedenfalls, wenn ich es richtig verstanden habe. Karl hat ein Taschentuch aus der Hosentasche gezogen, und darauf fing Pelle an, auf ihn einzuschlagen und nahm es ihm ab.«

Stoß hatte nicht Brief Nummer 9 in der Hand gehabt, wie ich dachte, sondern ein Taschentuch. Sogar ein benutztes, stellte sich heraus, als ich es endlich erwischt hatte, während Stoß kreischend wie ein Spanferkel auf dem Schulhof lag und nach seinem Gesicht griff.

»Ein … Taschentuch?« Mama sieht Herrn Henderson an, als würde er ihr weismachen wollen, die Erde sei eine Scheibe. Erstaunt und mit weit aufgesperrten Augen.

»Es war schwierig, sie auseinanderzubekommen. Karl hat eine gebrochene Nase, ein Zahn ist durch seine Lippe gestoßen, und sein Auge ist geschwollen. Wir haben ihn zur Notaufnahme gebracht. Seine Eltern erstatten vielleicht Anzeige gegen Pelle. Aber erst wollen sie vorbeikommen, um mit euch zu reden. Es gibt genügend Kinder, die gesehen haben, dass Pelle den Streit anfing. Wir haben Pelle dann nach Hause geschickt.«

»Ihr hättet ihn mit zur Notaufnahme nehmen sollen«, sagt Mama ein wenig wütend. »Dann hätten sie ihn auch untersuchen können. Und du hättest mich anrufen sollen.«

»Das wollten wir, aber Pelle wollte nicht, dass wir dich stören. Er sagte, du stehest im Operationssaal. Wir wollten ihn mitnehmen, aber Pelle meinte, das sei nicht nötig.«

Fast im Zeitlupentempo dreht Mama den Kopf zu mir. »Stimmt das, Pelle?«

Ich nicke und verziehe das Gesicht wieder vor Schmerzen.

»Du hast dich wegen einem Taschentuch geschlagen?«

»Es ging nicht um das Taschentuch, es ging um etwas anderes ... Stoß hat etwas, was mir gehört. Und das will ich zurückhaben. Er hat es gestohlen.«

Herr Henderson räusperte sich. »Ich weiß nicht, was genau los ist, Pelle. Aber in letzter Zeit ... Du bist ein wenig aufmüpfig. Du möchtest nicht bei der Theateraufführung mitmachen, du wirkst oft sehr abwesend, und jetzt das hier. Du hast dich noch nie geprügelt. Wenn irgendwo auf dem Schulhof eine Schlägerei ist, gehst du im großen Bogen darum herum. Wenn dich jemand schubst, lässt du das zu. Wenn dir jemand ein Bein stellt, stehst du schweigend auf, sammelst deine Sachen ein und gehst weg. Ich habe oft genug gehofft, du würdest dich ein wenig wehren, aber das hier ...« HaHa streicht sich durch seine dunklen Haare. Auf seinem Pullover entdecke ich weiße Tierhaare. Er hat feine Falten im Gesicht. »Von Karl hatte ich so was erwartet, der ist ein Draufgänger, ein Kampfhahn. Aber von dir nicht. Vielleicht möchtest du mal mit jemandem darüber sprechen? Es kann gut sein, dass der Tod deines Vaters dich mehr belastet, dass das jetzt erst richtig zum Tragen kommt. Was natürlich sein darf, keine Frage. Jeder trauert in seinem eigenen Tempo und auf seine eigene Weise.«

Ich sehe, dass in Mamas Wange ein Muskel zittert. Sie ignoriert Hendersons Vorschlag, ich solle mal mit jemandem reden, und legt mir eine Hand auf die Schulter. Zum Glück. Ich will überhaupt mit niemandem reden. Ich will einfach nur meinen Brief wiederhaben.

»Was hat er denn, was dir gehört?« Mama sieht mich an und plötzlich verändert sich ihr Blick. »Er war ja letztens hier, ist da etwas passiert, Schatz? Hat er da etwas von dir mitgenommen?«

»Ja. Einen von meinen Briefen.« Ich sage es leise, ohne sie anzusehen.

»Wirklich?« Entsetzt schaut sie mich an, und dann verändert sich ihr Gesichtsausdruck und wird wütend. »Ach, Pelle! Warum hast du das nicht sofort gesagt? Dann wäre ich hinter ihm her gerannt und hätte ihm höchstpersönlich eins auf die Nase gegeben!«

»Das ist nicht sehr … pädagogisch … Um was für Briefe geht es hier eigentlich?« HaHa bekommt rote Flecken am Hals.

Mama sieht mich fragend an. Ich zucke die Schultern. Jetzt, da Stoß von den Briefen weiß und es bestimmt schon Steven und Joe erzählt hat, macht es mir nicht mehr so viel aus, wenn Herr Henderson es auch weiß. Vielleicht hat Stoß den Brief sogar schon fotografiert und in einem Gruppen-Chat geteilt. Die Vorstellung, dass alle wissen, was in dem Brief steht, außer ich, bereitet mir Übelkeit.

»Ich bin eigentlich pazifistisch«, sagt Mama. »Und Pelle auch. Aber in diesem Fall verstehe ich sehr gut, warum Pelle diesem Jungen eine verpasst hat. Karl hat einen Brief gestohlen, mit einer Nachricht von Pelles Vater.«

Herr Henderson scheint es noch nicht so ganz zu begreifen.

»Ein Brief?« Herr Henderson sieht uns fragend an.

Ich nicke. »Ja … Also, das ist so …«

Als HaHa nach einer Weile geht, kommt Mama zu mir und nimmt mich in den Arm. »Wie furchtbar, dass Karl einen Brief gestohlen hat, Schatz. Hättest du es mir nur sofort erzählt, dann wäre ich ihm nachgerannt. Es mag pädagogisch falsch sein und nicht gerade friedliebend, was ich jetzt sage, aber ich bin stolz auf dich. Dass du für dich einstehst. Gut gemacht. Ich bin mir sicher, dass Papa auch stolz auf dich wäre. Damit hast du diesen Brief noch nicht zurück, aber wenn ich es richtig verstanden habe, wird Herr Henderson alles dafür tun.«

Ich nicke und lasse mich von ihr umarmen. Es fühlt sich gut an, meine Wange an ihre warme Haut zu legen, obwohl mein Gesicht richtig wehtut.

»Na schön, ich koche uns mal was. Ich wärme ein wenig Suppe auf, dann brauchst du nicht zu kauen. Und den Friseur lassen wir morgen mal bleiben. Fußball auch. So kannst du nicht aufs Feld. Wenn du auch noch einen Ball ins Gesicht bekommst, gehen diese blauen Flecken nie wieder weg.«

Als wir eine Stunde später auf dem Sofa sitzen – Mama hat mir eine Eiskompresse gemacht, die ich mir gegen die Lippe halte –, klingelt es erneut.

Mama steht auf und kommt ein paar Sekunden später wieder.

»Pelle, Karls Eltern sind hier …« Sie sieht mich an und erschrocken setze ich mich gerade hin. Hinter ihr kommen Stoß' Vater und Mutter ins Wohnzimmer.

Stoß' Mutter wirkt aufgebracht, sein Vater zieht sich die Nase hoch und schaut sich um. Stoß' Mutter setzt sich, ohne dass Mama sie dazu aufgefordert hätte. Ich rutsche unruhig hin und her und lasse die Kompresse sinken. Der Anblick meiner Lippe scheint Stoß' Mutter einen Moment zu erschrecken, aber dann schaut sie wieder wütend.

»Wie konntest du Karl nur dermaßen zurichten?« Sie spuckt die Wörter förmlich aus.

»Er ist ein Weichei«, sagt Stoß' Vater, der sich neben seine Frau setzt. Er sieht sich um, als wäre er in einem Raritätenkabinett gelandet. »Er hätte einfach feste zurückschlagen sollen. Du verwöhnst den Jungen zu sehr.«

»So ein Unsinn, Jaap! Unser Junge tut keiner Fliege etwas zuleide!«

Mama sieht erstaunt von einem zum anderen. Karls Mutter hat eine unangenehme, schrille Stimme. Der braune Knoten auf ihrem Kopf sieht aus wie eine eingefallene Sahnehaube. Ihre Augen sind schwarz geschminkt, und sie hat einen Truthahnhals. Stoß' Vater hat eine Glatze, und sein Bauch ähnelt einem kleinen Hüpfball.

»Möchten Sie etwas trinken?« Mama räuspert sich. »Da ist also heute Nachmittag zwischen unseren Jungs etwas vorgefallen, und das sollten wir miteinander bespre–«

»Etwas vorgefallen? Er da« – Stoß' Mutter zeigt auf mich – »ist völlig ohne Grund auf unseren Karl losgegangen! Wie ein wilder Hund! Einfach so!«

»Tja, das war nicht einfach so …« Mama versucht, sie zu unterbrechen.

»Eine gebrochene Nase! Der Junge ist den Rest seines Lebens traumatisiert!« Stoß' Mutter kann gar nicht mehr aufhören. Ihr Mann studiert inzwischen eingehend seine Schuhe.

»Vielleicht ist es gut, erst einmal die ganze Geschichte zu hören«, sagt Mama in einem Ton, als würde sie mit Kleinkindern sprechen. »Weil es sich nämlich nicht so schwarz-weiß verhält. Es stimmt, dass Pelle und Karl sich geprügelt haben. Das kommt, weil Karl ihn …«

»Karl würde niemals jemanden schlagen oder sich prügeln …«

»Ich habe doch gesagt, dass er ein Weichei ist«, murmelt der Vater.

»Ach, halt du bloß die Klappe!« Stoß' Mutter sieht ihren Mann an, und er macht sich ein wenig kleiner. »Er kommt nach dir! Du bist auch so ein Nichtsnutz!«

»Also, Ellen, jetzt reicht es aber …« Der Mann wird rot und schaut, als säße er auf einer Heftzwecke. Gequält.

Mama und ich tauschen einen Blick aus. Dann holt Mama tief Luft. »Ihren eigenen Streit sollten Sie wohl lieber hier raushalten. Karl war hier und hat etwas gestohlen, das Pelle gehört. Darum drehte sich der Streit. Ihr Sohn hat meinem Sohn etwas Wichtiges weggenommen. Etwas von Pelles Vater.« Ich habe meine Mutter noch nie so reden hören und sehe sie überrascht an. Sie klingt wie eine Tigerin, die ihr Junges beschützt. »Wenn Karl einen Funken Anstand besäße« – sie sieht Stoß' Eltern bei diesen Worten direkt in die Augen – »dann hätte er das niemals getan. Das ist unmöglich. Dennoch rechtfertigt es nicht, dass sich die Jungen geprügelt haben. Das hätte nicht geschehen dürfen. Aber es fängt damit an, dass es nicht in Ordnung ist, jemanden zu beklauen. Dann ist in der Erziehung etwas schiefgegangen. Das sollten wir nicht vergessen. Und wenn sonst nichts mehr anliegt, möchte ich Sie jetzt bitten, unser Haus zu verlassen. Und ich gehe davon aus, dass Karl zurückbringt, was er gestohlen hat. Ich gehe auch davon aus, dass er aufhört, Pelle zu triezen. Wenn nicht, erstatten wir Anzeige wegen Diebstahl.« Sie geht zur Küchentür und hält sie auf, sodass Karls Eltern wenig anderes übrig bleibt, als zu gehen. Sie stehen auf ,und Stoß' Mutter marschiert ohne ein weiteres Wort an meiner Mutter vorbei in den Flur. Der Dutt auf ihrem Kopf wackelt bei jedem Schritt.

Stoß' Vater sieht mich an. »Na gut«, sagt er dann. »Ich werde mal mit Karl reden. Was hat er denn gestohlen?« Seine Stimme klingt auf einmal freundlicher.

»Einen … Ef ift ein Brief … ein Brief von meinem Vater.«

»Ich werde mit ihm darüber sprechen. Und du halte das Eis nur gut gegen deine Lippe. Dann tut es weniger weh.«

»Ich … Ich wollte feine Nafe nicht brechen, ich bin Pafifift«, sage ich dann.

Der Mann schaut mich verständnislos an.

»Jaaaaaaap!«, kreischt die schrille Stimme von Stoß' Mutter durch den Flur.

Stoß' Vater seufzt. »Ich komm schon, nun mach nicht so einen Wind!«, ruft er und geht.

Die Haustür schließt, und Mama kommt wieder ins Wohnzimmer. Sie schaut wütend. »Was für Idioten! Hier einen Ehestreit vom Zaun zu brechen! So eine Hexe. Aber er ist auch nicht viel besser.«

Der arme Stoß, denke ich.

»Danke, daf du mich fo verteidigt haft.« Ich sehe Mama an und halte dann das Eis wieder gegen meine klopfende Lippe.

Sie lächelt. »Den Brief bekommst du bestimmt wieder. Komm, wir gehen ins Bett. Morgen ist wieder ein neuer Tag.«

»Himmel, wie siehst du denn aus?« Blume, unser Nachbarsmädchen, untersucht erstaunt mein Gesicht. Sie steht im Bademantel vor der Tür, und darunter trägt sie Stiefel. Es ist Samstagmorgen, und Mama hat mich ausschlafen lassen, während sie auf dem Markt einkauft.

Ich starre auf Blumes lilafarbene Haare. »Bei mir ist es ein Unfall, dass ich so aussehe. Aber du hast das absichtlich gemacht, oder?« Ich lasse die Tür offen und gehe in die Küche. Blume folgt mir und lässt die Tür ins Schloss fallen.

»Das ist eine Art Übergangsritual. Mama hat gesagt, ich dürfe mir die Haare färben, wenn ich sechzehn werde. Und da ich vorige Woche sechzehn geworden bin ... Mit achtzehn darf ich ein Tattoo, und darüber denke ich jetzt schon nach. Gefällt dir die Farbe nicht?«

Ich nehme Saft aus dem Kühlschrank, trinke einen Schluck und schaue auf ihre seltsame Frisur. Ihre Haare haben die Farbe von Lavendelfeldern. Ich zucke mit den Achseln. »Nein.«

»Mir schon.« Blume streicht mit der Hand durch ihre Haare. »Aber das ist vorübergehend. Ich kann die Farbe ganz leicht auswaschen – nicht, dass ich das wollte. Und ich schätze es, dass du es so ehrlich sagst.«

»Das ist also ein Übergangsritual?«

»Ja, eine Art Ritual zu einer anderen Lebensphase. Sechzehn ist so ein seltsames Alter. Andere Mädchen geben eine *Sweet-Sixteen*-Party. Das ist so öde. Mit rosa Torte und jeder Menge hysterischem Getue. Ich habe lieber das.«

Ich schaue zu der hysterischen Farbe in Blumes Haar. Mein Auge ist noch immer ziemlich zugeschwollen, und dahinter klopft es schmerzhaft.

»Aber was hast du gemacht?« Blume lässt sich auf einen Stuhl fallen. »Ach ja, bevor ich es vergesse: Mama lässt fragen, ob ihr zwei Eier habt. Am liebsten bio.«

»Alle Eier sind biologisch. Das ist ein Missverständnis, dass es auch nicht biologische Eier gibt«, antworte ich. »Als würden Eier in einer Maschine gemacht. Alle Eier kommen aus Hühnern, und darum ist ein Ei immer biologisch. Ich habe mich geprügelt.« Obwohl mir beim Reden alles wehtut, klingen die letzten Worte gar nicht übel. *Hast du Pelle am Freitag auf dem Schulhof gesehen? Mann, was für ein Tier! Hast du gesehen, wie er Stoß zusammengeschlagen hat? Hast du auch gehört, wie Stoß' Nase brach? Mit diesem mageren Gerippe sollte man keinen Streit bekommen, mit Du-weißt-schon-Pelle.*

»Du? Mit wem denn das?« Blume nimmt sich einen Apfel aus der Obstschale und beißt hinein.

»Stoß.«

»Stoß? Karl Meyer?« Sie hört auf zu kauen und schaut mich erstaunt an. »Wow. Warum?«

Ich suche in der Schublade nach der Schachtel mit den Schmerztabletten und drücke zwei heraus, die ich mit ein wenig Saft runterspüle.

»Er … er hatte was, das mir gehört. Und das wollte ich zurückhaben.« Ich setze mich Blume schräg gegenüber und schaue mit meinem gesunden Auge zu ihren lila Locken. Ich glaube nicht, dass ich Mädchen jemals verstehen werde.

»Ich sah ihn zusammen mit Eva. Hat er dir Eva ausgespannt?«

Ich bin froh, dass mein Gesicht eh rot und angeschwollen ist. »Äh …«

»Ich hab schon immer gewusst, dass du in Eva verknallt bist.« Blume sieht mich an.

»Ich? Nein! Ich … Eva ist ei-ei-einfach eine gute Freundin.«

»Quatsch. Du bist in sie verliebt. Und Stoß hat sie jetzt. Und darum hast du dich mit ihm geprügelt. Du hast es bloß falsch angefasst, P. Du hättest nicht mit dem Rivalen kämpfen sollen. Du musst Eva eifersüchtig machen. Sie muss selbst einsehen, dass du viel netter bist als Karl und dass sie lieber bei dir sein will. Bei Gelegenheit helfe ich dir gern dabei.«

»Es ging überhaupt nicht um Eva. Es hatte nichts mit ihr zu tun. Stoß hat mir etwas anderes weggenommen.«

»Was denn?« Sie rutscht auf ihrem Stuhl herum, wodurch sich ihr Bademantel öffnet. Darunter trägt Blume ein enges und kurzes Top. Ich versuche, nicht zu den Formen unter dem Top zu schauen. Blume hat schon richtig den Körper einer Frau. Plötzlich bekomme ich eine Idee. Vielleicht möchte Blume ja mit mir in die Stadt gehen, um ein Kleid für Mama auszusuchen. Sie ist nur ein wenig dünner als Mama.

»Sag mal, hast du heute Nachmittag schon was vor?«, frage ich.

Mama und ich gehen in Jacks Laden. Jack bedient gerade einen Kunden. Als er kurz aufschaut, erschreckt mein zugerichtetes Gesicht ihn ganz schön. Sobald der Kunde weg ist, kommt er zu uns rüber.

»Mensch, Pelle, das sieht aber heftig aus! Was hast du gemacht?«

»Er hat sich geprügelt.« Mama sieht mich kopfschüttelnd an. »Aber es heilt schon wieder. Wir kommen die Sachen fürs Baumhaus holen.«

Jack bückt sich, um einen Karton vom Boden zu nehmen. »Hier

ist alles drin. Ich habe auch ein wenig Lack dazu getan, der schützt das Holz.« Er schiebt den Karton über die Ladentheke. »Wo steht dein Auto? Dann bringe ich ihn kurz hin. Der ist ganz schön schwer.«

»Oh, wir … Ich habe kein Auto.« Mama lacht ein wenig verlegen. »Besser für die Umwelt. Pelle und ich sind mit dem Bus gekommen.«

»Und ich kann supergut tragen«, sage ich und strecke die Arme nach dem Karton aus.

»Bist du dir sicher? Das kommt mir nicht so praktisch vor, mit so einem schweren Karton in den Bus …«

Ich hebe den Karton hoch, aber lasse ihn sofort wieder auf die Ladentheke fallen. Meine Arme tun noch weh von der Prügelei mit Stoß.

Wäre ich eine asiatische Weberameise, würde ich mir nichts, dir nichts fünfzig Mal mein eigenes Körpergewicht hochheben. Und wenn ich ein Nashornkäfer wäre, sogar achthundertfünfzig Mal. Dann hätte ich absolut keine Probleme damit, so einen Karton zu tragen. Was sage ich, dann könnte ich sogar ausgewachsene Savannenelefanten hochheben, mit jeder Hand drei.

»Weißt du was?« Jack klopft mit der Hand auf den Karton. »Ich bringe ihn morgen Nachmittag schnell vorbei. Und dann helfe ich dir auch gleich mit der Hütte. Es sei denn, ihr seid nicht zu Hause, natürlich.«

Mama nickt langsam. »Doch, wir sind da. Und ich glaube, es wäre schon gut, wenn du helfen könntest. Gerade jetzt, da Pelle nicht ganz fit ist …«

»Ich kann das schon«, murmele ich, aber sie hat recht. Nicht nur meine Arme tun weh, sondern eigentlich jeder Muskel in meinem Körper.

»Selbstverständlich bezahle ich dich dafür«, sagt Mama. »Ein Stundenlohn für deine Arbeit und Benzinkosten für das Auto.«

»Nein, das möchte ich nicht.« Abwehrend hält Jack die Hände in die Höhe. »Das Material kannst du natürlich gern bezahlen.« Er zeigt auf den Karton. »Aber ich finde es einfach schön, an einer Baumhütte zu arbeiten. Davon lerne ich auch wieder was.«

Mama lacht. »Ja, dann abgemacht! Als kleines Dankeschön bleibst du dann einfach morgen Abend zum Essen bei uns.«

Blitzschnell drehe ich mich zu Mama um. Am Sonntagabend will ich mit ihr essen gehen, von Papas Geld. In einem neuen Kleid, das ich heute Nachmittag mit Blume kaufe. »Wir wollten morgen Abend etwas machen, weißt du noch?«

»Oh, ja! Das stimmt, ich hatte versprochen, mir den Abend frei zu halten. Dann komm doch einfach während der Woche zum Essen.«

Jack nickt. »Ausgezeichnet. Ich sehe euch morgen gegen ein Uhr.«

Als wir kurze Zeit später zur Bushaltestelle gehen, summt Mama ein Lied. Das ist lange her. Vielleicht über ein Jahr.

»Das ist schon eine seltsame Woche«, sagt Mama, als wir im Bus sitzen. Er ist voll, aber wir haben noch zwei Plätze ergattert. Die Fensterscheiben sind beschlagen, und ich male mit dem Finger Sternensysteme darauf.

»Wie meinst du das?«

»Na ja, letzte Woche hatten wir viel Besuch. Viel mehr als in den vergangenen Monaten. Herrn Henderson, Jack, Eva, Karl, die komischen Eltern von Karl. Du hast dich geprügelt, und morgen wird das Baumhaus fertig gebaut.« Nachdenklich schaut sie aus dem Fenster.

»Und das hat alles mit diesem Schuhkarton von Papa angefangen. Den Briefen.«

Sie hat recht. In den vergangenen Monaten sind kaum Leute bei uns vorbeigekommen. Na ja, manchmal ein paar Freunde, wie Paul, um Mama bei irgendetwas zu helfen, aber ansonsten blieben Leute immer öfter weg. Am Anfang, als Papa gerade erst tot war, gingen ständig Leute bei uns ein und aus. Als wäre es gar nicht mehr richtig nur unser Haus. Alle trösteten uns, brachten Essen mit, oder einen Blumenstrauß. Nach einer Weile schien es, als wären die Leute unseren Kummer ein wenig leid geworden, und sie kamen immer seltener vorbei. Nur wenn Mama Leute wirklich einlud, kamen sie noch, wie zum einjährigen Todestag.

Mama blinzelt ein paarmal schnell. Den Rest der Fahrt sagt sie nichts mehr.

Blume und ich gehen an den Kleiderständern entlang. Wir sind mit dem Rad in die Stadt gefahren.

»Irgendwie seltsam. Du sollst also ein Kleid für deine Mutter kaufen, so etwas schreibt dein Vater auf diese Zettel?«

Ich nicke und ziehe ein schwarzes Kleid hervor. Eine streng aussehende Verkäuferin behält uns scharf im Auge. Ihre Frisur – lauter kleine Löckchen – erinnert mich an einen Pudel.

Ohne einen Blick darauf zu werfen, reißt mir Blume das schwarze Kleid aus den Händen und hängt es wieder zurück. »Deine Mutter hat für ein ganzes Leben genug Schwarz getragen. Sie braucht Farbe. Und dieses Auge und die Schürfwunden hast du also, weil Stoß so einen Zettel gestohlen hat?«

Blume hat sich ihre lilafarbenen Haare hochgebunden. Ihren Bademantel hat sie – zum Glück – gegen eine Jeansjacke, eine grüne Hose und ein weißes T-Shirt getauscht. Statt Stiefeln trägt sie jetzt weiße Sneakers. Sie kaut Kaugummi und betrachtet allerlei Kleidungsstücke.

»Kann ich euch vielleicht helfen?« Die Frau mit der Pudelfrisur stellt sich hinter uns und mustert uns, als wären wir verschimmelte Butterbrote. Sie schaut vor allem argwöhnisch auf mein blaues Auge und meine kaputte Lippe.

»Nein. Wir suchen ein Kleid«, sagt Blume. Sie bläst eine große Kaugummiblase. Die Blase platzt, und ihr Mund wird mit einem dünnen rosa Film bedeckt.

»Für dich?« Die Frau lässt den Blick an Blumes Körper entlangwandern. »Ich weiß nicht, ob …«

»Ja, für mich«, sagt Blume, und sie nimmt ein hellblaues Kleid vom Ständer. »Ich probiere dieses hier an.«

Die Frau greift nach dem Kleiderbügel. »Das ist ein recht teures Kleid, ich glaube nicht, dass …«

Blume zerrt an dem Kleiderbügel, und die Frau lässt ihn los. »Ist das so?« Sie nimmt das Preisschildchen und dreht es zu mir. »Ist das zu teuer, Pelle?«

Ich schüttele den Kopf. Mit Papas Geld kann ich das Kleid prima bezahlen. »Nein, das ist kein Problem.«

»Gut«, sagt Blume und lässt die empörte Verkäuferin stehen, während sie mit dem Kleid zu den Umkleidekabinen geht. »Dann probiere ich es an.«

Blume verschwindet hinter einem dicken roten Vorhang, den sie hinter sich zuzieht, aber ein Spalt bleibt offen. Dadurch kann ich sehen, wie sie ihre Schuhe von sich wirft, ihr T-Shirt auszieht, ihre

Hose aufknöpft und das Kleid überzieht. Ich versuche, nicht allzu sehr auf ihren Körper zu starren.

Die Verkäuferin räuspert sich, und ich springe ertappt einen Schritt zurück. Ich spüre meine brennenden Wangen, aber bei all den blauen Flecken fällt das hoffentlich nicht so auf.

Blume kommt aus der Umkleidekabine. Das Kleid ist ihr ein wenig zu groß, aber ich glaube, es würde Mama gut passen. Blume dreht sich im Kreis. Ich versuche mir vorzustellen, wie es Mama stehen würde. Die Farbe ist fast wie ihre Augen, und Blau war Papas Lieblingsfarbe.

»Das dachte ich mir schon. Es ist zu groß, ich glaube, du kannst besser in einem anderen Geschäft …«, sagt die Verkäuferin und will das Kleid anfassen. Aber Blume weicht ihr aus.

»Was meinst du, Pelle?«

Ich zucke die Achseln. »Es ist schön, finde ich. Ich habe nicht so viel Ahnung von Kleidern.«

»Junge Dame, bitte zieh dieses Kleid jetzt aus«, sagt die Verkäuferin pikiert. Sie schaut, als wollte sie Blume höchstpersönlich aus dem Kleid zerren.

»Entschuldigen Sie!« Hinter der Verkäuferin steht eine ältere Dame. »Könnten Sie mir vielleicht mit diesem Rock helfen? Ich glaube, der Reißverschluss ist eingeklemmt.«

Mit verbissenem Gesicht wirft die Verkäuferin noch einen Blick zu Blume, die wieder in der Umkleidekabine verschwindet. Danach dreht sie sich widerwillig zu der Dame um.

Nach ein paar Minuten ist Blume wieder draußen.

»Komm, wir gehen«, sagt sie und marschiert Richtung Ausgang.

Die Verkäuferin hat alle Hände voll zu tun mit der älteren Kundin, die noch immer in dem Rock feststeckt. Die Verkäuferin kniet vor ihr und versucht, den Reißverschluss loszubekommen. Sie schaut zu Blume und mir und will aufstehen, aber Blume sagt laut und deutlich: »Dieses Kleid gefällt mir nicht. Und dieser Laden hier auch nicht. Ein Dicktuer-Laden. Dicktuer-Kleid. Alles Dicktuerei. Los, wir gehen.«

Und als wir fast schon an der Tür sind, greift Blume plötzlich nach meiner Hand und zischt: »Lauf!«

Ich verstehe nicht, warum, aber wir rennen aus dem Geschäft, und der Alarm wird ausgelöst. Ich sehe noch gerade eben, dass die Verkäuferin versucht, aufzustehen und kreischt, wir sollen stehen bleiben, aber Blume lässt meine Hand nicht los und zieht mich mit. Wir rasen durch die Einkaufsstraße, an sämtlichen Fußgängern vorbei, die verärgert zur Seite springen. Hinter uns höre ich die Verkäuferin außer sich vor Wut rufen, wir sollen stehen bleiben und man müsse uns aufhalten, aber Blume läuft weiter, während mein Herz bestimmt sechsmal so schnell schlägt wie normalerweise. Sie zerrt mich in eine Gasse und dann in eine kleine Straße, und schließlich bleibt sie stehen. Wir sind in einem alten verlassenen Viertel, und ich versuche, wieder normal zu atmen, während Blume laut lacht. Hinter meinem Auge klopft und hämmert es.

»Was ... was sollte das?«, keuche ich. Durch das Rennen tun mir mein Gesicht und meine Lippe extra weh. Blume schaut triumphierend und zieht das blaue Kleid aus ihrer Tasche. »Simsalabim!«, ruft sie.

Ich habe noch nie im Leben etwas gestohlen. Na ja, genau genommen habe ich das jetzt auch nicht getan.

»Verdammt! Das ist blöd von dir! Was, wenn sie uns erwischt hätte?«

Blume zuckt mit den Achseln und steckt das Kleid wieder in ihre

Tasche. »Hat sie aber nicht. So eine eingebildete Pute! Dann hätte sie ein wenig freundlicher sein sollen. Und das ist doch prima! So hast du mehr Geld von deinem Vater übrig. Das kannst du schön für andere Sachen ausgeben. Leb ein wenig, Pelle. Du kannst nicht behaupten, dass das hier nicht aufregend war.«

Ich schiebe die Hände in die Hosentaschen und schaue nach unten. Das ist nicht, was mein Vater gemeint hat. Er wollte, dass ich Mama ein Kleid von ihm schenken würde, nicht, dass ich ihr ein gestohlenes Kleid geben würde. Andererseits hat noch nie jemand etwas für mich gestohlen, und ich will Blume nicht beleidigen, indem ich es nicht annehme. »Danke schön«, murmele ich.

»Wollen wir in den Park? Die Räder holen wir einfach später.« Blume wartet meine Antwort nicht einmal ab. Sie macht kehrt und läuft los. Zehn Minuten später sitzen wir auf der Bank oben auf dem grünen Hügel und schauen über die Stadt. Es ist ein grauer Tag. Blume zieht ein zerknittertes Päckchen aus ihrer Tasche und zündet sich routiniert eine Zigarette an. Sie hat einen Arm um ihre Knie geschlagen und schaut zu den wegwehenden Rauchschwaden. Sie bietet mir auch eine Zigarette an, und zögerlich nehme ich sie. Ich stecke mir das Filterstück in den Mund und sauge daran.

Dann steht die Welt in Flammen. Ich krümme mich, und ein grässlicher Schmerz zuckt durch meinen Magen. Es ist, als hätte ich eine scharfe Rasierklinge verschluckt, und ich muss so schlimm husten, dass mir die Tränen über die Wangen rollen.

Blume klopft mir vorsichtig den Rücken. Sie grinst. »Noch nie geraucht? Das erste Mal ist immer so.« Sie greift nach der Zigarette und nimmt selbst einen Zug. »Danach wird es besser.« Sie steckt mir das Päckchen zu. »Weißt du was? Die hier schenke ich dir. Dann kannst du ab und zu mal üben.«

Meine Stimme ist heiser geworden vom Husten und mein Hals tut weh. »Warum solltest du das ein zweites Mal machen wollen, wenn das erste Mal so ist?« Ich huste noch ein wenig und spucke ein bisschen Schleim aus. Das hier war die allererste und allerletzte Zigarette meines Lebens, aber trotzdem nehme ich Blumes Päckchen an. Vielleicht findet Eva es ja cool, wenn ich rauche. Ich schiebe die Zigaretten in meine Hosentasche.

Blume zuckt wieder mit den Achseln. »Weil es lecker wird. Oder eigentlich nicht lecker, sondern eher eine Gewohnheit. Ich habe übrigens gesehen, wie du gespannert hast! Als ich das Kleid anprobiert habe.« Sie bläst ein wenig Rauch in die Höhe. Zum Glück bin ich noch knallrot vom Husten, trotzdem schaue ich verschämt weg. Blume lacht und knufft mich mit dem Ellbogen in die Seite. »Haha! Ach, alle Jungs gucken. Ihr lasst euch von euren Hormonen beherrschen. Willst du sie mal anfassen?«

Plötzlich dreht sie den Körper zu mir und schiebt ihre Brüste vor.

Erstaunt sehe ich Blume an. »Äh, nein, danke.« Verwirrt blicke ich geradeaus auf die Grünfläche vor uns. Blume wirft den Kopf in den Nacken und lacht.

»Siehst du, so reagieren Jungs immer. Natürlich willst du sie anfassen. Du traust dich bloß nicht. Ihr denkt nur an Sex und an Mädchen.« Und bevor ich es so recht mitbekomme, hat sie meine Hand auf ihre Brust gelegt. Sie hält sie dort fest, und ich spüre die Wärme ihrer Haut durch den Stoff. Es ist weich. Nur ihre Brustwarze sticht in meine Hand. Als Blume loslässt, bleibt meine noch kurz auf ihrer Brust liegen, und dann ziehe ich sie beschämt zurück. Mein Körper hat sofort reagiert, und ich setze mich vorsichtig anders hin. Obwohl ich jetzt überhaupt nicht traurig bin, zwinge ich mich, an Künstliche Intelligenz zu denken und daran, wie gefährlich es wäre, wenn Waffen selbstständige Entscheidungen treffen könnten. Ich denke daran, dass eine kleine Heuschreckenplage aus vierzig bis fünfzig Millionen Heuschrecken besteht, und wie die an einem einzigen Tag genauso viel Nahrung zu sich nehmen können wie 35 000 Menschen. Wüstenheuschrecken häuten sich mehrmals im Leben, weil ihre Hülle dann zu klein für ihren Körper wird. Und in der letzten Lebensphase bekommen sie Flügel, mit denen sie total weit fliegen können. Die Wüstenheuschrecke schafft es sogar über das Rote Meer – das ist 300 Kilometer breit – ohne Pause.

Eigentlich ist so eine Wüstenheuschrecke genau wie Papa. In seiner letzten Lebensphase flog er auch weg.

Die Wärme von Blumes Brust brennt noch immer in meiner Hand.

Ich zwinge mich, weiterhin an Heuschrecken zu denken. Wenn alle Heuschrecken der Welt in einem Schwarm zusammenleben würden, wäre der so groß wie sechzig Länder.

Blume schüttelt kichernd den Kopf und schnippt die Zigarettenkippe auf den Boden.

»I-i-ich denke überhaupt nicht die ganze Z-z-zeit an S-s-sex«, sage ich dann, einfach weil ich etwas sagen muss und weil es die Wahrheit ist. Niemand kann die ganze Zeit an dasselbe denken.

»Und an was denkst du dann vor allem?«, fragt Blume.

Ich starre in den betongrauen Himmel. »Ich denke an alles Mögliche. Zum Beispiel an die Erde, und dass sie vielleicht Teil eines viel größeren Planeten mit vielfältigeren Lebensformen ist. Oder an Tausendfüßler und wie sie laufen. Setzen sie zuerst alle geraden Füße auf und dann die ungeraden? Oder ist es eine Art Welle? An solche Sachen halt.«

Blume lächelt verwundert. »Mein Vater sagt, du wärst hochbegabt. Dass du dir etwas nur anzuschauen brauchst, um es zu können. Genau wie dein Vater, oder?«

Ich zucke die Schultern. »Ich weiß nicht. Ich merke mir Sachen einfach leicht. Das ist doch nicht so besonders. Und mein Vater hat wieder alles vergessen, als er krank wurde. Woran … Denken Mädchen immer an Sex?«

Blume legt das Kinn auf ihre hochgezogenen Knie. »Nein. Nicht so wie ihr. Wir denken mehr an Küsse, und daran, wie wir später wohnen wollen.«

»Das ist komisch. Ich denke nie daran, wie ich später wohnen will.«

»Na ja, da hast du's ja. Ich schon. Ich denke auch daran, was ich später werden will. Wie viel Geld ich verdienen will. Welche Länder ich besuchen will. Aber so bin ich halt. Es gibt wohl auch Mädchen, die vor allem darüber nachdenken, wie sie aussehen. Ob sie nicht zu dünn sind. Oder zu dick. Ob sie richtig geschminkt sind. Ob sie attraktiv genug sind. Ob ihr Rock nicht zu kurz ist. Oder zu lang.«

»Das stelle ich mir anstrengend vor.«

Blume lacht. »Das ist es auch. Darum beschäftige ich mich lieber damit, was ich später selbst im Leben erreichen möchte.«

»Und was möchtest du erreichen?«

»Ich möchte so viel. Ein Tattoo. Fotografin werden, auf Weltreise gehen und dann überall coole Reportagen machen. Ich will ein Haus am Meer und einen australischen Schäferhund. Das sind die allerbesten Hunde. Und ich will Surfen lernen und in Tokio Sushi essen.«

»Willst du denn keinen Freund oder so?«

»Doch, natürlich. Verliebt sein ist großartig!« Sie nimmt noch einen Zug von ihrer Zigarette und bietet sie mir erneut an. Ich schüttele den Kopf.

Ungefähr zehn Meter von uns entfernt gehen ein Mann und ein Junge vorbei. Sie treten einen Fußball vor sich her und unterhalten sich, man kann aber nicht verstehen, worüber. Schweigend sehen Blume und ich ihnen nach, bis sie wieder zwischen den Bäumen verschwinden.

»Was vermisst du am meisten?« Blume sieht mich an. »Von deinem Vater, meine ich.«

Was vermisse ich nicht? Ich vermisse sein Lachen, das Geräusch seiner Schlüssel, wenn er die Haustür öffnet. Seinen Geruch. Sein Gemecker, wenn ich im Wohnzimmer oder in der Küche Unordnung gemacht hatte. Seine Anfeuerungsrufe, wenn ich ein Fußballspiel hatte und wie er alle Sternengruppen am Himmel benennen konnte. Wie er über einen Fopp-Ringkampf lachen musste. Wie er mir kurz im Vorbeigehen die Haare zerzauste, wenn ich auf dem Sofa saß. Okay, ab und zu war das nervig, vor allem, wenn ich meine Haare gerade in Form gebracht hatte. Wie er sich manchmal neben mich setzte, wenn ich ein Computerspiel zockte, es dann auch versuchen wollte, aber schon nach ein paar Minuten ausgeschaltet wurde. Ich vermisse sogar die blöden Sachen. Wie er sich die Nase hochschob, um seine Nasenhaare zu schneiden. Seine langen Zehennägel, wodurch seine Füße aussahen wie Tierklauen. Wie er, wenn wir uns ein Quiz im Fernsehen ansahen, immer alle Antworten gab, bevor ich sie sagen konnte.

»Alles«, antworte ich deshalb. Das Wort bleibt zwischen uns hängen.

Nach einer Weile bricht Blume das Schweigen. »Vielleicht kann sich deine Mutter einen neuen Mann suchen, oder du findest einen neuen für sie.«

»Erzähl nicht so einen Stuss!« Ich sehe sie wütend an. »Mein Vater ist keine kaputte Glühlampe, die man mal eben ersetzt!«

»Das sage ich doch auch gar nicht! Und übrigens, wenn die Glühlampe kaputt ist, sitzt man im Dunkeln. Und wenn man wieder Licht haben möchte, muss man die Lampe ersetzen. Deine Mutter wird vielleicht mal einen Freund haben. Oder sogar wieder mit jemandem zusammenleben oder so. Ich kann mir gut vorstellen, dass sie einsam ist.«

»Sie hat mich«, entgegne ich trotzig. »Und sie hat ein eigenes Leben.«

»Vielleicht steht das ja in einem dieser Briefe von deinem Vater.« Unbeirrbar fährt Blume fort. »Vielleicht steht das in dem Brief, den Karl mitgenommen hat. ›Such einen neuen Vater.‹« Nachdenklich späht Blume zum Horizont.

»Was? So ein Quatsch!«, blaffe ich. Aber Blume kann durchaus recht haben, wird mir beunruhigenderweise klar. Warum sonst würde mein Vater wollen, dass ich ein neues Kleid für Mama kaufe und dass wir essen gehen? Will er, dass andere Männer auf Mama aufmerksam werden? Steht auf dem Zettel, den Stoß gestohlen hat, vielleicht etwas wie: *Hey, Pelle, am 7. Juni wartet an Gleis 5 ein Mann auf Mama. Er weiß Bescheid und wird dein neuer Vater. Ich habe ihn persönlich für euch ausgesucht!* Ich hoffe nicht.

»Pelle …« Blume dreht sich zu mir und greift nach meiner Hand. »Es ist kein Quatsch. Eines Tages ziehst du aus, und dann ist deine Mutter allein. Und wenn sie nicht plötzlich eine Weltreise machen will oder in Tokio Sushi essen möchte, ist es doch schön, wenn sie jemanden hat?« Bevor ich reagieren kann, beugt sich Blume plötzlich vor und drückt mir einen Kuss auf den Mund. »Jeder will verliebt sein, das ist das schönste Gefühl, das es gibt. Das ist wie eine Party in deinem Herzen. Viel schöner als Trauer«, flüstert sie.

Dann steht sie auf und zieht mich hoch. »Los, wir holen die Fahrräder. Und vergiss das Kleid nicht.«

»Pelle, gibst du mir mal die Bohrmaschine?« Jack steht im Garten an der Baumhütte und hält zwei Bretter aneinander. Es ist ein sonniger Tag. Der Baum bekommt allmählich wieder Blätter. Das Grün lugt schüchtern aus den kleinen Knospen an den Zweigen hervor. Ich reiche Jack die Bohrmaschine und puste in die Hände. Es ist trotzdem noch etwas kühl.

Jack kam um die Mittagszeit mit dem Karton und allerlei Werkzeugen. Nachdem Mama und er Kaffee getrunken hatten, machte er sich an die Arbeit. Zuerst hat er die Strickleiter befestigt, damit wir ins Baumhaus können. Die Leiter ist jetzt mit zwei schweren Eisenhaken gesichert, die Jack in den Boden unter der Hütte geschlagen hat. So bleibt die Leiter beim Raufklettern ziemlich stabil. Das Dach liegt jetzt auch ganz darauf.

Eigentlich weiß ich nicht so recht, wie ich es finde, dass Jack die Hütte fertig baut. Das Projekt war von Papa und mir, und jetzt ist die Baumhütte plötzlich ein Projekt von Papa, mir und Jack. Ich pule an einem herausragenden Stück Holz.

Jack wischt sich mit dem Ärmel übers Gesicht und sieht mich an. »Weißt du, was gut wäre? Ich habe noch irgendwo ein paar Bretter übrig, aus denen ich eine Bank für dich machen könnte. Dann brauchst du in der Hütte nicht auf dem Boden zu sitzen.«

Ich zucke die Schultern. »Nein, das ist nicht nötig.« Papa hat nie von einer Bank gesprochen. Und außerdem werde ich nicht oft da drin sitzen.

»Das ist schnell gemacht. Ich baue sie einfach. Du wirst sehen, eine Sitzgelegenheit ist angenehm. Sag mal, hast du deiner Mutter noch von den Borkenkäfern erzählt? Ich spreche sie gleich mal darauf an. Es ist wirklich wichtig, dass ihr was dagegen unternehmt.« Jack befestigt eine riesige Schraube zwischen zwei Holzstücken. »So. Das war das letzte Stützbrett. Jetzt noch die Tür einhängen, und dann ist sie fertig. Du musst die Hütte lackieren, sonst vergammelt das Holz zu schnell.«

Jack lässt einen Schraubenzieher auf den Boden plumpsen und betrachtet die Hütte stolz. In diesem Moment kommt Mama. Sie stellt sich neben uns und schaut auch zu der Hütte.

»Wow«, sagt sie bewundernd. »Sie ist großartig geworden. Findest du nicht, Pelle?«

Ich murmele etwas und schiebe die Hände in die Hosentaschen. Mama legt kurz eine Hand auf Jacks Arm.

»Danke, dass du geholfen hast. Wirklich toll gemacht!«

»So viel Arbeit war es gar nicht«, sage ich plötzlich, aber ich traue mich nicht, Jack anzusehen, weil er total hart gearbeitet hat. »Papa hatte eigentlich schon alles gemacht. Es war wirklich nicht mehr so wahnsinnig viel. Und es ist vor allem toll von Papa, weil er sich das Baumhaus ja ausgedacht hat.«

Mama schaut mich stirnrunzelnd an. »Pelle! Natürlich hat Papa das toll gemacht. Aber es ist doch schön, dass uns jemand geholfen hat, das zu Ende zu bekommen? Das wäre uns zusammen nie gelungen.«

»Das wäre mir wohl gelungen«, nuschele ich.

»Pelle hat recht«, sagt Jack plötzlich. »Der Entwurf von seinem Vater ist großartig. Und das meiste war schon fertig. Ich brauchte nur noch ein paar Sachen zu Ende zu machen.«

Schnell werfe ich ihm einen Blick zu und fühle mich schuldig. Tatsächlich war es nämlich so, dass die Hütte in einem etwas schlechterem Zustand war, als wir dachten. Jack musste ein paar Bretter ersetzen. Aber er sagt nichts zu meiner Mutter, die noch immer ein wenig verärgert in meine Richtung schaut.

»Wie dem auch sei, ich finde es großartig, dass du das hier an deinem freien Tag gemacht hast.« Sie lächelt Jack an. »Hast du Lust auf einen Kaffee? Ich habe Kuchen gebacken.«

Kuchen gebacken? Mama hat schon total lange keinen Kuchen mehr gebacken.

Ich schnuppere. Es duftet nach Zimt und Karamell, als wir in die Küche gehen. Ganz kurz bin ich wieder an den Sonntagen VDT. Verrückt, dass Gerüche so etwas mit einem machen können. Der Geruch von weißen Lilien erinnert mich immer an Papas Sarg, und der Duft von Feuer an die Lagerfeuer mit ihm an langen Sommerabenden.

Jack wäscht sich die Hände und will sich an den Küchentisch setzen. Aber bevor er das tun kann, lasse ich mich auf den blauen Stuhl fallen. Mama schaut überrascht, sucht dann aber weiter nach Tellern und Untertellern. Unterdessen schwatzt sie mit Jack über das Wetter, das Dorf und den neuen Busfahrplan. Sie lacht über einen seiner Scherze und schaufelt gedankenlos Zucker in seinen Kaffee.

»Oh, äh, lieber ohne Zucker«, sagt er und legt die Hand auf seinen runden Bauch. Er hat sich auf den grünen Stuhl gesetzt.

»Oh!« Mama schaut erschrocken auf. »Sorry! Ich dachte kurz … Richard hatte immer Zucker im Kaffee. Na ja, jedenfalls in der letzten Zeit. Dann bekam er auf jeden Fall etwas in den Magen, was ihm kurz Energie gab.« Sie beißt sich auf die Lippe und gießt den Kaffee durch den Abfluss, wonach sie die Tasse neu füllt. Sie schneidet den Kuchen und stellt ihn auf den Tisch. Ich nehme mir ein großes Stück und fange an zu essen.

»Ich verstehe«, sagt Jack leise. Er räuspert sich. »Liesbet, ich weiß nicht, ob Pelle es dir schon gesagt hat, aber ihr habt Borkenkäfer in der Haustür. Auf jeden Fall im Rahmen.«

»Borkenkäfer?« Mama setzt sich hin und sieht ihn verständnislos an. »Wie meinst du das?«

»Das ist ein Schädling. Borkenkäfer haben eine Art Bohrer am Körper, mit denen sie Löcher ins Holz bohren. Da legen sie Eier rein, und die Larven sind echte Übeltäter, die dein Haus von innen auffressen. Und weil dieses Haus tatsächlich größtenteils aus Holz besteht, kann es sein, dass die überall sind.« Jack schaut besorgt. »Die muss man wirklich bekämpfen. Der Türrahmen sah schon nicht allzu gut aus, und du hast auch Holzgebälke, die sich durch alle Räume ziehen, wie ich sehe. Ich glaube, du solltest das so schnell wie möglich machen lassen.«

Mama sieht ihn erschrocken an. »Ja? Was passiert sonst?«

»Tja …« Jack reibt sich kurz den Stoppelbart. »Dann könnte das Holz dermaßen beschädigt werden, dass zum Beispiel Schwachstellen in den Balken entstehen. Letztendlich kann ein Haus dann einsacken. Das geht nicht rasend schnell, weißt du, aber du musst schon etwas dagegen tun. Ich könnte mir das mal genauer ansehen.«

Mama schlägt sich die Hand vor den Mund. »Einsacken? Wirklich? Wie furchtbar! Und was jetzt? Wie schaffe ich es, dass dieser Borkenkäfer stirbt?«

Borkenkäfer sterben nicht, denke ich. Borkenkäfer kann man nicht ausrotten. Das ging bei Papa auch nicht.

»Es gibt da Methoden«, sagt Jack beruhigend. »Ich kann dir helfen. Du solltest das gesamte Holz mit Gift behandeln. Die Larven fressen das Gift und sterben. Es dauert bloß ungefähr zwei Tage, bis das Gift vollständig in das Holz eingezogen ist. Ich kann gerne mit den richtigen Mitteln vorbeikommen, wirklich.«

Mama sieht ihn an. »Aber das kann ich nicht von dir verlangen. Du tust schon so viel. Du hättest mit dem Baumhaus ja überhaupt nicht zu helfen brauchen, und du hast extra nach den Schrauben gesucht, die Pelle brauchte und …«

»Das mache ich gerne.« Jack nimmt in aller Ruhe einen Schluck Kaffee. »Ich habe Zeit dafür. Das Bekämpfungsmittel kannst du kaufen, und ich habe noch die richtigen Materialien und einen Anzug, um mich beim Vernebeln zu schützen. Wirklich, es ist keine große Mühe.«

»Puh, dann müssen wir uns wahrlich bei dir bedanken, was, Pelle? Weißt du was? Komm doch einfach Dienstag zum Abendessen, nach Ladenschluss. Aber noch kurz zu diesen Viechern. Ist dieses Gift nicht schädlich für uns?«

Jack nickt bedächtig. »Ich würde euch empfehlen, dann zwei Nächte woanders zu schlafen. Es ist nicht ganz klar, welche Langzeitfolgen das Gift hat. Nichtsdestotrotz würde ich nicht allzu lange damit warten.«

Mama schaut besorgt zur Decke, als könnte die jeden Moment einstürzen.

Jack folgt ihrem Blick und lacht. »So mein ich das nicht. Mach dir keine Sorgen. Das Haus bleibt schon noch eine Weile stehen. Aber du würdest dich wundern, wozu Insekten in der Lage sind.

Borkenkäfer und Holzwürmer können ganze Baukonstruktionen auffressen, bis nur noch die Außenseite übrig ist. Und wusstest du, dass Ameisen mindestens fünfzig Mal ihr eigenes Körpergewicht tragen können? So was könnte ein Mensch niemals. Insekten wohl.«

»Ja«, sage ich, während ich Kuchenkrümel mit einem nassen Finger aufstippe. »Ich weiß so was. Nashornkäfer sind die stärksten Insekten der Welt.«

»Nein.« Jack schüttelt den Kopf. »Das ist der *Onthophagus taurus*, der stierköpfige Mistkäfer. Er kann bis zu tausend Mal sein eigenes Gewicht …«

»Nein. Das ist der Nashornkäfer!« Ich schiebe meinen Stuhl zurück.

»Pelle!« Mama schaut mich verärgert an und holt tief Luft.

Ich weiß auch nicht, warum ich so wütend bin. Ich bin es einfach. Ohne etwas zu sagen, stürme ich aus der Küche und renne in mein Zimmer. Aber ich höre noch gerade, was Mama zu Jack sagt.

»Das ist bestimmt die Pubertät. Im Moment ist er ein ziemlicher Querkopf.«

Mama schaut sich verwundert um, als wir uns hinsetzen. Ich sehe jetzt erst, dass sie für den Hamburger-Palast zu schick gekleidet ist, aber mir fiel nichts anderes ein. Ich wollte nicht zu dem Italiener, bei dem wir zuletzt mit Papa waren. Und außer dem Hamburger-Palast kannte ich sonst keine Restaurants.

»Ich dachte, wir würden vielleicht in einem echten Restaurant … Ach, egal.« Mama lacht. »Hamburger sind lecker. Eine ausgezeichnete Wahl für so ein erstes Mal!« Sie nimmt die beschichtete Speisekarte und fängt an zu lesen. Ich schaue auf ihre rote Bluse und die schwarze Hose. Ich hatte mich nicht getraut, ihr das blaue Kleid zu geben. Vielleicht würden wir der Verkäuferin aus dem Laden ja begegnen und die würde das Kleid ganz bestimmt erkennen und es Mama vom Leib reißen. Aber nun, da ich darüber nachdenke: Bestimmt ist der Hamburger-Palast nicht die Art Restaurant, in das sie gehen würde. Und auch nicht die Art Restaurant, in dem Mama einen neuen Mann kennenlernen würde, es sei denn, sie steht auf pickelige Jungs mit fettigen Haaren, die in einem Burgerladen arbeiten.

Nach einer halben Stunde sind wir schon mit dem Essen fertig. Ich bezahle mit dem Geld, das ich von Papa bekommen habe. Ich habe noch mehr als sieben Achtel davon übrig. Natürlich. Ich habe kein Kleid gekauft (ich bringe es wieder zurück, glaube ich), und ich habe Mama in ein ganz billiges Restaurant mitgenommen. Irgendwie fühlt es sich an, als hätte ich Papa enttäuscht. So hatte er das bestimmt nicht gemeint. Ich wische mir den Mund ab und ziehe eine Grimasse, weil mein Gesicht noch immer wehtut. Auf dem Schnitt in meiner Lippe hatte sich eine Kruste gebildet, aber die hat sich beim Essen ein wenig gelöst. Jetzt zwiebelt es, als würde jemand mit einer winzigen Nadel in meine Mundwinkel stechen. Vielleicht sollte ich Mama sagen, dass wir noch mal essen gehen, aber dann richtig. Und dass sie sich dann ein Restaurant aussuchen darf.

Mama schaut sich stirnrunzelnd um. Sie tupft sich die Mundwinkel mit einer Serviette ab und schaut dann auf ihre Armbanduhr.

»Pelle, sollen wir noch ins Kino gehen? Bestimmt gibt es einen schönen Film, und es ist noch so früh. Wenn wir jetzt eh schon so schön unterwegs sind, ist das doch eine gute Idee, oder?«

Es ist lange her, dass wir uns einen Film angeschaut haben. Bestimmt zwei Jahre, VDT.

Ich sehe mir die Poster von den Filmen an, die laufen. *Teenage Mutant Ninja Turtles. Findet Dorie. Zombie Party 3. Ein ganzes halbes Jahr.* Ich möchte einen fröhlichen Film, kein Drama. Davon haben wir selbst wahrlich genug.

An der Kasse steht eine kleine Schlange, und ich stelle mich an. Mama bleibt bei den Postern. Ich habe gesagt, ich werde bezahlen, weil ich noch reichlich Geld übrig habe. Am Schalter sitzt ein Kaugummi kauendes Mädchen mit weißen Haaren und schaut mich gelangweilt an. Ihre Fingernägel haben alle eine andere Farbe.

»Ich möchte gern in einen fröhlichen Film. Zum Lachen.«

Sie seufzt und schaut auf ihren Bildschirm. »*Findet Dorie* ist okay.«

»Stirbt jemand in dem Film?«

»Häh?«

»Ob jemand stirbt?« Ich versuche, möglichst leise zu sprechen. Hinter mir räuspert sich ein Mann. »Ist es ein Film zum Weinen?«

»Es ist ein Disney-Film. Da soll man weinen.«

»Oh. Und dieser romantische Film? *Ein ganzes halbes Jahr*?«

»Handelt von einer jungen Frau, die sich in jemanden verliebt, der Selbstmord verüben will. Am Ende sind fast alle Sitze vom Heulen immer ganz durchweicht.« Sie lacht und macht eine Kaugummiblase. »Also, was wird's? Da stehen noch Leute hinter dir.«

»Ich will etwas Fröhliches. Einen Film, in dem niemand stirbt.«

»*Seeadler auf Durchzug*«, sagt sie, »aber der läuft heute nicht mehr. Was ist eigentlich dein Problem?«

»Nichts! Ich will bloß nicht, dass Menschen sterben und es traurig ist!«

»Darf es denn von Menschen handeln, die schon tot sind?« Die Blase platzt und Kaugummireste kleben an ihrem Mund.

Mama schaut erstaunt auf die Leinwand. »Wirklich? Ein Zombiefilm?« Lachend schüttelt sie den Kopf. Wir sitzen auf den roten Samtstühlen im Saal, der noch halb leer ist. In dem gedämpften Licht fällt mir auf, dass Mama eine der wenigen Erwachsenen hier ist. »Ein Burger-Restaurant und ein Zombiefilm. Schöner hätte ich mir meinen ersten Ausgeh-Abend nicht vorstellen können!« Sie hält mir die Box mit Popcorn vor die Nase. Seltsamerweise glaube ich ihr sogar, weil sie so fröhlich aussieht. Ihre Mundwinkel zeigen nach oben, als hätte sie gerade einen guten Witz gehört.

»Liesbet, Pelle! So ein Zufall!«

Wir drehen uns gleichzeitig zu der Stimme um. Neben uns stehen HaHa, ein Mädchen und ein Junge.

»Harold!« Mama schaut erstaunt auf.

»Wir sitzen hier neben euch. Stört euch das? Sonst suchen wir uns einfach andere Plätze. Offensichtlich ist der Film nicht ausverkauft.« Er grinst und verdreht die Augen.

»Ach was, setzt euch nur!« Mama winkt zum Platz neben sich. »Gesellig, was, Pelle?«

Harold setzt sich neben meine Mutter, und daneben das Mädchen und der Junge. Das Mädchen ist in meinem Alter, der Junge etwas älter. Sie lachen und schwatzen zusammen.

»Das sind meine Kinder.« Harold schaut zu ihnen. »Hannah und

Jon. Jeden Monat gehen wir ins Kino. Wir dürfen uns der Reihe nach abwechselnd einen Film aussuchen. Dieses Mal war Jon dran.« Herr Henderson lacht. »Und die Regel ist, dass wir alle ohne Murren mitkommen. Sogar, wenn es ein Zombiefilm ist …«

»Papa, du suchst immer so künstlerische Filme aus. Dann sagen wir auch nichts und tun uns zwei Stunden lang eine sprechende Trompete oder so was an!« Hannah knufft ihren Vater freundschaftlich mit den Ellbogen in die Seite.

»Das kann äußerst lehrreich sein«, sagt Harold.

»Und total öde. Da können wir uns genauso gut zwei Stunden in ein Musikgeschäft stellen und eine Trompete anstarren«, sagt Jon trocken.

HaHa lacht ein wenig und Mama auch. Ganz kurz legt sie ihm eine Hand auf den Arm und schüttelt den Kopf. »Die Pubertät«, sagt sie grinsend, als würde sie ein Geheimnis mit meinem Mentor teilen. Sie lächeln beide und plaudern dann weiter. Mama erzählt, dass wir essen gewesen sind. Herr Henderson erzählt, dass er einen Auflauf gemacht hat und dass seine Katze einen Haarball erbrochen hat. Mama antwortet, sie sei froh, dass wir keine Haustiere haben.

Unruhig rutsche ich auf meinem Stuhl hin und her. Herr Henderson und meine Mutter? Wäre das möglich? Ich denke daran, was Blume im Park gesagt hat. Dass sie findet, ich könnte einen anderen Mann für meine Mutter suchen. Aber … Herr Henderson? Echt jetzt? Dann kann ich nie wieder die Schule schwänzen. Nicht, dass ich das jemals getan hätte, aber dann habe ich wirklich nicht mehr die geringste Chance, von der Schule wegzubleiben. Oder meine Hausaufgaben nicht mehr zu machen. In diesem Moment taucht der erste blutige Zombie auf der Leinwand auf, und das

Bild von Mama mit HaHa verschwindet zum Glück aus meinen Gedanken.

Nach dem Film fragt Herr Henderson, ob wir noch kurz was gemeinsam trinken gehen.

»Das geht nicht, Mama«, sage ich. »Ich muss morgen früh raus, hab Schule.«

Mama fängt an zu lachen. »Ach, ich habe so das Gefühl, dass dein Mentor es nicht so wahnsinnig schlimm findet, wenn du etwas später im Bett liegst. Wir könnten ihn an Ort und Stelle danach fragen.« Sie zwinkert ihm zu und HaHa grinst. Er ist ganz anders als in der Schule. Freundlicher und fröhlicher.

»Ich verspreche, dass ich den Mund halte, wenn du morgen schläfrig wirkst, Pelle«, sagt er und lacht.

Wir gehen in ein Café neben dem Kino. HaHa bestellt für alle etwas zu trinken, und Mama und er kommen ins Gespräch über die Neubaupläne für die Schule. Jon ist mit seinem Handy beschäftigt, und Hannah, die neben mir sitzt, spielt mit dem Strohhalm in ihrer Colaflasche.

»Du bist also bei meinem Vater in der Klasse?«, fragt sie.

Ich nicke.

»Eine verrückte Vorstellung«, sagt sie und lächelt. »Dann siehst du ihn eigentlich öfter als wir. Wir sehen ihn alle vierzehn Tage. Sind deine Eltern auch geschieden?«

»Äh, nein. Mein Vater ist … zu Hause.« Faktisch gesehen, stimmt das. Er ist in der Urne neben dem Fernseher. Ich weiß auch nicht, warum ich das sage. »Er konnte nicht mitkommen.« Auch das ist nicht wirklich eine Lüge – niemand nimmt einen Topf Asche mit ins Kino. Ich rede gedämpft, damit Mama mich nicht hört.

»Pelle …« Plötzlich dreht sich HaHa zu mir. »Ich habe noch mit Karl gesprochen, über den Brief von deinem Vater. Es tut mir furchtbar leid, Junge, aber er sagt, der Zettel sei ihm aus den Händen geweht, als er auf dem Weg zur Schule war. Es war stürmisch, und er hat ihn nicht mehr erwischt. Er wollte ihn dir wirklich zurückgeben.« Herr Henderson schaut mich entschuldigend an.

Mein Herz scheint einen Moment auszusetzen. *Bumm-bumm-bumm-nichts-nichts-nichts.* »We-weggeweht?« Ich spüre, dass ich rot werde. Mein Herz klopft wieder weiter. *Bumm-bumm-bumm.*

Mama schaut wütend. »Oh nein, nicht dein Ernst? Was für ein Idiot! Warum nimmt er ihn in die Hand, wenn es so stürmt?«

Herr Henderson schaut von Mama zu mir. »Ich habe ihn bestraft. Aber mir ist klar, dass du den Brief damit nicht zurückbekommst.«

»Hat er ihn denn noch lesen können?«, fragt Mama. »Dann kann er Pelle einfach sagen, was darin stand!«

»Nein. Das habe ich ihn auch gefragt. Er sagte, er wollte ihn lesen, aber dann ist er weggeweht, noch bevor er ihn auseinandergefaltet hatte.«

Ich glaube kein Wort von dieser Geschichte. Oder doch? Ich weiß nicht, was ich glauben soll. Ich habe keine Ahnung. Ich weiß nur, dass eine sehr wichtige Nachricht meines Vaters weg ist. Verloren. Und dass es Stoß' Schuld ist. Wut steigt in mir auf. Dabei ist mir klar, dass ich nichts tun kann. Ich muss mich beruhigen.

Ich brauche Fakten.

In der Prähistorie gab es Libellen mit einer Flügelspannweite von 70 Zentimetern. Es gab Tausendfüßler, die mindestens zweieinhalb Meter lang wurden und einen halben Meter breit. Prähistorische Käfer waren sogar so groß, dass man sich auf ihren Rücken setzen konnte, um rumchauffiert zu werden. Bloß gab es damals noch keine Menschen, die das hätten tun wollen.

»Was denn für einen Brief?« Hannah schaut ihren Vater fragend an.

»Pelles Vater hat ihm einen Karton mit Briefen hinterlassen. Und jetzt hat ein Junge aus Pelles Klasse einen dieser Briefe genommen und verloren.«

»Hinterlassen?« Hannah dreht sich zu mir und zieht eine Augenbraue hoch.

Ich zucke die Achseln. »Ja. Er ist letztes Jahr gestorben.«

Sie schaut mich an und nickt dann. »Warum hast du denn gesagt …? Ach, egal.« Mit der Hand macht sie eine wegwerfende Geste. »Ich tue auch ab und zu, als wären meine Eltern nicht geschieden. Das ist einfacher. Und in meinem Kopf ist es dann auch kurz so. Also, ich verstehe dich«, flüstert sie und lächelt.

Als ich nach Hause komme, gehe ich sofort nach oben. Ich höre Mama unten noch ein wenig aufräumen. Sie hatte sich bei mir bedankt und gesagt, sie habe schon sehr lange keinen so netten Abend gehabt. Und ich glaube, sie hat mit Herrn Henderson abgemacht, bald zusammen eine Ausstellung zu besuchen. Bäh.

Ich nehme den Karton und öffne ihn. Ich suche, bis ich die richtige Nummer finde. Nummer 6 ist ein Päckchen, so lang wie ein Stift. Ich nehme es heraus und reiße das Papier ab. In meiner Hand liegt ein Rasierer. Ich erkenne ihn. Er war Paps. Ein kleiner Zettel liegt daneben. *Gehört zu Brief 7.*

Eine Weile bleibe ich sitzen. Ich halte mir den Rasierer vors Gesicht. Da kleben keine Haare dran, Papa hat die Klinge durch eine neue ersetzt, stelle ich fest. Zuletzt brauchte Papa sich auch nicht mehr zu rasieren. Seine Haare fielen aus, und seine Barthaare wuchsen nicht mehr. Manchmal rasierte er sich trotzdem noch. Dann entdeckte er einen Schnurrbart, den sonst keiner sah, stand vor dem Spiegel, rasierte sich sorgfältig und betrachtete sich dabei. Fast, als würde er sich selbst zeigen, wie das ging.

Soll ich Brief 7 jetzt auch öffnen? Ich darf nur einen pro Woche aufmachen, obwohl ich mich da ja schon mal nicht dran gehalten hatte. Vielleicht ist Brief 9 darum weg, zur Strafe, weil ich gegen die Regeln verstoßen habe.

Ich schaue auf die Uhr. Es ist eine Minute nach Mitternacht. Also Montag, eine neue Woche. Ich krame zwischen den Briefen herum – es sind nicht mehr sehr viele – bis ich Nummer 7 finde. Sicherheitshalber warte ich noch kurz, dann öffne ich den Brief.

Geh auf YouTube und klick auf den Link auf der Rückseite.

Schnell ziehe ich mich um, streife mir mein Schlafshirt über und krieche unter die Bettdecke. Ich brenne vor Neugier, aber gleichzeitig finde ich es auch total unheimlich. Was will er mir auf YouTube zeigen? Ein Video von einem Lied, das ihm gefällt? Etwas zum Lachen? Gag Reels? Es kribbelt in meinem Bauch. Nein, es kribbelt nicht, es hämmert. Mein Laptop verbreitet ein bläuliches Licht im Zimmer, als ich ihn aufklappe. Dann tippe ich mit zitternden Fingern den Link ab, den Papa auf die Zettelrückseite geschrieben hat.

Plötzlich ist es, als würde mir jemand mit der Faust ins Gesicht schlagen.

Vor mir taucht mein Vater auf. Seine Stimme schallt durch mein Zimmer, ich hatte fast vergessen, wie sie klang. Ich schnappe nach Luft und will den Ton leiser stellen, aber stattdessen finden meine zitternden Finger nur die Taste für »mehr Volumen«, und seine Stimme tönt noch lauter.

»Pelle?«, höre ich Mama rufen und suche panisch nach dem Lautstärkeregler. Die Worte meines Vaters wummern unter meiner Bettdecke hervor.

»Lieber Pelle, mein lieber Junge. Wie gern hätte ich dir das selbst einmal erzählt …«

Ich klappe den Laptop zu, genau in dem Moment, als Mama meine Zimmertür öffnet.

»Pelle? Was ist los? Ich dachte, ich würde … Es hörte sich genauso an wie …« Sie ist blass. »Hast du mit jemandem gesprochen?«

»Oh, ich äh …« Ich kann ihr nicht erzählen, dass Papa einen Film für mich gemacht hat. Ausgerechnet jetzt, wo sie wieder fröhlich ist. »Ich habe für etwas geübt. Für die äh … *Odyssee*. Tut mir leid, ich wusste nicht, dass es so laut war.«

Mama bleibt kurz stehen, während sie sich umschaut. Ich erkenne Zweifel in ihrem Blick.

»Schon gut. Gehst du dann jetzt bitte schlafen? Es ist wirklich schon spät.« Sie will die Tür hinter sich zuziehen. »Einen Moment dachte ich wirklich … Ach, du klingst immer mehr wie Papa«, sagt sie dann leise und schließt die Tür.

Minutenlang bleibe ich still im Bett sitzen. Ich weiß nicht, ob ich es schaffe, mir den Film anzusehen. Was möchte Papa mir erzählen? Schließlich ist meine Neugier stärker als meine Angst. Ich krieche aus dem Bett und suche im Dunkeln nach meinen Kopfhörern, damit Mama ihn nicht hört. Auf jeden Fall nicht, bevor ich weiß, was Papa zu sagen hat. Ich stöpsele die Kopfhörer ein und hole tief Luft. Dann drücke ich auf *Play*.

»… erzählt. Aber nun ja … Wie geht es dir, mein Junge?«

Mein Vater sieht direkt in die Kamera, die offensichtlich auf der Ablage im Badezimmer steht. Ich habe das Gefühl, dass sich ein Nashorn mit seinem vollen Gewicht auf meine Brust gesetzt hat, aber ich schaue dennoch hin und versuche, tief durchzuatmen. Ich starre auf sein abgemagertes Gesicht, seine Falten, seine blauen Augen – ich weiß nicht genau, wann dieser Film aufgenommen wurde, aber er hatte auf jeden Fall schon hohle Wangen. Er sieht aus, als hätte er sich schon ein paar Tage nicht rasiert. Diesen Film muss er am Anfang seiner Krankheit gemacht haben, als er noch ein wenig Bartwuchs hatte. Er grinst kurz. »Tja. Ich hätte das natürlich lieber …« Er stoppt, und sein Blick wird kurz trüb. »Na ja, einfach mal zusammen mit dir gemacht, wenn es so weit gewesen wäre. Heute bringe ich dir bei, wie man sich rasiert. Ich habe immer gedacht, dass ich das machen würde, wenn du neben mir vor dem Spiegel stehst, genau wie mein Vater bei mir, als ich fünfzehn war. Ich hatte ein winziges Spitzbärtchen, auf das ich mächtig stolz war, aber Opa zeigte mir, wie man sich rasiert, und zack, da war das Bärtchen ab.« Papa lacht bei der Erinnerung. »Gut, Pelle. Rasieren also. Ich weiß nicht, ob das schon nötig ist, Junge. Ob du inzwischen schon einen Bart bis in die Kniekehlen hast. Und vielleicht möchtest du dich ja auch nie rasieren. Ich habe es nachgeschlagen, Pelle. Weißt du, dass es einen Norweger gab, der den längsten Bart der Welt hatte? Er hat sich einfach nie rasiert. Mit achtzig Jahren war sein Bart fünf Meter und 33 Zentimeter lang. Unglaublich, was! Bärte wachsen etwa 12 Zentimeter im Jahr, wenn du ihn also jetzt wachsen lässt, kannst du diesen Rekord vielleicht noch brechen! Aber falls du dich doch rasieren möchtest, mache ich dir vor, wie das geht.«

Er stellt sich vor dem Badezimmerspiegel in Position. Er nimmt eine Dose Rasierschaum und schüttelt sie. Dann verschwindet sein Gesicht unter einer dicken weißen Schaumschicht. In die Schaumfläche auf seiner Wange malt er mit dem Finger ein Smiley. Dann nimmt er seinen Rasierer – den Rasierer, den ich gerade aus dem Karton genommen habe – und fährt mit langen Bewegungen über seine Wange.

»Gut, ich habe jetzt natürlich keinen richtig vollen Bart. Aber das ist egal.« Das Rasieren macht ein schabendes Geräusch. Papa schaut hinab, und der Rasierer verschwindet aus dem Bild. Ich höre planschende Geräusche.

»Du füllst eine kleine Schüssel mit warmem Wasser. Darin spülst du den Rasierer immer wieder kurz ab, sonst rasiert er nicht gut genug. Du rasiert immer in Richtung der Härchen. Denn wenn du es gegen die Wuchsrichtung tust, bekommst du eher rote Flecken und Pickel. Nimm immer eine scharfe Klinge. Sonst reißt du dir die Haut auf, und es sieht aus, als hättest du dich mit einer Katze angelegt.« Wieder setzt er den Rasierer an sein Kinn und führt ihn beherrscht nach unten, nimmt damit den Schaum von der Haut ab. Papa reckt den Kopf ein wenig und rasiert sich unter dem Kinn. Er zieht eine seltsame Grimasse, über die ich lachen muss. Er bückt sich, sodass ich jetzt nur seinen Scheitel sehe. Ich höre Wasser fließen, und dann richtet er sich wieder auf. Ich beiße mir auf die Lippe, um nicht laut loszulachen, denn er hat nur das Stückchen Haut unter seiner Nase noch nicht rasiert. Dadurch hatte er jetzt einen komischen weißen Schnäuzer.

»Sorry. Blöder Schnäuzer«, sagt er. Dann rasiert er alles weg. Er nimmt einen Waschlappen und wischt sich damit über das Gesicht. Dann prüft er mit der flachen Hand, ob alles glatt ist, und plötzlich ist es, als könnte ich diese Hand spüren, als würde er mir übers Gesicht streichen. Ich weiß sofort wieder, wie sich das anfühlte. Raue Fingerspitzen. Immer kalte Hände, die er warm blies. Ich mache die Augen ein paarmal auf und zu. Mein Vater macht inzwischen weiter. Er nimmt ein Fläschchen Aftershave – eines von denen, die Mama aufgehoben hat – und verteilt ein wenig davon in seinem Gesicht.

»Das brauchst du nicht unbedingt immer tun. Aber manchmal ist es ganz angenehm. Es desinfiziert und sorgt dafür, dass sich die Haut nicht entzündet. Und es riecht gut, falls du mal ein Mädchen hast.« Er zwinkert mir zu. »So. Das war die Stunde ›Wie rasiere ich mich?‹ Weißt du, Pelle« – er räuspert sich und schaut kurz weg – »das sind Sachen, die ich gern mit dir gemeinsam hätte tun wollen. Ich werde dir auch noch mal vormachen, wie man eine Krawatte bindet. Aber Mama kann das eigentlich besser als ich.« Seine Augen schimmern traurig. »Na ja, das stimmt eigentlich auch nicht so ganz. Aber ich fand es immer so schön, ihr gegenüberzustehen, während sie konzentriert einen Krawattenknoten legte. Dann konnte ich sie anschauen, ohne dass sie es merkte. Sie hat hier« – er legt den Finger auf eine Stelle ganz knapp über seiner Augenbraue – »so eine ganz feine Narbe, da ist sie als kleines Mädchen mal mit dem Kopf gegen eine Tür geknallt. Man muss ganz nah sein, um sie zu erkennen. Und wenn du dann so nah bei ihr stehst, kannst du auch sehen, in wie vielen Blautönen ihre Augen funkeln. Achte mal darauf, wenn sie dir die Krawatte bindet.«

Einen Moment lang ist er still. Das Nashorn lässt sich wieder auf meinen Körper fallen und macht mir das Atmen schwer.

»So laufen die Dinge. Wir sterben alle. Das ist eigentlich ganz schön beschissen, aber es gehört nun einmal dazu. Es würde viel zu voll auf der Welt, wenn wir nicht sterben würden, meinst du nicht auch? Und außerdem, was sollte man noch machen, wenn man tausend Jahre alt wird? Dann darf man erst mit 976 Jahren oder so in Rente. Würde man dann immer mit demselben Menschen verheiratet bleiben? Ich weiß es nicht. Und man hätte ich-weiß-nicht-wie viele Ur-Ur-Ur-Urenkelkinder, und es würde auf Feiern viel zu voll werden. Übrigens würde auch keiner noch zu deiner Feier kommen wollen, weil jeder jeden Tag ungefähr zwanzig Geburtstage oder so hätte, zu denen er hingehen müsste. Nein, es ist besser so. Ich wäre nur gerne etwas länger bei euch geblieben. Leider weiß man eben nie, wann es Zeit ist, zu gehen.«

Plötzlich wird hinter ihm an die Tür geklopft. Ich höre mich selbst.

»Papa! Ich muss rein! Ich muss duschen und zur Schule!«

Mein Vater dreht den Kopf ein wenig, und auf seinem Gesicht erscheint ein warmes Lächeln. Ich schlucke, und es gelingt mir nicht mehr, die Tränen zurückzuhalten. Seine Hand tastet nach oben zur Kamera, und ich will schreien, dass er das nicht tun soll, dass die Kamera an bleiben muss, bis zu seinem Tod, nein, bis zu der Woche, bevor er stirbt. Seinen Tod will ich nicht sehen, aber den Rest wohl. Ich will ihn weiter hören und sehen. Und dann plötzlich überlegt er es sich anders, als könnte er meine Gedanken lesen. Er lässt die Kamera laufen, dreht sich um und öffnet die Badezimmertür.

Ich komme rein, und er streichelt mir über den Kopf. Ich sehe, dass ich den Kopf ein wenig wegziehe. Die Bewegung ist nur winzig, aber sie ist da. Offensichtlich will ich in diesem Moment nicht die Hand meines Vaters spüren.

»Steht heute was Wichtiges dort an?«

»Sportfest«, höre ich mich selbst sagen. Ich sehe, wie ich ihn anschaue, und er zieht mich kurz an sich. Ein Arm hängt schlaff neben meinem Körper. Meine andere Hand ist zu einer Faust geballt.

»Sportfest«, wiederholt er. »Wie schön. Es ist ein guter Tag dafür.«

»Ja, aber kannst du jetzt mal aus dem Bad gehen? Ich will allein sein, und ich hab's eilig.« Ich sehe, wie ich irritiert zu ihm schaue. Und dann weiß ich es wieder. Dass ich sauer war. Auf ihn, weil er krank geworden war. Darauf, dass ich wusste, dass er nicht mehr so lange da sein würde. Manchmal wollte ich ihn dann möglichst wenig um mich haben, um mich schon mal daran zu gewöhnen, wie das sein würde.

»Nun beeil dich doch mal …«, höre ich mich selbst sagen.

»Natürlich. Viel Spaß heute, Kleiner«, sagt mein Vater. Er geht zu der Ablage. »Nur schnell mein Handy mitnehmen.« Die Hand greift nach dem Gerät, und das Bild verschwindet.

Minutenlang bleibe ich einfach hier sitzen, während mir die Tränen über die Wangen strömen. Dabei will ich nicht weinen, ich darf nicht weinen.

Ich hatte an diesem Tag beim Sportfest nicht einmal was gewonnen. Ich gewinne nie beim Sport. Und trotzdem stand er immer bei jedem Wettkampf am Rand und sagte danach: »Ach. Beim nächsten Mal wird's besser! Du machst wirklich Fortschritte!«

Ich klappe den Laptop zu und wische mir wütend die Tränen weg. Nicht weinen. Ich muss mich beruhigen. Grüne Bohnen brauchen 65 Tage, bis aus ihren Samen reife Bohnen geworden sind. Hunde sind 58 bis 68 Tage trächtig. Also entwickelt sich ein Welpe, der viel komplizierter gebaut ist als eine Bohne und allerlei Sachen kann, die eine Bohne nicht kann – rennen, bellen, fiepen und mit dem Schwanz wedeln –, und der Gefühle hat, in genauso viel Zeit wie eine Bohne. Oder manchmal sogar schneller. Andererseits wissen wir ja nicht, ob eine Bohne Gefühle hat. Vielleicht hängen Bohnen jubelnd am Zweig und weinen, wenn sie gepflückt werden. Das ist ganz schön seltsam. Ich atme ruhig aus.

Dann schalte ich die Nachttischlampe an, nehme den Rasierer und gehe ins Badezimmer.

»Wie siehst du denn aus?« Eva starrt mich schockiert an. Sie hat heute auf mich gewartet, damit wir gemeinsam zur Schule gehen können.

»Hey«, murmele ich und gehe weiter.

Eva beschleunigt ihre Schritte, bis sie neben mir geht. »Im Ernst. Was ist mit deinem Gesicht passiert? Ich meine, außer der Prügelei mit Karl? Diesen Schnitt da hattest du doch noch nicht?«

Ich taste meine Wange ab. Das Blut ist zwar trocken, aber ich spüre den Schnitt von der Rasierklinge noch gut. Rasieren war schwieriger, als ich dachte. Und zusammen mit meiner kaputten Lippe und dem blauen Auge sehe ich aus, als würde ich mich ständig auf der Straße rumprügeln. Mama sah den Schnitt heute Morgen zum Glück nicht. Ich huschte aus dem Haus, bevor sie mich richtig anschauen konnte. Ich habe keine Lust, Eva zu erzählen, dass ich versucht habe, mich zu rasieren, obwohl ich noch überhaupt keinen Bartwuchs habe.

»Von der Katze angegriffen worden«, sage ich dann.

»Du hast keine Katze. Wie war dein Wochenende?«

»Sehr gut. Ich habe die Baumhütte fertig gebaut, mit der mein Vater und ich zusammen angefangen hatten.«

»Bist du dafür inzwischen nicht ein wenig zu alt? Ich meine, Baumhäuser sind klasse, wenn man acht ist, aber jetzt doch nicht mehr?«

Ich zucke die Achseln. »Sie war unser gemeinsames Projekt. Sie musste fertig gebaut werden.« Ich habe überhaupt keine Lust mehr, Eva nach ihrem Wochenende zu fragen, aber sie scheint zu glauben, dass ich es dennoch wissen möchte.

»Ich war bei Karl. Seine Nase tut ganz schön weh.« Sie wirft mir einen leicht vorwurfsvollen Blick zu. »Wir haben uns Filme angeschaut und Videospiele gespielt.«

»Schön für dich«, sage ich schroff. »Und er hätte keine gebrochene Nase gehabt, wenn du ihm nicht von den Briefen erzählt hättest.«

Zwischen ihren Augenbrauen entsteht eine Falte.

»Ich habe doch schon gesagt, dass es mir leidtut …«

»Passt schon. Aber trotzdem habe ich meinen Brief noch nicht wieder.« Ich bleibe stehen und drehe mich zu ihr. Auf ihren Wangen, unter den Sommersprossen, ist ihre Haut rosa. »Ich werde niemals wissen, was darin stand. Und weißt du, wenn dein Vater tot ist, gibt es nicht mehr so viele Sachen, die er dir noch erzählen kann. Dann ist es schmerzhaft still. Dann freust du dich über alles, was er dir noch sagen möchte, auch wenn es auf Papier ist. Und Stoß hat einen Brief von Papa wegwehen lassen. Also bringt es mir jetzt herzlich wenig, dass es dir leidtut. Ich will einfach meinen Brief zurückhaben.« Ich drehe mich um und gehe weiter.

Eva rennt mir nach. »Das verstehe ich! Das hätte Karl auch nicht tun dürfen! Bitte, warte. Ich wollte das nicht!« Sie legt mir die Hand auf den Arm, und ich bleibe stehen.

»Hast du gelesen, was darin stand?« Ich kreuze die Arme vor der Brust. »Denn das ist das Einzige, was noch helfen würde.«

Sie schaut mich an und beißt sich auf die Lippe. Ihr Blick wandert am Fußboden entlang. »Nein. Aber ich habe eine Idee, wie ich es trotzdem wiedergutmachen kann. Schließlich bin ich diejenige, die Karl von den Briefen erzählt hat. Du hast doch gesagt, dein Vater meinte, du müsstest alles tun, was in diesen Briefen steht?«

Ich nicke.

»Okay. Also, ich dachte …«

Mama und ich sitzen zum Abendbrot am Küchentisch. Sie schaut auf ihren Teller und spießt ein Stückchen Huhn auf ihre Gabel.

»Aber dieser Brief war doch weggeweht, hat Herr Henderson gesagt? Dann verstehe ich nicht, wie … Und das? Bist du dir sicher?« Sie nimmt den Zettel, der vor ihr liegt. Anders als vor ein paar Tagen will sie diesen Brief sehen. Vielleicht, weil sie es nicht glauben kann.

»Ja.« Ich sehe sie nicht an und konzentriere mich auf meine Kartoffeln. »Stoß, äh … Karl hat ihn wiedergefunden. Er … er lag im Gebüsch. Da war er hin geweht. Heute Morgen hat er ihn mir zurückgegeben.«

»Tja.« Mama kaut auf ihrem Essen und starrt aus dem Fenster. »Schon erstaunlich, wie dieser Brief plötzlich wieder auftauchen konnte.« Sie inspiziert ihn noch mal und dreht ihn um. *9* steht darauf. Ich kann die Wörter auf der Rückseite lesen:

Such dir im Tierheim einen Hund aus.

Am nächsten Tag nach der Schule stehen wir im Tierheim. Der Tierpfleger mustert uns aufmerksam. Sein Blick bleibt kurz an den Schnittwunden und den gelbgrünen Flecken in meinem Gesicht hängen. Bestimmt fragt er sich, ob Mama mich so zugerichtet hat und ob er uns wohl einen Hund anvertrauen kann.

»An was für einen Hund denken Sie? Groß? Klein? Kann er draußen rumtoben, oder soll er vor allem im Haus sein?«

»Wir haben einen großen Garten, der grenzt an eine Pferdekoppel.« Mama schiebt sich eine Haarsträhne hinter die Ohren. Sie ist heute Morgen beim Friseur gewesen und hat sich das Grau wegfärben lassen. Ihre Haare sind jetzt goldbraun, wie Herbstblätter in der Sonne, und sie wirkt sofort viel weniger alt.

Heute Abend kommt Jack zum Essen, und ich vermute, dass es da einen Zusammenhang gibt.

»Und warum möchten Sie gern einen unserer Hunde adoptieren?« Der Mann greift nach einem Formular und einem Stift. Er trägt einen schmuddeligen Pullover, Jeans und Gummistiefel. Seine grauen Locken sehen aus, als wären sie seit Jahren nicht mit einem Kamm in Berührung gekommen. Und er riecht ein bisschen nach Tier. Es stinkt hier sowieso, finde ich. Eine Mischung aus Ammoniak, nassem Fell und Urin.

»Weil … Na ja, wir stellen uns das sehr schön vor, was, Pelle? Wir … wollen einem Hund gern ein neues Zuhause geben.« Zum Glück sagt sie jetzt nichts über die Briefe meines Vaters. Und, ehrlich gesagt: Das mit dem Hund stand ganz sicher nicht in Brief 9, aber das werde ich nie wissen. Es war Evas Idee gewesen, selbst einen Brief zu schreiben.

»Du möchtest schon so lange einen Hund haben«, meinte sie gestern auf dem Weg zur Schule. »Und dein Vater hat gesagt, dass du alles tun musst, was in den Briefen steht. Wenn du also so einen Brief schreibst, in dem steht, dass du einen Hund haben sollst, dann kann deine Mutter nichts dagegen machen, oder?«

Der Plan klang brillant. Eva hatte den Brief verfasst. Wir hatten ihn zerknüllt, damit er aussah, als hätte Stoß ihn längere Zeit in der Hosentasche gehabt. Eva hatte sogar ein wenig feuchte Erde darauf verschmiert, so wirkte es, als hätte der Brief auch noch eine Weile im Gebüsch gelegen.

Das einzige Problem war, dass ich Brief 8 noch nicht geöffnet hatte. Und mein Vater hatte ausdrücklich geschrieben, ich solle die Briefe in der richtigen Reihenfolge aufmachen. Aber als Eva mit Brief 9 fertig war, konnte ich nicht abwarten, ihn Mama zu zeigen. Ich hoffte bloß, dass Brief 8 nichts mit Brief 9 zu tun hatte, wie es bei den Briefen 6 und 7 gewesen war.

»Soll er wachsam sein? Mit anderen Tieren auskommen? Lange allein bleiben können?«

»Wachsam wäre nicht schlecht«, antwortet Mama. »Und er muss sich mit Pferden verstehen, wegen der Koppel. Und ja, er soll schon eine Weile allein bleiben können. Er darf nicht mit in den Operationssaal.«

Der Mann schreibt alles auf. Seine Hände sind mit Kratzern übersät, die wie ein Busfahrplan über seine Arme laufen. Bestimmt von den Tieren, um die er sich hier kümmert.

»Gut.« Er reibt sich den Arm. »Ich glaube, wir haben ungefähr drei Hunde, die infrage kämen. Sollte da einer dabei sein, der Ihnen gefällt, dürfen Sie ihn probeweise mitnehmen. Nach einer Woche komme ich vorbei und sehe mir an, wie es läuft.«

»Oh …« Mama schaut erstaunt und nickt dann. »Ausgezeichnet.«

Der Mann nimmt einen Schlüssel, und wir folgen ihm zu den Zwingern.

Der erste Hund, den er uns zeigt, ist ein Pitbull.

»Das ist Sophie. Sie ist wahnsinnig lieb, aber auch wachsam. Sie wurde bei einer alten Dame gefunden, die schon drei Tage tot im Bett lag, und dadurch ist sie ein wenig schüchtern.« Der Hund bellt. Ich schaue zu ihren komischen, schräg stehenden Augen und stelle mir vor, wie sie neben einem toten Körper sitzt.

»Nein, diesen nicht, Mama«, flüstere ich. Wir folgen dem Mann zum nächsten Hund. Dabei gehen wir an allerlei Käfigen mit Hunden vorbei. Manche knurren gemein, zwei liegen an einer Kette. Der Mann erzählt Mama, wie viele Tiere hier sind. Sie gehen nun beide vor mir her. Plötzlich höre ich leises Jaulen neben mir, und ich bleibe stehen. In einer Ecke, auf einem Handtuch, liegt ein Hund. Sein strohiges Fell ist braun, aber er hat überall kahle Stellen, unter denen eine rosafarbene Haut mit braunen Flecken durchschimmert. Der Hund schaut unendlich traurig, und sein Kopf liegt auf dem Boden, während er leise wimmert.

»Hey, Kleiner.« Ich hocke mich hin und bleibe vor dem Käfig sitzen, während Mama und der Mann um die Ecke verschwinden. Der Hund schaut auf und trottet langsam auf mich zu. Er setzt sich wieder hin und lehnt mit seinem kleinen Körper gegen die Gitterstäbe. Ich streichle sein mitgenommenes Fell, das sich erstaunlich weich und warm anfühlt. Der Hund dreht den Kopf zu mir. Er sieht mich tieftraurig an, fast, als könnte er jeden Moment anfangen zu weinen.

»Diesen? Bist du dir wirklich sicher?« Mama schaut bedenklich, als sie zehn Minuten später mit mir vor dem Käfig des braunen

Hundes steht. »Also, Pelle, ich weiß nicht so recht … Sieh dir ihn nur mal genauer an! Es gibt bestimmt nettere Hunde als diesen.« Sie wendet sich zu dem Tierpfleger. Der Gestank von Hundehaufen in diesem stickigen Raum ist entsetzlich. »Dieser hier wirkt nicht sehr gesund. Was fehlt ihm?«

»Das ist Aran. Ein Rüde. Er wurde schwer vernachlässigt bei einem alten Mann gefunden, der überhaupt nicht für ihn sorgen konnte und sich selbst auch vernachlässigte. Der Mann musste in ein Pflegeheim, wo Haustiere nicht erlaubt waren. Aran wurde vor ein paar Wochen hierhergebracht. Er war sehr abgemagert und hatte überall die Krätze. Aber das ist jetzt behandelt worden. Sein Fell wächst schon wieder nach. Er ist kein reinrassiger Hund, und wir wissen nicht viel über sein Verhalten, außer, dass er ziemlich traurig ist. Aran verdient wirklich ein warmes neues Zuhause, was, mein Junge?«

»Ich glaube, wir sollten noch ein wenig wei…«

»Diesen. Bitte, Mama.« Ich sehe sie an. Ich weiß nicht genau, warum ich einen traurigen Hund haben möchte, aber irgendwie passt er zu mir. Ich spiele meinen letzten Trumpf aus. »Das ist auch der Hund, den sich Papa ausgesucht hätte, da bin ich mir sicher!«

Mama seufzt und schiebt die Hände in die Taschen ihrer roten Jacke. »Es ist zunächst nur probeweise, oder? Wenn es uns nicht gefällt oder wenn der Hund nicht fröhlicher wird, darf er wieder hierher zurück? Ich habe nicht so richtig viel Lust auf einen depressiven Hund.«

Der Mann vom Tierheim nickt.

Eine halbe Stunde später sind wir wieder draußen. Mama, Aran und ich. Wir haben eine Leine für ihn gekauft, und Mama trägt eine Tasche mit Futter und einen Napf. Aran trottet gelassen neben uns her.

Während wir zur Bushaltestelle gehen, schaut Mama mich an. »Pelle?«

Ich lege die Hand kurz auf den Kopf des Hundes. Evas Idee war total großartig. Vielleicht kann ich ja sogar sagen, dass noch mehr Briefe weg sind und mir lauter Sachen ausdenken, die ich noch gern hätte oder machen würde. Ein neues Fahrrad. Ein Klavier, weil wir das alte Klavier weggegeben haben. Eine Reise irgendwohin.

»Dieser Zettel? Brief 9?« Mama bleibt an der Bushaltestelle stehen und setzt sich auf die Bank. »Mir ist schon klar, dass der nicht echt ist.« Sie schaut mich an, ohne zu blinzeln. Sie sieht anders aus als in den vergangenen Monaten. Vielleicht liegt es an ihren gefärbten Haaren, aber auch an dem Glanz in ihren Augen. Sie sieht aus, als hätte jemand sie abgestaubt.

»W-w-woher w-w-weißt du das? I-i-ich meine, das ist e-e-echt der B-B-Brief!«

Sie lächelt und schaut weg. »Nein, das ist er nicht. Papa schrieb nie so. Und seine 9 sah völlig anders aus.«

Ich starre auf den Boden, meine Wangen glühen vor Scham. In der Ferne taucht der Bus auf. Aran sitzt neben mir, er lehnt sich gegen mein Bein, und ich spüre seine Wärme durch meine Hose hindurch.

»M-m-muss Aran jetzt zurück?«

Mama kramt in ihrer Tasche nach ihrer Buskarte. »Nein. Es sei denn, es gefällt ihm nicht bei uns. Ein Hund ist vielleicht eine ganz gute Idee. Sonst hätte ich dir gestern schon erzählt, dass ich dir nicht glaube. Ich habe sofort gesehen, dass das nicht Papas Handschrift war. Aber, Pelle, ich will nicht, dass du mich noch mal anlügst. Darum möchte ich auch gern wissen, was dieses blaue Kleid hinten in deinem Kleiderschrank zu suchen hat. Gibt es da etwas, was du mir erzählen solltest?«

Mama steht auf und sieht mich an. Der Bus hält, und die Türen öffnen sich ächzend. Dann dreht Mama sich um und steigt ein. Ich fühle mich sehr klein und schlurfe mit Aran hinter ihr her.

»Das gehört Blume«, sage ich leise, als ich neben ihr sitze. Das ist ja nicht direkt gelogen. Nicht wirklich.

Aran liegt unter meinem Sitz, als wäre es nie anders gewesen. Die Stadt zieht an uns vorbei. Überall stehen Autos und warten vor Ampeln, Fahrradfahrer schlängeln geschickt durch den Verkehr hindurch. Leute gehen eilig in Richtung Metro oder Bahnhof.

Mama sagt nichts. Sie schaut immer noch aus dem Fenster.

»Es ist gestohlen«, murmele ich dann, und ich erzähle ihr von Paps' Brief, dem Geld und wie die Verkäuferin in dem Geschäft uns behandelt hat und dass Blume plötzlich losrannte, das Kleid in den Händen. »… und mir fiel nichts anderes ein, als es in meinem Schrank zu verstecken«, beende ich meine Geschichte.

Die ganze Zeit hat Mama schweigend aus dem Fenster geschaut, und ich weiß nicht einmal, ob sie alles gehört hat. Vielleicht habe ich es nur in meinem Kopf erzählt. Die Hektik der Stadt weicht langsam der Stille der Außenbezirke. In der Ferne tauchen die Hügel auf, und an der anderen Seite die steilen Felsen beim Strand.

»Ich hoffe, dass Jack Ente mag«, sagt Mama dann. »Ich koche was mit Ente.«

Kurze Zeit später hält der Bus an unserer Haltestelle, und sie steht auf. »Komm, wir müssen uns beeilen. Jack steht schon bald vor der Tür«, sagt sie. »Und, Pelle, du bringst das Kleid zurück.«

Jack hat Mama einen Blumenstrauß mitgebracht und steht in einem gebügelten Hemd in der Küche. Er dreht den Korkenzieher in die Weinflasche, und ich sehe, wie sich seine Unterarmmuskeln spannen. Mama ist mit der Ente zugange; in der Küche duftet es nach Zimt und Nelke. Sie hat ein hübsches Kleid angezogen, und irgendwie fühle ich mich jetzt überflüssig. Aran liegt in einer Ecke und schaut in aller Ruhe vom einen zum anderen. Jack reagierte überrascht, als er Aran entdeckte. Er und der Hund schienen sofort Freundschaft geschlossen zu haben. Aran wedelte mit dem Schwanz, als Jack ihn mit seinen großen groben Händen streichelte.

»Er ist zur Probe hier«, erzählt Mama. Aber eigentlich sieht es nicht danach aus, als würde Aran wieder weggehen. Er scheint sich hier wohlzufühlen.

»Er frisst Insekten«, sage ich, obwohl ich nicht weiß, warum. Denn es ist schön, dass Jack da ist und Mama sich von ihrem Kummer zu lösen scheint. Gleichzeitig aber will ich nicht, dass Jack dafür der Grund ist.

Jack sieht mich an. »Stichwort Insekten ...« Er greift in die Tasche seiner Jacke, die er über einen Stuhl gehängt hat, und holt ein kleines Päckchen hervor. »Bitte sehr.«

Ich nehme es an und reiße das Zeitungspapier auf, in das es eingewickelt ist. Mama schaut vom Herd auf und lächelt.

In der Hand halte ich einen schönen goldfarbenen, durchscheinenden Stein mit ein paar versteinerten Ameisen darin.

»Wow ...« Ich bewundere ihn. Drei Ameisen sind darin, eingefroren in der Zeit.

»Das ist fossiler Bernstein«, erklärt Jack. Er klingt ein wenig stolz, als hätte er ihn selbst gemacht. »Die Ameisen stammen wahrscheinlich aus der Römerzeit. Ich besitze ein paar solcher Steine. Ich dachte, so einer könnte dir gefallen. Weißt du, wie die Ameisen da hineingekommen sind?« Er wartet überhaupt nicht auf eine Antwort und fängt an zu erzählen. »Bernstein tropft wie eine Art Harz aus Bäumen und landet auf Insekten. Die versteinern dann darin und verlieren ihre Farbe, siehst du das?«

Ich schaue zu den schwarzen Ameisen. »Das sind schwarze Ameisen. Die sind und bleiben schwarz.«

»Ja, das stimmt. Aber das hier könnten auch rote Ameisen gewesen sein. Sobald sie im Bernstein landen und versteinern, werden Insekten schwarz. Wie auch immer, dieser Stein ist schon total alt. Kannst du dir das vorstellen? Diese Ameisen krabbelten vielleicht beim Kolosseum, als so ein Harztropfen auf sie fiel. Vielleicht liefen sie im Forum Romanum zwischen den Gladiatoren und den Vestalischen Priesterinnen herum.«

»Im was?« Mama schaut auf.

»Forum Romanum. Da müsstest du mal hin. Es ist dort wundervoll; man spürt, wie die Geschichte zum Leben erweckt wird. Im Zentrum des alten Roms passierte alles Mögliche. Die Vestalischen Priesterinnen führten dort einen Tempel. Ich habe diesen Stein in Rom gekauft.« Jack lächelt.

»Was für ein wunderschönes Geschenk!« Mama sieht ihn lächelnd an. »Was, Pelle?«

Ich nicke und betrachte die Ameisen eingehend. Plötzlich frage ich mich, was wohl das größte Wesen ist, das jemals in Bernstein eingeschlossen war. Und dann weiß ich es wieder. »Dinosaurier«, murmele ich.

»Was?« Jack schenkt sich und Mama Wein ein.

»Dinosaurier. Die größten fossilen Tiere, die jemals in so einem Stein gefunden wurden.«

»Erzähle nicht so ein Unsinn, Pelle!« Mama lacht und stellt einen Topf auf den Tisch. »Solche großen Steine gibt es doch nicht!«

»Ich erzähle keinen Unsinn, das ist wirklich so!«

»Pelle kann manchmal ein wenig übertreiben«, sagt sie dann, als würde sie sich mit Jack gemeinsam darüber amüsieren.

»Das ist nicht wahr!« Ich weiß nicht, warum sie mir nicht glaubt. Aran schaut aus seinem Korb auf. Er mag es ganz eindeutig nicht, wenn Leute die Stimme erheben. Seine Ohren liegen flach an seinem Kopf. »Du übertreibst selbst immer!«, blaffe ich. »Du übertreibst, wie traurig du wegen Papa bist!«

Es ist mir herausgerutscht, bevor ich was dagegen tun konnte. In der Küche wird es mucksmäuschenstill. Jack schaut von mir zu Mama. Mama steht reglos da. Nur ihr Hals bewegt sich, als sie schluckt.

»Tut mir leid …«, murmele ich und schaue weg.

Sie räuspert sich. »Könnte ich meine Traurigkeit nur in Bernstein legen, Pelle«, sagt sie dann leise. »Alle Farbe würde dann daraus weichen.« Wieder bleibt es still, während sie eine Gabel ein paar Millimeter verschiebt. Ich fühle mich unglaublich mies. Warum musste ich es verderben?

»Aber erklär mir bitte mal«, sagt Jack dann, »woher du das weißt. Das mit den Dinosauriern. Ich bin neugierig.«

Dankbar sehe ich ihn an. Er schiebt Mamas Stuhl zurück. Mama setzt sich hin, als er den Stuhl wieder für sie an den Tisch rückt. Ich sehe, dass sich ihre Kiefermuskeln anspannen. Am liebsten würde sie etwas sagen, aber das tut sie nicht.

»Das habe ich irgendwo gelesen.« Ich setze mich auch und weiche Mamas Blick aus. »Man hat Bernstein mit Mücken darin gefunden. Und man konnte ausrechnen, dass diese Mücken aus der Zeit der Dinosaurier stammten. In den Mücken war ein wenig Blut, und man war überzeugt, dass das Dinosaurierblut war.«

Jack schaut mich interessiert an, und ich fahre fort, ermutigt von seinem Blick.

»Wissenschaftler hatten die Idee, aus dem Blut DNA-Material zu isolieren und daraus einen Dinosaurier zu erschaffen, aber das hat leider nicht geklappt, dafür ist die Technik noch nicht gut genug. Aber sie erwarten, dass so etwas in Zukunft möglich sein wird. Darum ist das größte Tier in einem Bernstein ein Dinosaurier.«

»Dagegen lässt sich überhaupt nichts einwenden«, sagt Jack und lächelt. »Manche Leute machen aus einer Mücke einen Elefanten. Aber du machst aus einer Mücke einen Dinosaurier. Großartig! Und als Entomologe weiß ich, dass deine Geschichte stimmt. Mücken fliegen mit dem Blut herum, das sie aus ihrem letzten Opfer gesaugt haben. Liesbet, wie wunderbar es hier übrigens duftet! Was ist das? Ente?«

Und dann lacht Mama und legt mir kurz die Hand auf den Arm. »Schöne Geschichte, Pelle. Sorry, dass ich dir nicht geglaubt habe. Würdest du allen mal ein wenig Kartoffelbrei geben? Und Jack, könntest du bitte die Ente zerteilen?«

»Gerne. Es riecht wirklich fantastisch. Pelle, dieses Wochenende mache ich dein Baumhaus fertig. Ich lackiere das Holz, damit es besser gegen Regen geschützt ist. Und ich baue dieses Bänkchen, das ich dir versprochen habe. Wir hängen auch eine Solarlampe auf, damit du Licht hast, wenn es dunkel ist.«

Es ist ein sehr gemütlicher Abend. So einen, den man am liebsten in Bernstein festhalten würde.

Als ich morgens aufwache, nehme ich den Bernstein von meinem Nachttisch und sehe ihn mir genau an. Er ist wirklich wunderschön. Ich würde auch gerne nach Rom und zwischen allen Tempeln und Ruinen herumlaufen. Ich denke an das, was Jack erzählt hat. Über Blut in Mücken. Und dann fällt mir plötzlich ein, dass hier vielleicht auch irgendwo eine Mücke mit dem Blut meines Vaters herumfliegt. Bloß werden Mücken nicht älter als sechs Monate, also kann das nicht mehr sein. Weibliche Mücken benutzen das Blut übrigens, um Eier zu legen. Diese Eier werden Larven, und aus diesen Larven dann Mücken. So betrachtet, könnte schon noch irgendwo eine Art Nachkomme meines Vaters herumfliegen.

Ich ziehe mich an, wasche mir das Gesicht, putze mir die Zähne und gehe die Treppe hinunter.

Erstaunt starre ich auf Jacks Schuhe, unten an der Treppe. Mama ist auch noch nicht wach. Ich schaue hinauf, als erwartete ich, dass Jack hinter mir auf der Treppe stehen würde. Er wird kaum auf Socken nach Hause gegangen sein. Und das kann nur eines bedeuten: Jack hat bei uns geschlafen.

Es hat ihm nicht gereicht, sich auf den blauen Stuhl zu setzen, er ist auch noch über Nacht geblieben. Und wie gemütlich es gestern Abend auch war, das will ich nicht. Mama und ich brauchen keinen anderen Mann im Haus.

Ich gehe in die Küche. Aran liegt auf seinem Kissen. Kaum erkennt er mich, wedelt er freudig mit dem Schwanz. Vorsichtig werfe ich ein paar Hundebrocken in seinen Napf und gebe ihm frisches Wasser. Im Spülbecken stehen noch die Gläser, aus denen Jack und Mama Wein getrunken haben. Ich öffne den Schrank über der Spüle und schaue mich um. Mein Blick fällt auf die Flasche Karamellsirup, und ich greife danach.

Als Aran ein paar Minuten später seine Brocken gefressen hat, öffne ich die Gartentür, und er rennt froh hinaus. Er springt herum wie ein Fohlen. Ich vermute, dass sein voriges Herrchen ihn nicht nach draußen gelassen hat und lehne am Türpfosten, während ich mir meinen Hund ansehe. Mein Hund. Das klingt gut.

»Guten Morgen.«

Mit einem Ruck drehe ich mich um und schaue zu Jack, der in die Küche kommt. Hinter ihm taucht Mama auf. Sie wird rot, als sie mich sieht.

»Oh … Guten Morgen, Schatz. Jack … ist über Nacht geblieben.«

Ich schaue sie schweigend an. Sie wirken jetzt wie zwei Kinder, die bei etwas Verbotenem ertappt worden sind. Ich fühle mich überflüssig. Die Flasche Karamellsirup steht wieder sicher im Schrank.

Ohne noch etwas zu sagen, gehe ich wieder rauf, um meine Schulsachen zu packen. Ich nehme auch das blaue Kleid von hinten aus dem Schrank und stopfe es in eine Plastiktüte, die ich in meinen Rucksack stecke.

Als ich ein paar Minuten später wieder runterkomme, hat Jack seine Schuhe schon an.

Er sagt nichts, sieht mich nur kurz an, während er einen Becher Kaffee von Mama entgegennimmt. Sie erzählt ihm etwas, was sie heute bei der Arbeit machen wird, und sie lachen gemeinsam über einen Scherz. Ich fühle mich plötzlich schrecklich. Warum habe ich das gemacht? Was, wenn er doch was darüber sagt?

Aber das tut er nicht. Er trinkt in aller Ruhe im Stehen seinen Kaffee aus, als hätte er alle Zeit der Welt. Ab und zu schaut er kurz zu mir. Sein Blick ist eher prüfend und neugierig als wütend.

Nachdem er ausgetrunken hat, stellt er den Becher ab. »So, ich werde mal los. Sonst bleibe ich hier so kleben …«

Mama hat nichts gemerkt, aber ich werde knallrot und schaue weg.

»Es ist so schön, dass du uns hilfst, Jack. Mit dem Baumhaus und den Borkenkäfern. Dafür sind wir dir sehr dankbar, was, Pelle?«, sagt Mama.

Ich murmele: »Ja.«

»Das mache ich gern«, sagt Jack. »Auch mal wieder was anderes, als immer nur Grashüpfer zu studieren. Also, ich mache mich auf den Weg. Der Laden muss geöffnet werden, und ich will noch kurz zu Hause vorbei. Andere Schuhe anziehen.«

»Ich muss mich auch ranhalten.« Mama schaut auf ihr Handy.

»Pelle, bringst du Jack zur Tür?« Sie geht auf Jack zu und küsst ihn ein Mal auf die Wange. »Bis bald. Ich muss meine Sachen für heute noch zusammensuchen.«

Ich folge Jack schweigend zur Haustür und komme mir ungeheuer blöd vor.

Jack dreht sich um, die Hand auf der Türklinke. »Ich weiß nicht, warum du das gemacht hast«, sagt er dann leise, »aber schade ist es.«

Er klingt nicht wütend, und das ist vielleicht viel schlimmer. Er klingt eher enttäuscht. Unter seinem Blick fühle ich mich zentimeterweise schrumpfen. »I-i-ich … T-tut mir l-leid. Ich hätte keinen Sirup in deine Schuhe gießen dürfen.«

»Nein. Die Schuhe kann ich, glaube ich, wegwerfen, denn dieses klebrige Zeug kriege ich nie wieder raus. Ich hoffe … Deine Mutter verdient es, Leute kennenzulernen. Ich hoffe, dass du nicht alle so verjagen wirst. Und falls es dich interessiert, ich habe im Gästezimmer geschlafen. Nach dem Wein wäre es nicht mehr verantwortlich gewesen, Auto zu fahren.« Er sieht mich gelassen an, und ich schrumpfe noch mehr.

»Sorry«, flüstere ich. »Ich will dich nicht verjagen. Glaube ich.«

»Ich lasse mich auch nicht einfach verjagen«, sagt Jack dann. »Dafür ist deine Mutter zu besonders. Und du auch. Tschüss, Pelle.« Er verschwindet zu seinem Auto, und ich schaue ihm schuldbewusst nach. Trotzdem möchte ich irgendwie nicht, dass er hier über Nacht bleibt. Auch nicht im Gästebett.

Als ich wieder in die Küche komme, schaue ich Mama an. »Ist er jetzt dein Freund?«

»Nein, ich … es …« Sie zuckt die Achseln. »Es war gestern sehr spät geworden, und es war keine gute Idee, Jack noch nach Hause fahren zu lassen. Das ist alles. Übrigens gibt es da aber etwas, was ich mit dir besprechen möchte. Dieser Borkenkäfer. Jack will ihn so schnell wie möglich bekämpfen. Darum schlafen wir in drei Wochen bei ihm, für ein Wochenende. Er bestellt die Sachen, und dann kümmert er sich um dieses Problem. Es ging nicht eher, und in drei Wochen ist es mir auch sehr recht. Sonst müssten wir in einem Hotel oder so übernachten und …«

»Ja, lass uns das machen!« Ich ziehe mir meine Jacke an. »Als wären wir im Urlaub! Du und ich! Wir sind schon so lange nicht mehr weggefahren!«

Mama weiß offensichtlich nicht, wie sie hierauf reagieren soll und schaut überrascht.

In diesem Moment kommt Aran ins Haus gerannt. In seinen Hundeaugen sehe ich so etwas wie Freude, als würde er grinsen.

»Hunde darf man nicht in Hotels mitnehmen«, sagt Mama. Sie streichelt Aran über den Kopf. Dann geht sie zu mir und nimmt mein Gesicht in ihre Hände. »Schatz, Jack nimmt Papas Platz nicht ein. Das kann niemand. Wir ziehen auch nicht bei ihm ein. Wir bleiben dort ein Wochenende. Und du und ich teilen uns ganz normal ein Zimmer. Ich verstehe wirklich, wie schwierig das alles ist. Gestern Abend hatten Jack und ich beide zu viel Wein intus. Es wäre gefährlich gewesen, wenn er ins Auto gestiegen wäre, um nach Hause zu fahren. Er hat im Gästezimmer auf dem Schlafsofa übernachtet. Wenn du mir nicht glaubst, schau einfach oben nach.«

»Ich habe Angst, dass du Papa vergisst …« Es ist mir herausgerutscht, bevor ich die Worte zurückhalten kann.

Mama sieht mich erstaunt an. »Ich werde Papa niemals vergessen. Niemals. Er war mein Mann. Dein Vater. Er ist über siebzehn Jahre in meinem Leben gewesen, wie könnte ich ihn jemals vergessen?«

Ich zucke die Schultern. »Davor habe ich manchmal einfach Angst. Das will ich nicht.«

»Aber das passiert nicht. Die Erinnerungen an Menschen, die aus deinem Leben weg sind, die sind wie Steppenläufer.«

»Steppenläufer?«

»Ja. Das sind getrocknete Wurzeln von Pflanzen, und die bleiben an allem hängen, was ihnen begegnet. So ist es auch mit Erinnerungen. Die bleiben überall dran kleben. An einem Geruch, an etwas, was man hört. An etwas, was man schmeckt. Wenn ich dich anschaue, sehe ich Papa. Wenn ich ein bestimmtes Lied höre, denke ich an ihn.«

»Wenn ich Lasagne esse, denke ich an ihn«, sage ich.

Mama lacht. »Ja, das meine ich. Er war ganz verrückt nach Lasagne. Siehst du. Steppenläufer.«

In Gedanken versunken gehe ich zur Schule. Ich weiß nicht, was ich davon halten soll, dass Jack bei uns übernachtet hat. Ich weiß auch nicht, was ich davon halten soll, dass wir ein Wochenende bei ihm bleiben.

Aber ich bin froh, dass er nicht bei Mama im Bett geschlafen hat, auf Papas Seite. Schon der Gedanke daran tut weh.

Kellerasseln. Das sind eigentlich Schalentiere. Genau wie Hummer und Garnelen. Aber keiner isst Kellerasseln, während Leute wohl gerne Hummer und Garnelen essen.

Ich frage mich, ob das Kissen noch nach Papa riecht. Tatsachen.

Asseln kriechen manchmal in ein Ameisennest, um dort zu wohnen. Falls die Ameisen dann versuchen, sie anzugreifen, schießen die Asseln mit einer Art Leim, wodurch die Ameisen ihre Kiefer nicht mehr auseinanderbekommen.

Ein wenig ruhiger gehe ich weiter.

HaHa klatscht in die Hände.

»Gut, seid bitte alle mal still. Sanne, pack das Handy weg. Finn, dreh dich um. Heute fangen wir richtig an mit der *Odyssee*. Wir lesen laut mit der ganzen Klasse. Wenn es Passagen gibt, die ihr nicht versteht, können wir die besprechen. Die Rollen haben wir ja schon verteilt, also liest jeder seinen eigenen Text vor. Ihr braucht noch nicht so zu tun, als würdet ihr auf der Bühne stehen. Hört mal zu.« Herr Henderson räuspert sich und schaut auf das Buch in seinen Händen. »*Sage mir, Muse, die Taten des vielgewanderten Mannes,*
welcher so weit geirrt, nach der heiligen Troja Zerstörung,
vieler Menschen Städte gesehn und …«

»Wer ist Muse?« Pjotr hängt tief in seinem Stuhl.

»Muse. Das ist kein Name. Das ist jemand, der einen inspiriert.«

»So wie Michael Jordan?«

Herr Henderson denkt kurz nach. »Ja, na ja, ursprünglich waren es neun Göttinnen, die Töchter von Zeus. Große Künstler und Künstlerinnen haben oft eine Muse, genau wie Modedesignerinnen und Modedesigner. Das ist jemand, der sie zum Schreiben inspiriert oder zum Komponieren oder Entwerfen oder was auch immer.«

Ich werfe Eva einen Seitenblick zu. Sie schaut kurz in meine Richtung und lächelt ein wenig. Und das Verrückte ist, dass ich, obwohl ich Eva anschaue, Blume vor mir sehe.

Muse. Das Wort gefällt mir.

Arabesque Nr. 1
www.youtube.com/watch?v=cVYH-7QGE-A

Als ich an diesem Abend schlafen gehen möchte, fällt mir ein, dass ich Brief 8 noch öffnen darf. Ich ziehe den Karton unter dem Bett hervor und nehme den Deckel ab. Es sind nicht mehr so viele Briefe. Ich nehme einen dickeren Umschlag heraus. 16 steht darauf. Mein Vater hat auch etwas dazu geschrieben, ganz winzig, mit Bleistift. Dieser Brief ist für später, wenn du alle anderen Briefe gelesen hast. Ich taste den Umschlag ab. Es ist deutlich, dass mehrere Blätter darin stecken. Ich lege den Brief kurz auf meinen Nachtschrank und suche Brief 8. Vorsichtig öffne ich ihn.

Es ist wieder ein Link. Ich beiße auf die Innenseite meiner Wange. Vielleicht hat mein Vater ja einen ganzen YouTube-Kanal für mich eingerichtet, voller Vlogs und Tutorials, die ich mir mein Leben lang ansehen kann. Wie bindet man eine Krawatte? Wie zündet man einen Grill an? Wie flirtet man mit einem Mädchen? Wie benutzt man eine Kreissäge?

Etwas ist dazugeschrieben. Arabesque Nr. 1. Ich schlucke.

Ich nehme meinen Laptop und tippe den Link ab, wobei ich den Ton möglichst leise stelle, damit Mama sich nicht wieder erschreckt. Ich klicke auf *Play*, und das Video fängt an.

Es ist nicht mein Vater. Es sind bloß zwei Hände, nicht einmal seine. Na ja, zwei Hände und ein Klavier und blaue Lichter, die aufleuchten. Ich erkenne das Stück sofort. Nach ein paar Takten schließe ich die Augen. Es ist, als würde ich anderthalb Jahre zurück in die Zeit versetzt, denn hinter meinen geschlossenen Augen sehe ich alles ganz klar vor mir.

Er sitzt am Klavier, den Körper angespannt, weil er immer konzentriert ist, wenn er Klavier spielt. Sein Spiel erfüllt den Raum.

Ich stehe im Türrahmen und beobachte ihn schweigend. Die Sonne fließt durch die hohen Fenster bis kurz vor seinen Rücken, sodass es aussieht wie Tausende Staubkörner, die zur Musik tanzen. Ich weiß noch, dass ich diesen Moment einfangen will. Nicht will, dass er jemals aufhört zu spielen, und ich traue mich nicht, ihn zu unterbrechen. Sein Rücken spannt sich an, und seine Hände fliegen über die Tasten. Manchmal schlägt er sie fest an, dann wieder streichelt er sie fast. Es ist ein wundervolles Musikstück. Traurig, froh, alles gleichzeitig. Er wippt mit dem Körper zur Musik, und ich weiß, ohne es zu sehen, dass seine Augen geschlossen sind.

Als die letzten Noten verklungen sind, bleibt er reglos sitzen. Ich stehe noch immer im Türrahmen. Mein Vater starrt auf die Tasten, den Kopf gebeugt.

Und dann muss ich niesen. Mit einem Ruck dreht er sich um.

»Hallo Pelle, mein Junge. Ich wusste nicht, dass du da stehst.« Seine Stimme klingt anders, und er räuspert sich. Er rückt ein Stückchen zur Seite und klopft neben sich auf den Klavierhocker. Auf Socken tapse ich zu ihm und setze mich hin.

»Dieses Stück heißt *Arabesque Nummer 1*«, erklärt er und fängt wieder leise an, es zu spielen.

»Gibt es denn auch eine *Arabesque Nummer 2*?«

Papa lächelt, und ich spüre seine Hüfte an meiner. Sie fühlt sich knochiger an als vor ein paar Monaten. »Ja. Es gibt zwei. Der Komponist heißt Claude Debussy. Es sind zweihändige Stücke. ›Arabesque‹ bedeutet ›Leichtigkeit‹. Das sich alles angenehm anfühlt, schwerelos.« Seine langen Finger bespielen das Klavier, als würde er die Tasten necken. Sanft und leicht. So sitzen wir eine Weile nebeneinander, während er das Stück noch einmal wiederholt. Ich schaue und lausche. Dann kann ich vielleicht auch lernen, dieses Stück zu spielen.

»Bringst du's mir bei?« Ich lege die Hände auf die Tasten, neben seine. »Spiel es bitte noch einmal.«

Die Staubteilchen wirken im Sonnenlicht wie kleine Silberflocken, und nichts fühlt sich schöner an, als hier mit meinem Vater zu sitzen, während er spielt. Ab und zu schaut er mich an, und dann glänzen seine Augen feucht.

Als er fertig ist, bleibt er sitzen. Ich schaue zu unseren vier Händen auf der Tastatur.

»Ein anderes Mal. Dann machen wir hiermit weiter, mein Kleiner. Ich bin müde. Ich muss mich kurz ausruhen.« Papa lächelt und schließt den Klavierdeckel.

Aber Papa würde nie wieder spielen. Bloß wusste ich dies damals noch nicht. Ich wusste damals auch noch nicht, dass sich nichts mehr so *arabesque* anfühlen würde, dass alle Leichtigkeit verschwinden würde.

Dann ist der Clip zu Ende, und ich schrecke aus meinen Träumereien auf. Ich mache die Augen auf. In meinem Zimmer fühlt es sich feucht, kühl und einsam an. Ich schlucke, um den Kloß in meinem Hals wegzubekommen.

»Arachitbutyrophobie«, flüstere ich. Das bedeutet, dass man Angst davor hat, dass Erdnussbutter am Gaumen kleben bleibt. Ich stelle mir vor, dass Ärzte den Leuten, die darunter leiden, dreimal täglich einen Löffel Erdnussbutter verschreiben.

Ich muss grinsen, und der Kloß in meinem Hals verschwindet.

Wieder schaue ich auf Brief 8. Ich glaube, Papa möchte, dass ich dieses Stück spiele. Er weiß, dass ich es mir nur ein paarmal anzusehen und anzuhören brauche, und dann kann ich es auch. Da ist nur ein kleines Problem.

Wir haben kein Klavier mehr.

Am nächsten Tag erzähle ich Eva von Brief 8. Wir stehen an den Fahrradständern. Stoß ist nirgends zu sehen. Eva sagt, er habe keine Lust, bei mir in der Nähe zu sein. Irgendwie fühlt es sich komisch an, dass Stoß jetzt Angst vor mir hat.

»... also will mein Vater bestimmt, dass ich das Stück lerne. Er und Mama fanden es immer sehr schön, wenn ich Klavier spielte. Bloß wird er nicht damit gerechnet haben, dass Mama das Klavier verkauft hat. Und ich brauche eins zum Spielen.«

»Am Bahnhof steht doch ein Klavier. Da kann man einfach drauf spielen, wenn man in der Nähe ist oder auf den Zug warten muss. Warum übst du nicht da? Oder in einem Klaviergeschäft? Dann tust du, als wärst du ein Kunde, der sich ein Klavier aussuchen will. Du, ich gehe noch mal kurz rein, zu Karl. Bis dann.«

Ich bleibe stehen und sehe Eva nach.

Das Klavier steht mitten in der Bahnhofshalle, durch die alle Reisenden gehen. Ich schaue es mir an. Ob ich mich das traue? Ich mag es überhaupt nicht, auf einer Bühne vor sämtlichen Leuten zu stehen. Aber das sind dann Leute, die ich an sich kenne. Vielleicht ist es ja anders bei wildfremden Leuten, die keine Meinung über mich haben. Die nicht denken können: *Das ist Pelle, du-weißt-schon. Pelle ohne Vater. Pelle, der Karl verprügelt hat. Und ein Kleid gestohlen hat.* Denn keiner hier weiß, dass ich Pelle bin. Also würde ich es mich vielleicht trauen. Fremde Leute sind viel weniger unheimlich.

Ich beschließe, mir erst einmal genau anzusehen, wie es hier in dieser Halle so läuft und lehne mich gegen eine Wand. Lauter eilige Reisende gehen vorbei. Studierende auf dem Weg zur Universität. Leute, die zu ihrer Arbeit müssen. Männer und Frauen mit Rucksäcken und Laptoptaschen. Eltern, die kleine Kinder mit zu den Gleisen oder zum Ausgang zerren. Ein Mann und eine Frau, die sich umarmen und küssen, unten an der Treppe zu Gleis 4. Die Frau geht danach hoch und winkt dem Mann zu.

Ich schaue zu dem Klavier. Hier sind wirklich sehr viele Leute. Ein kleines Kind rennt plötzlich auf das Klavier zu und schlägt mit seinen Händchen darauf. Das Instrument müsste mal gestimmt werden, höre ich sofort, aber ansonsten klingt es eigentlich ganz gut. Der Vater des Mädchens zieht es lachend weg und geht mit ihr an der Hand zum Ausgang.

Mein Blick fällt auf eine sehr alte Frau, die auf einer Bank sitzt. Sie sieht aus, als wäre sie mindestens achtzig. Sie hat ein paar Taschen voller Sachen dabei. Es sind Plastiktüten mit Rissen, aus denen alles Mögliche hervorquillt. Die Frau sieht ein wenig komisch aus. Ihre Kleidung ist schmuddelig und ihre Schuhe verschlissen. Sie trägt eine dicke Jacke, und ihre grauen Haare sehen aus, als hätten sie jahrelang keinen Friseur gesehen. Erschöpft schaut sie zu allen Menschen, die an ihr vorbeigehen. Dann bleibt eine junge Frau stehen und legt etwas in ihre Hand. Die alte Frau schaut auf und lächelt dankbar, wonach die junge Frau weitergeht.

Eine Obdachlose, wird mir plötzlich klar. Und alles, was sie besitzt, ist in diesen Tüten. Sie schaut auf das Geld in ihrer Hand und rappelt sich dann mühsam auf. Mit ihren vollen Taschen schlurft sie zu dem Bäcker hinten in der Halle.

Ich hole tief Luft. Sehr tief.

Ich gehe zum Klavier und setze mich auf den Hocker. Passanten schauen flüchtig zu mir und gehen dann weiter, weil Züge und Busse erreicht werden wollen.

»… Nein, das sagte ich doch! Die Besprechung morgen …« Ein Mann spricht wütend in sein Handy, während er weitergeht.

Über Lautsprecher hallen die Zugansagen durch die unruhige Bahnhofshalle.

Ich nehme mein Handy aus der Jackentasche und klicke auf den Link. Arabesque. Über meine Kopfhörer höre ich mir das Stück an. Niemand beachtet mich. Ich höre es mir noch einmal an.

Das Stück steht in E-Dur. Ich lege die Hände auf die Tasten und drücke sie sanft runter. Es fühlt sich herrlich an, wieder an einem Klavier zu sitzen. Gleichzeitig ist es plötzlich unheimlich. All die Leute um mich herum.

»Ich kann das nicht«, flüstere ich, und ich höre auf zu spielen.

»Doch, das kannst du, Kleiner!« Die Stimme meines Vaters klingt in meinem Kopf, und ich halte den Atem an. »Natürlich kannst du das. Du kannst alles.«

»Ich habe Angst«, sage ich leise. »Ohne dich.«

»Brauchst du nicht, Pelle. Du kannst das.«

Ich spiele die ersten Noten, und einige Leute gehen langsamer. Es ist, als würde die Musik sie träger machen. Sie bleiben stehen, drehen den Kopf und schauen. Sie scheinen keine Eile mehr zu haben, den Zug zu erwischen oder nach Hause zu gehen.

Ich schaue auf meine Hände, die über die Tasten tanzen. Leichtigkeit. Und dann ist es, als würden noch zwei Hände die Tasten berühren. Ich erkenne sie sofort. Es sind die Hände meines Vaters. Ich spüre ihn bei mir, und alles in der Bahnhofshalle verschwimmt. Es ist wie damals, als ich seine Hüfte an meiner spürte.

»Diese Stelle ein wenig ruhiger spielen, Pelle. Ja, so. Adagio. Sieh mal.« Als hätte er seine Hände auf meine gelegt, bewegen sich meine Finger über die Tasten.

Wir spielen das Stück noch einmal. Danach schaue ich noch immer auf seine Hände. Ich will sie festhalten. Nie mehr loslassen.

»Gut gemacht, Kleiner. Und wie du das kannst. Wunderbar.«

»Danke, Papa«, flüstere ich.

»Aber schön weiter üben, ja?«

»Ja«, sage ich dann, etwas lauter. Ich weiß, dass mein Vater nicht da sein wird, wenn ich aufsehe, und darum schaue ich auf seine Hände, die langsam verblassen, bis ich wieder nur meine eigenen Hände sehe.

Ich hebe den Kopf und sehe, dass viele Leute stehen geblieben sind, um mir zuzuhören. Ein Mann lächelt gerührt. Ein älteres Ehepaar nickt mir kurz zu und geht Hand in Hand weiter.

Dann setzen sich wieder alle in Bewegung. Eine Frau jedoch bleibt stehen. Es ist die obdachlose Frau von vorhin. Sie lächelt mich an.

Hab den Mut, dich außerhalb deiner vertrauten Welt zu bewegen. Die schönsten Dinge passieren, wenn du etwas machst, was du dich eigentlich nicht so recht traust. Dann erst spürst du, dass du lebst. Ich meine nicht, gefährliche Sachen machen, sondern etwas tun, was nicht in deiner sicheren Zone liegt, deiner Komfortzone.

Gefährliche Zone:
Dinge machen wie mit einer Anakonda kämpfen, ohne Fallschirm aus einem Flugzeug springen und einfach so mit Fremden mitgehen

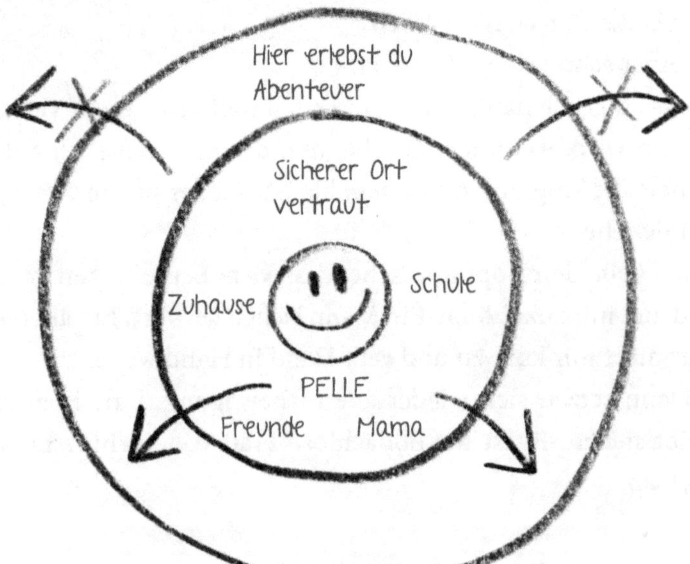

Meine Beine zittern, als ich das Bekleidungsgeschäft in der Ferne sehe. Vom Bahnhof aus war es nicht so weit zu Fuß. Vielleicht ruft die Verkäuferin doch noch die Polizei, wenn ich hereinkomme, um das Kleid zurückzugeben. Das kann ich Mama nicht antun. Außerdem habe ich auch noch immer nicht gemacht, was mein Vater auf den Zettel geschrieben hat: ein Kleid für meine Mutter kaufen – statt ihr ein gestohlenes Kleid zu geben – und richtig mit ihr essen zu gehen. Eigentlich habe ich diesen Auftrag ganz schön in den Sand gesetzt. Brief 9 ist verschwunden. Es läuft nicht gerade gut.

Ich hole tief Luft, laufe zu dem Geschäft, drücke die Tür auf und gehe hinein. In fünf Minuten ist Ladenschluss, und es sind keine Kunden mehr da.

Die Verkäuferin sieht auf, als die Ladenklingel geht. Es ist dieselbe Frau wie damals. Der Alarm wird plötzlich auch wieder ausgelöst. Die Frau schaut mich an. Ganz kurz scheint sie mich nicht zu erkennen, aber dann werden ihre Augen schmal.

»Du!«

Ich spüre, wie mir die Hitze ins Gesicht schießt. »J-j-ja, ich … m-m-möchte mich entschuldigen. Und das K-K Kleid zurückgeben.« Schnell ziehe ich das blaue Kleid hervor und lege es auf die Ladentheke. Der Alarm piepst inzwischen immer weiter.

Die Frau drückt auf einen Knopf unter der Ladentheke, und der Alarm hört auf. Nun ist es im Laden mucksmäuschenstill. Schweigend schaut sie zu dem Kleid und dann zu mir. Am liebsten möchte ich mich umdrehen und wegrennen.

»Na so was! Das habe ich wirklich noch nie erlebt«, sagt sie. Sie beißt sich auf die Lippe und greift nach dem Kleid, schüttelt es aus und mustert es. Die Locken auf ihrem Kopf sehen weicher aus, finde ich. So sauertöpfisch ist sie anscheinend gar nicht. Eher ein wenig traurig. Sofort fühle ich mich noch schuldiger.

»E-e-es ist nicht getragen. Ich …«

Sie legt das Kleid wieder auf die Theke. »Warum bringst du es zurück?«

»W-w-weil … Ich wollte n-n-nicht, dass meine Freundin … dass wir es st-st-stehlen. Ich habe nur ein Kleid für meine Mutter gesucht. Das w-w-wollte mein V-V-Vater.«

»Und warum ist dein Vater dann nicht selbst gekommen, um das Kleid zu kaufen?« Sie setzt ihre Brille ab, die an einer Kordel um ihren Hals hängen bleibt. Sie mustert mich argwöhnisch, und ich schätze, dass sie ein wenig älter ist als Mama.

»Er ist t-t-tot, also k-k-kann er nicht kommen.«

Nachdenklich schaut sie zu dem Kleid und reibt mit den Fingern über den Stoff. »Jetzt kann ich dir nicht mehr folgen. Dein Vater ist tot, aber du solltest ein Kleid in seinem Auftrag kaufen? Ist er gestorben, nachdem du das Kleid gestohlen hattest? Das würde ja bedeuten, dass er letzte Woche …«

»Nein. Er ist schon ein Jahr tot.« Und dann erzähle ich ihr alles. Über den Tod meines Vaters und den Karton mit den Briefen. Über die Aufträge, die ich erledigen soll, und über Blume. Sie hört still zu, den Blick auf mich gerichtet.

Als ich fertig bin, sagen wir beide nichts.

»Was für eine wunderliche Geschichte«, sagt sie dann leise. »Großartig.« Dann nimmt sie ihr Handy aus einer Schublade.

Ein Moment lang habe ich Angst, dass sie jetzt doch noch die Polizei anruft. *Hast du's schon gehört, von Pelle? Er hat Sozialstunden bekommen, weil er ein Kleid gestohlen hatte. Ja, ein Kleid, du hörst es richtig. Ein blaues. Keine Ahnung, vielleicht wollte er es ja selbst anziehen. Ja, komisch.* Dann dreht sie mir das Display zu. Ich sehe ein Foto von einem Mädchen, ein paar Jahre älter als ich.

»Sie heißt Laura«, sagt die Frau leise. »Und sie wird immer neunzehn bleiben. Sie starb vor fünf Jahren, als ein Auto sie erwischt hat. Ein Unfall. Der Autofahrer hat ganz kurz nicht aufgepasst. Sie war auf der Stelle tot. An diesem Morgen hatten wir uns gerade gestritten.« Die Frau schweigt kurz und schluckt. Ihre Augen sind wässrig. »Sie hatte ein wahnsinniges Chaos im Badezimmer veranstaltet, weil sie in Eile war. Wenn du eine ältere Schwester hast, weißt du, was ich meine. Mädchen in diesem Alter füllen ein Badezimmer mit allem, was sie haben. Ich war sauer wegen der Handtücher auf dem Fußboden, den Schminkspuren im Waschbecken … Das war das Letzte, was wir gemacht haben. Uns streiten …«

Sie schaut zu dem Kleid, und eine Träne tropft auf den blauen Stoff. »Ich vermisse sie jeden Tag. Ich wollte, ich hätte so einen Karton von ihr. Voller Briefe, um sie noch ein wenig bei mir zu haben. Aber so etwas geht nur bei einem angekündigten Tod.«

Sie nimmt einen Kleiderbügel und hängt das Kleid auf. »Ich weiß nicht, warum deine Freundin fand, dass sie mit diesem Kleid aus dem Geschäft rennen musste. Du hast das Geld dafür, hast du gerade erzählt.«

Beschämt schaue ich weg.

»Ich möchte dir trotzdem helfen«, sagt die Frau dann. Sie streckt mir ihre Hand entgegen. »Ich heiße Inez. Und du?«

»Pelle.«

»Gut, Pelle. Dein Vater wollte also gern, dass deine Mutter ein schönes Kleid bekommt und hat dir Geld dafür gegeben. Weißt du was?« Sie streicht mit der Hand über einen Schal, der auf der Ladentheke liegt. »Ich möchte etwas für euch tun. Deine Mutter bekommt ein Kleid von mir. Ich finde deine Geschichte so berührend und besonders, und irgendwie haben wir beide etwas miteinander gemein, wir haben beide jemanden verloren, der einfach noch hätte da sein müssen.« Sie holt tief Luft. »Gut. Ich möchte deine Mutter gern hier ins Geschäft einladen, nach Ladenschluss. Dann kann sie in aller Ruhe Kleider anprobieren und sich eins aussuchen, das wirklich zu ihr passt.« Inez nimmt einen gelben Notizzettel und schreibt ihren Namen und eine Telefonnummer auf. »Gib das deiner Mutter. Sie kann mich anrufen, und dann machen wir einen Termin. Und ich verspreche dir, deine Mutter bekommt ein Kleid, das sie richtig froh macht.« Ihre Züge sind ganz sanft geworden und ähneln überhaupt nicht mehr dem sauertöpfischen Gesicht, mit dem sie Blume und mich beim ersten Mal begrüßt hat.

»Danke schön.« Ich stecke den gelben Zettel ein und drehe mich um. »Ich möchte aber gerne dafür bezahlen. Das würde mein Vater wollen. Und ich auch. Es ist wichtig für mich, dass ich es bezahle.« Dann zögere ich. »Wie teuer ist Ihr teuerstes Kleid?«

Sie lächelt. »Lass uns abmachen, dass du nicht mehr zu bezahlen brauchst als den Preis des blauen Kleides. Auch, wenn deine Mutter sich ein teureres Kleid aussucht. Ich möchte auch gern etwas tun.«

»Einverstanden.« Ich nicke.

Als ich eine halbe Stunde später zu Hause bin, gebe ich Mama den gelben Zettel mit der Telefonnummer.

»Was ist das?«

»Das ist die Telefonnummer von einer Frau, von Inez. Ich … Das Kleid, das du in meinem Schrank gefunden hattest? Das habe ich zurückgebracht. Inez gehört das Geschäft, und jetzt darfst du einen Termin mit ihr machen, außerhalb der Öffnungszeiten. Dann sucht sie zusammen mit dir ein schönes Kleid aus. Genau, wie Papa es wollte.«

»Und wer bezahlt das?«

»Papa, und den Rest schenkt dir Inez.«

»Hä? Warum sollte jemand das denn tun?« Mama schaut erstaunt.

»Weil ich ihr von den Briefen erzählt habe.«

Die Denkfalte auf ihrer Stirn wird tiefer. »Warum erzählst du einer Wildfremden von Papas Briefen?« Sie klingt erstaunt.

»Ihre Tochter ist auch tot. Genau wie Papa. Darüber haben wir gesprochen.«

Mama starrt auf den Zettel und beißt sich auf die Lippe. »Schön. Ich werde sie mal anrufen. Ich finde es sehr gut von dir, dass du dieses Kleid zurückgebracht hast. Bestimmt war sie ziemlich wütend auf dich!«

»Es ging so. Wir haben eine ganze Weile miteinander gesprochen.«

Mama nickt bedächtig. »Also … seit du diese Briefe von Papa hast, passieren wirklich erstaunliche Sachen. Ich fange mal an zu kochen. In einer halben Stunde essen wir.«

»Ich lerne den Text für das Theaterstück«, sage ich noch, bevor ich aus der Küche gehe.

»Oh, wie gut, dass du das machst! Du spielst also doch mit! Du wirst sehen, es ist gar nicht so schlimm, vor einem Publikum aufzutreten.«

»Nein, vielleicht nicht.« Ich zucke die Achseln. »Ich glaube, das traue ich mich.«

»Natürlich traust du dich das! Du musst einfach nur denken: Es ist schön, dass alle im Publikum dich kennen. Sie finden es wirklich überhaupt nicht schlimm, wenn du einen Fehler oder so machst. Vor einem unbekannten Publikum ist es bestimmt aufregender. Und du brauchst es nicht allein zu machen, da steht deine ganze Klasse auf der Bühne. Es ist kein Solo-Auftritt.«

»Zum Glück nicht«, sage ich und gehe in mein Zimmer. Leichtigkeit. So fühlt sich das also an. Ich schaue zu der Pinnwand hinter meinem Schreibtisch. Acht Briefe hängen dort inzwischen. Dann nehme ich den Schuhkarton und suche Brief 10.

Mein Vater hat eine Zeichnung mit Kreisen und einem Figürchen darin gemacht. Ich lese, was er geschrieben hat.

Hab den Mut, dich außerhalb deiner vertrauten Welt zu bewegen. Die schönsten Dinge passieren, wenn du etwas machst, was du dich eigentlich nicht so recht traust. Dann erst spürst du, dass du lebst. Ich meine nicht, gefährliche Sachen machen, sondern etwas tun, was nicht in deiner sicheren Zone liegt, deiner Komfortzone.

Ich weiß nicht so genau, was er meint, aber ich hefte den Zettel mit der Zeichnung an die Pinnwand.

Dass Papa starb, lag weit außerhalb meiner sicheren Zone. Das fühlt sich gar nicht an wie ein Abenteuer. Außerdem habe ich überhaupt keine Lust, meine Komfortzone zu verlassen. Ich glaube nicht, dass ich das jemals tun werde. Ich wüsste auch nicht, wie.

Ich lese mir den Brief noch einmal durch. Da steht überhaupt kein Auftrag drin, oder eine Frage. Es ist einfach eine Mitteilung. Eine Lektion. Ich brauche nichts damit zu machen, denke ich erleichtert, denn ich will überhaupt nichts tun, was außerhalb meiner sicheren Zone liegt.

Dann nehme ich das Theaterstück und fange an zu lesen. Ich

markiere alles, was Telemachos sagt, mit Textmarker. Es ist wirklich eine seltsame Geschichte, und irgendwie bin ich neidisch auf Telemachos. Nach einer langjährigen Suche findet er seinen Vater, obwohl die Leute immer sagten, er sei vielleicht tot.

Nach einer halben Stunde ruft Mama: »Kommst du runter zum Essen?«

Ich renne die Treppe hinunter, und als ich in die Küche komme, sagt Mama: »Der Mann vom Tierheim kommt gleich. Eigentlich sollte er schon vor zwei Tagen vorbeikommen, aber das passte ihm nicht. Und weil Aran es hier auch gut zu haben scheint, brauchte er auch nicht früher zu kommen.« Sie rührt mit einer Gabel durch die Nudeln und blickt zu Aran, der mit der Zunge aus dem Maul auf dem Boden sitzt. Er schaut uns fröhlich an.

Ich setze mich an den Tisch, Mama gegenüber. Es scheint, als hätte in der letzten Zeit alles im Haus wieder mehr Farbe bekommen. Als würde ein sanfter Wind durch die Zimmer wehen, der den Mief, der hier hing, wegbläst.

»Aber er bleibt doch?« Plötzlich fällt mir ein, dass Aran auch einfach so wieder weg sein könnte. Dass Mama es doch nicht richtig will oder der Mann vom Tierheim findet, dass dies kein guter Platz für den Hund ist.

»Natürlich bleibt er. Ich sehe überhaupt keinen Grund, warum er nicht bei uns bleiben sollte. Er ist jetzt schon überhaupt nicht mehr wegzudenken«, sagt Mama, während sie das Essen auf die Teller schöpft.

Ich setze mich hin, und Aran sieht zu uns hoch, als könnte er sich uns auch nicht mehr wegdenken.

»Papa … Papa würde ihn auch mögen. Früher als Kind hatte er auch einen Hund, hat er mir mal erzählt. Einen schwarzen Stabyhoun. Den hat er heiß und innig geliebt. Ich weiß bloß nicht mehr, wie er hieß.«

Es kommt selten vor, dass Mama über die Kindheit meines Vaters spricht.

»Wie haben Papa und du euch eigentlich kennengelernt?« Ich nehme einen Bissen Nudeln und ziehe ein Bein hoch.

»Oh! Tja.« Mama setzt sich anders hin und sieht mich erstaunt an. »Das ist lange her. Ich kenne Papa über Paul. Der war damals schon Papas bester Freund. Und Paul habe ich während des Studiums kennengelernt. Ich ging einmal mit zu ihm nach Hause, zum Essen, und da war Papa auch.«

»Hast du dich sofort in ihn verliebt?«

Mama lächelt, und ihre Augen bekommen einen träumerischen Glanz. »Nicht sofort. Es … Erst nach einer Weile. Es wuchs. Manchmal ist Liebe wie eine Art Samen, der irgendwo gepflanzt wird. Und dann wächst etwas. Bis es so groß ist, dass man nicht mehr darum herum kann.«

In diesem Moment klingelt es. Mama schaut auf die Uhr und Aran bellt. »Oh! Wir haben die Zeit vergessen! Das wird der Mann vom Tierheim sein.« Sie schiebt ihren Stuhl zurück. »Pelle, räumst du den Tisch schnell ab?«

Ein paar Minuten später kommt sie wieder in die Küche, gefolgt von dem Tierpfleger, der sagt, wie schön unser Haus ist. Als Aran ihn sieht, springt er ihn an. Der Mann lacht, während er Aran streichelt. »Aha, wie fröhlich er ist!«

Mama zeigt auf die Stühle. »Setzen Sie sich ruhig. Ich weiß nicht so genau, wie das jetzt weitergeht, so einen Hund adoptieren.«

Der Mann nimmt sich einen Stuhl. Aran legt den Kopf auf sein Bein.

»Das ist mehr eine Formalität. Ein Hund kann nur dann nicht bleiben, wenn sich zeigt, dass er zu viel Unruhe in eine Familie bringt oder dass da doch keine Chemie ist. Aber danach sieht es mir hier so gar nicht aus! Es geht ihm gut, das sehe ich sofort. Er hat weniger Schorf, und sein Fell wächst wunderbar nach. Seine Augen glänzen und seine Nase ist nass. Das sind wichtige Signale, dass es ihm gut geht. Was für diese Art von Hunden auch wichtig ist, ist die sichere Bindung. Dass er sich sicher sein kann, dass das hier sein Zuhause ist. Ihr solltet ihn auch noch nicht allzu bald in Urlaub oder so mitnehmen, weil er dann denkt, dass er wieder wegmuss. Erst einmal muss er sein neues Zuhause verstehen und sich daran binden.«

»Ich habe gerade noch zu Pelle gesagt, dass Aran überhaupt nicht mehr wegzudenken ist.« Mama setzt sich auch an den Tisch.

»Man sieht wirklich, wie gut er zu euch passt. Darüber freue ich mich sehr. Um ehrlich zu sein, ich hatte Angst, dass wir ihn einschläfern lassen müssen. Keiner wollte ihn, mit diesen kahlen Stellen und den entzündeten Augen. Er war traurig. Oft wissen Menschen das nicht, aber Tiere können ebenfalls unglücklich sein. Wenn ich ihn mir aber so anschaue, glaube ich, dass er in der kurzen Zeit viel fröhlicher geworden ist. Oft spüren sie die Stimmung ihres Herrchens oder Frauchens und übernehmen diese. Die Tatsache, dass er jetzt so froh ist, sagt genug! Haben Sie eigentlich noch mehr Haustiere?«

»Nein«, sagt Mama.

»Ja«, sage ich. »Borkenkäfer.«

Vielleicht hast du's schon gesehen.
In dem Karton ist auch ein Schlüssel. Geh damit zur Houtlaan 12. Er passt in eine kleine Holzkiste. Die gehörte mal mir. Der Rest ergibt sich von selbst.
PS: Nicht Mama erzählen. Geh einfach.

In dem elften Brief sagt er endlich was über den Schlüssel! Ich schaue ihn mir an. Er sieht ziemlich alt aus. Dieser Auftrag ist wirklich spannend. Ich muss also zu einem Haus, dort klingeln und nach einer Holzkiste fragen.

Houtlaan 12 … Ich weiß nicht, wo diese Straße ist. Ich suche die Adresse mit meinem Handy. Sie liegt am anderen Ende der Stadt, in Nähe der Dünen. Offensichtlich ein ziemlich abgelegenes Haus. Hm, schwierig. Soll ich da alleine hin? Und was, wenn ich das nicht will? Wer wohl da wohnt?

Ich schrecke aus meinen Gedanken, als es klingelt und Aran wachsam bellt. Mama ist noch bei der Arbeit.

Blume steht vor der Tür. Dieses Mal trägt sie einfach einen Hoodie, einen Rock und darunter Dr. Martens. Aran bellt und will sie anspringen. Blume legt ihm die Hand auf den Kopf.

»Runter! Gut so. Brav.« Sie krault ihn hinter den Ohren und geht dann rein. Ich muss mich immer ein wenig an Blumes direkte Art gewöhnen. Sie wartet nicht, bis man sie hereinbittet, sie lädt sich einfach selbst ein.

»Hast du was zu trinken? Eine Limo wäre nicht schlecht.« Sie geht in die Küche und setzt sich auf einen Stuhl.

»Äh, ja …« Ich öffne den Kühlschrank und schaue, was wir dahaben. Dann schenke ich zwei Gläser ein und setze mich zu ihr.

»Er ist echt total lieb«, sagt sie und streichelt Aran, der den Kopf auf ihren Schoß gelegt hat. »Also darf er bleiben?«

»Ja. Der Mann vom Tierheim war sehr zufrieden.« Ich nehme einen Schluck und schaue zu Blume. Sie spielt mit einer Kette um ihren Hals, an der eine Muschel hängt. Mit der anderen Hand streichelt sie Aran. Ich kann den Blick nicht von ihren streichelnden Fingern lassen.

»Wie fand deine Mutter das blaue Kleid?«

»Das habe ich zurückgebracht.«

Ihr klappt der Mund auf, und sie fängt an zu lachen. »Was? Spinnst du oder so? Diese Frau in dem Geschäft war wahnsinnig griesgrämig und unhöflich, und du bringst dieses Kleid zurück?«

»Sie ist nicht unhöflich. Ich … Sie war supernett. Es war nicht in Ordnung, dieses Kleid zu stehlen. Warum hast du das eigentlich gemacht?«

Blume zuckt die Achseln. »Ich weiß nicht. Es fiel mir so ein. Spannung oder so. Und dann konntest du mit dem Geld noch was Nettes machen. War sie sauer? Echt wütend, oder? Himmel, dass du dieses Kleid zurückgebracht hast. Ganz schön mutig! Ich glaube nicht, dass ich das gemacht hätte.«

»Sie war nicht richtig wütend.« Ich erzähle ihr von Inez und ihrer Tochter.

Blume schaut erstaunt. »Oh …! Und ich fand sie so widerlich! Da siehst du mal, wie man sich in jemandem täuschen kann.« Sie legt die Füße auf den Tisch, wodurch ihr Rock ein wenig hochrutscht. Ich versuche, nicht auf ihre Beine zu schauen.

»Ich … Weißt du, was an der Houtlaan 12 ist?«

Blume schüttelt den Kopf. »Keine Ahnung. Warum fragst du?«

Ich berichte Blume von dem Schlüssel und dem Brief und dass ich es Mama nicht sagen darf.

Sie beugt sich interessiert vor. »Wow! Das ist spannend! Wollen wir zusammen dahin? Jetzt?«

»Jetzt? Ich glaube nicht, dass Mama es okay findet, wenn ich plötzlich weg bin zu einer unbekannten Adresse.«

»Deine Mutter braucht das ja auch nicht wissen. Soll sie ja nicht mal, sagt dein Vater. Sie ist bei der Arbeit. Schick ihr doch eine Nachricht, dass du mit ein paar Freunden Fußball spielst oder so. Oder eine Pizza essen gehst. Oder ruf sie einfach an!« Ihre Augen sehen mich scharf an. Sie funkeln von Neugier. Es ist ansteckend. Plötzlich will ich auch unbedingt wissen, was es mit diesem Schlüssel auf sich hat.

Ich rufe Mama an und sage, dass ich zum Gamen zu Finn gehe.

»Bist du denn zum Essen zu Hause?«

Ich schaue zu Blume, die über den Lautsprecher mithört.

»Äh, das weiß ich nicht. Wäre das schlimm?«

Einen Moment lang sagt meine Mutter nichts. »Aber nein. Eigentlich passt es mir ganz gut. Ich … Gerade hat Harold angerufen, um zu fragen, ob ich bei ihm esse. Ich … na ja, ich fand es nicht so schön, dass du dann allein essen müsstest, also habe ich gesagt, dass ich lieber ein anderes Mal komme. Aber dann kann ich ihn jetzt ja anrufen und sagen, dass es doch klappt.«

Harold? Mein Mentor Harold Henderson? Plötzlich habe ich keine Lust mehr, zur Houtlaan zu fahren. »Ich kann aber auch ganz normal mit dir essen, Mama. Ich bleibe einfach zu Hause.«

Blume schüttelt heftig und mit wütendem Blick den Kopf.

»Och …« Am anderen Ende der Leitung höre ich Mama hüsteln. Im Hintergrund sind Krankenhausgeräusche. »Ich würde ganz gerne mit Harold essen. Geh du einfach zu Finn. Dann sehen wir uns heute Abend wieder!«

Blume kichert stumm und hebt den Daumen. Das irritiert mich.

»Bist du dir sicher? Weil …«

»Pelle, das ist okay. Es ist Freitag. Ich … ich will nicht mehr jedes Wochenende nur drinnen sitzen und nichts tun. Es ist prima, wenn wir beide unsere eigenen Sachen machen, solange wir das nur miteinander besprechen und ehrlich sind. Durch diese Briefe und alles, was seitdem passiert ist, habe ich eingesehen, dass es schön ist, wieder was zu unternehmen. Das hatte ich vergessen oder ich hatte es verdrängt. Darum finde ich es gut, dass du einen Game-Abend mit Finn hast. Und ich schaue, ob Harold noch Lust hat, mit mir zusammen was zu essen, gut?«

Als ich aufgelegt habe, sieht Blume mich an. »Los, wir gehen! Ich kann gar nicht erwarten zu erfahren, wozu dieser Schlüssel passt!«

Plötzlich weiß ich, was ich will.

»Blume … ich … ich glaube, ich will allein dahin gehen.« Ich hole tief Luft.

Ganz kurz scheint es, als würde sie sauer werden. »Hä?! Wieso denn das?«

»Es liegt nicht an dir … Aber jedes Mal, wenn jemand anderes irgendwas mit diesen Briefen machen will, geht es schief. Dieses Kleid, das du … wir gestohlen haben … Den Brief, den Stoß mitgenommen hat … Ich … ich glaube, mein Vater würde wollen, dass ich diese Sachen alleine unternehme. Dass ich selbst all diese Dinge machen muss, die er aufgeschrieben hat. Sonst würde da ja stehen, dass ich jemand mitnehmen soll. Verstehst du?«

Blume beißt auf ihre Unterlippe und nickt dann. »Ich glaube schon. Schade. Sagst du mir Bescheid, wenn du wieder da bist? Und sei vorsichtig, ja? Vielleicht wohnt an dieser Adresse ja ein Krimineller oder ein Drogenboss oder so. Ein Serienmörder. Und ehe du dich versiehst, steckst du mitten in einer Schießerei zwischen zwei rivalisierenden Drogenbaronen.« Sie lacht herzlich. »Bist du dir sicher, dass ich nicht lieber mitkommen soll?«

Ich nicke. »Ich muss das allein machen. Und mein Vater schickt mich echt nicht zu Mördern oder Kriminellen.«

»Einverstanden. Aber ich will heute Abend alles wissen!« Sie geht zur Küchentür.

»Warum bist du eigentlich gekommen?« Ich gehe hinter ihr her.

»Nur so. Einfach, um dich zu sehen.« Sie grinst. »Ich habe mich gelangweilt. Jetzt nicht mehr. Ich spreche dich später. Tschüssie!«

Als sie aus dem Haus ist, gehe ich nach oben und nehme den Schuhkarton. Ich angle den Schlüssel heraus und schiebe ihn tief in meine Hosentasche. Den Brief hänge ich an die Pinnwand neben die anderen.

Ich schaue mir noch einmal die Zeichnung an, die mein Vater von dem sicheren Kreis gemacht hat. Irgendwie finde ich es total gruselig, zu einem fremden Haus zu fahren und dort nach einer Holzkiste zu fragen. Ich brauche diesen Auftrag auch nicht jetzt auszuführen. Ich darf mir so lange Zeit dafür nehmen, wie ich will.

Ein Jahr. Fünf Jahre. Einen Tag. Oder ich kann jetzt gehen. Mich außerhalb meiner sicheren Zone begeben. Dorthin, wo die Abenteuer warten. An der Houtlaan 12 wartet ein neues Abenteuer.

Es ist ein altes Haus. An der Fassade steht die Jahreszahl. 1839. Das Haus war irgendwann mal weiß und hat rote Holzfensterläden und einen roten Ziergiebel. Der Garten ist verwildert. Das Grundstück grenzt an die Dünen und kreischende Seemöwen fliegen durch den Himmel.

Meine Hand umklammert den Schlüssel in meiner Hosentasche. Das Haus sieht ein wenig verfallen aus. Als wäre es dem Bewohner nicht mehr wichtig.

Ich hole tief Luft und gehe den Pfad hinunter. Dann drücke ich auf den Messingklingelknopf.

Nichts passiert.

Ich drücke noch mal, dieses Mal länger. Das Geräusch klingt hohl. Nach ein paar Minuten will ich mich umdrehen und weggehen. Ein Gefühl der Enttäuschung überkommt mich, denn so unheimlich ich das hier auch finde, ich will wissen, warum Papa mich hierhergeschickt hat.

Plötzlich bewegt sich hinter einem der ausgebleichten Vorhänge etwas.

Es ist also doch jemand zu Hause. Wieder drücke ich auf die Klingel. Von innen ertönt das Geräusch einer sich öffnenden Tür. Schritte. Jemand rüttelt am Türschloss, und während mein Herz in den vollen Galopp wechselt, schwenkt die Haustür auf.

Im Türrahmen steht ein alter Mann. Er trägt eine blaue Hose mit

Hosenträgern und ein kariertes Hemd. Seine Haare sind weiß wie Wolken, und er hat blaue Augen. Sie blicken über mich hinweg.

»H-h-hallo«, sage ich schließlich. Sein Blick wendet sich zu meinem Gesicht, und dann sehe ich an seinem milchigen und trüben Blick, dass er Star hat.

»Ja?«

»I-i-ich …« Was soll ich sagen? Plötzlich wird mir klar, wie lächerlich es klingt, dass ich einen Schlüssel habe und eine Holzkiste abholen möchte. Jetzt tut es mir doch leid, dass Blume nicht mitgekommen ist. Ich ziehe den Schlüssel aus meiner Hosentasche und halte ihn in der offenen Hand vor mir, bis mir einfällt, dass der Mann das wahrscheinlich überhaupt nicht sehen kann.

Eine Katze folgt ihm durch den Flur und miaut leise.

»Was willst du?«

Ich weiß eigentlich nicht, ob er das die Katze oder mich fragt, also räuspere ich mich. »Ich … D-d-das klingt jetzt komisch. Aber ich habe einen Schlüssel und ich … Da war ein Brief dabei, dass ich hierherkommen soll, weil der Schlüssel zu einer Kiste passt.«

Sein Blick ruht jetzt auf meinem Gesicht, und seine Augen werden schmal. »Einer Kiste?«

»Mein Vater sagte, der Schlüssel würde zu einer Kiste passen, die an der Houtlaan 12 steht.«

Der Mann schaut mich schweigend an, als versuchte er, in meinem Gesicht etwas zu entdecken. »Wer bist du?« Seine Stimme klingt barsch.

»Pelle. Ich heiße Pelle.« Ich schiebe den Schlüssel wieder sicher in meine Hosentasche. Vielleicht nimmt er ihn mir sonst weg und knallt mir die Tür vor der Nase zu. Und dann weiß ich noch immer nichts.

»Was für eine Kiste?«

»Das weiß ich nicht.« Ich hole tief Luft. »Mein Vater hat mir einen Karton hinterlassen. Einen Schuhkarton mit Briefen und einen Schlüssel. Ich soll tun, was in diesen Briefen steht, und der Schlüssel passt …«

»Hinterlassen? Wie meinst du?« Der Mann kommt mit seinem Gesicht noch näher an meins. Ich sehe, dass aus seinen Ohren Haare wachsen und schrecke ein wenig zurück.

»Als er starb. Er hat mir einen Karton mit Briefen hinterlassen, und das war …«

»Ich weiß nichts von einer Holzkiste«, sagt der Mann dann plötzlich scharf. »Also kann ich dir nicht helfen. Wiedersehen.«

Noch bevor ich etwas sagen kann, tritt er einen Schritt zurück und schlägt die Tür zu.

Reglos bleibe ich stehen, die Hand in der Hosentasche mit dem Schlüssel. Das läuft nicht so, wie ich es mir vorgestellt hatte. Und ich glaube auch nicht so, wie es sich mein Vater gedacht haben wird.

Ich bücke mich und hebe die Briefkastenklappe in der Tür hoch. An der Innenseite hängt wohl eine Art Besen davor, aber trotzdem kann ich ein wenig hindurchspähen. Ein langer Flur und dann eine offen stehende Tür. Da sehe ich noch gerade den Mann hindurchschlurfen.

»Hallo! Falls Sie sich doch noch daran erinnern, was mit der Kiste passiert ist, oder sie vielleicht doch noch irgendwo finden: Ich wohne am Bosdijk. Nummer 8. Ein Stück weiter, im Dorf.«

Ich schaue wieder durch den Briefkastenschlitz, aber nichts regt sich. Ich lasse die Klappe los und gehe den Pfad wieder hinunter. Die Seemöwen über mir kreischen. Ich schlucke meine Enttäuschung hinunter, als ich zu meinem Fahrrad zurückgehe. Die älteste Möwe der Welt ist 33 Jahre alt geworden. Möwen können sich Entenküken vom Boden schnappen, anschließend ganz hoch fliegen und die kleinen Enten dann auf dem Boden zerplatzen lassen, um sie aufzufressen. Möwen fressen alles, und sie können wahnsinnig brutal sein. Sie spielen auch mit ihren Opfern.

Allmählich beruhige ich mich und nehme mein Rad. Als ich mich noch mal umdrehe, sehe ich, wie der Vorhang sich bewegt.

Ich liege im Bett und kann nicht schlafen. Mein Ausflug zur Houtlaan fühlt sich eine Ewigkeit her an. Ich überlege, ob ich jetzt einen neuen Brief öffnen darf, denn dieser Auftrag ist ja eigentlich misslungen. Könnte ich Papa nur fragen, was ich tun soll oder wer dieser Mann an der Houtlaan 12 ist. Und was für eine Holzkiste er meint. Könnte ich ihn nur tausend und noch mehr Sachen fragen. Plötzlich vermisse ich meinen Vater ganz schrecklich. Es ist, als würde ich seine Anwesenheit spüren, als wäre er in allen Luftteilchen um mich herum.

Mit einem tiefen Seufzer drehe ich mich auf die Seite und greife nach meinem Buch. Etwas fällt heraus. Es ist der dicke Umschlag, Brief 16. Klar, stimmt ja, den hatte ich auf meinen Nachtschrank gelegt. Bestimmt hat Mama ihn in mein Buch gesteckt, damit ich ihn nicht verliere. Zweifelnd starre ich darauf. Er ist mit extra viel Tesafilm zugeklebt. Ich darf ihn erst öffnen, wenn ich alle anderen Briefe aufgemacht habe. Der Karton steht auf meinem Schreibtisch, aber ich habe keine Lust, mein warmes Bett zu verlassen, also stecke ich den Brief hinten in mein Buch und lese ein paar Seiten über

Schlangen. Schlangen kauen nicht, sondern schlucken ihre Beute mit einem Mal runter. Und sie können etwas runterschlucken, was zehnmal größer ist als ihr Kopf. Das wäre so, als wenn ein Mensch einen riesigen Kürbis runterschlucken würde. Eine Python hat mindestens achtzig Zähne, die aussehen wie kleine Nadeln. Und die älteste Schlange der Welt hieß Ben und wurde 42 Jahre alt. Das ist fast so alt wie Papa. Meine Augenlider werden schwer. Ich lege das Buch weg und knipse das Licht aus.

Die Dunkelheit um mich herum löst sich in unruhigen Träumen auf. Ich gehe neben meiner Mutter her, meine Hand in ihrer. Ich versuche, sie mitzuzerren, aber sie will ständig stehen bleiben. Ein Hund läuft vorbei und bellt uns an. Er hört nicht auf zu bellen, immer lauter, und er rennt uns nach.

Ich schrecke im Bett hoch, aber ich höre das Bellen noch immer. Aran. Unten. Ich springe aus dem Bett und schaue aus dem Fenster. Ein dunkler Schatten schleicht sich durch den Garten, und Aran wird richtig wild. Der dunkle Schatten bewegt sich träge. Das Bellen scheint ihn überhaupt nicht zu kümmern.

Mein Herz schlägt mindestens zweihundert Mal pro Minute. Ich höre, wie sich die Schlafzimmertür meiner Mutter öffnet, und ich gehe zu ihr ins Treppenhaus. Sie schaltet das Licht an, und ich sehe ihr erschrockenes Gesicht.

»Was ist das?«, flüstert sie. »Warum bellt er so?«

»Ich glaube, da ist jemand im Garten … Ich habe etwas gesehen! Einen Schatten!« Ich schaue ängstlich zu meiner Mutter. Sie wickelt ihren Bademantel enger um sich.

Aran kläfft noch immer.

»Dann müssen wir die Polizei rufen. Aber erst machen wir überall Licht an, damit die Diebe wissen, dass wir zu Hause sind.«

Schnell schalten wir alle Lampen in unseren Zimmern und im Badezimmer an. Aran bellt noch immer, aber es lässt nach, und schließlich hört er auf. Er knurrt noch ein paarmal, und dann hören wir ihn durch die Küche tapsen.

Mama und ich stehen oben an der Treppe und schauen hinunter. Alles ist wieder still.

»Lass uns doch mal kurz nachsehen«, sagt Mama. »Aber vielleicht sollten wir etwas mitnehmen, um uns notfalls zu wehren.«

Eine Minute später schleichen wir beide die Treppe hinunter. Mama hält einen Föhn in der Hand, als wäre er eine Pistole.

»Ein Föhn? Was willst du denn damit? Seine Haare stylen oder so?«, flüstere ich.

»Ich habe nichts anderes! Und damit kann ich ihm auf den Kopf schlagen«, zischt sie zurück.

Vorsichtig öffnet sie die Küchentür und schaltet das Licht an. Aran kommt schwanzwedelnd auf uns zu und leckt an meinem Bein. Ansonsten ist nichts zu sehen. Wir werfen noch einen Blick ins Wohnzimmer, aber auch dort ist nichts Auffälliges.

Dann schauen wir zusammen in den dunklen Garten. Niemand zu sehen. Mama lässt den Föhn sinken.

»Weißt du was? Wir lassen Aran in den Garten. Wenn da doch noch jemand ist, verjagt er ihn!« Mama schließt die Gartentür auf, und Aran springt fröhlich nach draußen.

Dann fängt er an zu bellen, aber es ist nicht das drohende Bellen von vorhin. Meine Augen haben sich an die Dunkelheit gewöhnt, und ich sehe, dass neben ihm etwas steht, was er bellend umkreist. Es sieht aus wie ein Karton und steht auf dem Gartenpfad, ein paar Meter von uns entfernt.

»Das steht etwas!« Ich zeige auf den Pfad.

Mama schaltet die Außenlaterne an, und dann sehen wir es. Einen Moment setzt mein Herz aus. Aran steht neben einer kleinen Holzkiste.

Nicht viel später sitzen wir zusammen am Küchentisch. Mama hat Tee gemacht und allmählich vertreibt die Dämmerung die Nacht. Aran schläft wieder. Wir starren auf die Holzkiste.

»Ich verstehe das nicht. Jemand schleicht sich also mitten in der Nacht in unseren Garten und stellt eine Holzkiste da ab? Warum sollte jemand das machen?« Mama pustet in ihren Teebecher. »Und vor allem wer? Müssen wir die Polizei verständigen? Und melden, dass hier ein Einbrecher war, der etwas zurückgelassen hat?«

»Keine Ahnung«, murmele ich.

Sie hat schon mehrmals versucht, die Kiste zu öffnen, aber sie ist abgeschlossen.

Ich weiß, wo der Schlüssel liegt, aber das sage ich nicht. Das hier ist natürlich die Kiste aus Papas Brief.

Mama gähnt. »Ich lege mich noch mal eine Stunde aufs Ohr. Und du solltest auch besser noch ein wenig schlafen.« Wir stehen beide auf. »Was machen wir jetzt mit dieser Kiste?«, fragt sie.

»Ich nehme sie mit rauf in mein Zimmer. Vielleicht schaffe ich es ja noch, sie zu öffnen. Bestimmt hat sich jemand einen Scherz erlaubt.« Ich nehme die Kiste, und wir gehen aus der Küche, die Treppe rauf.

»Ja … Oder … kann es sein, dass Karl sie dahin gestellt hat? Mit dem Brief darin, den er gestohlen hat?«

Ich zucke die Schultern. »Das glaube ich nicht. Ich gehe jetzt wirklich wieder ins Bett. Gute Nacht, Mama.«

»Schlaf noch gut!« Sie geht in ihr Zimmer.

Ich lege mich wieder ins Bett, das noch angenehm warm ist. Aber ich weiß, dass ich nicht schlafen kann, bevor ich den Schlüssel ausprobiert habe. Es gibt keinen Zweifel: Die Kiste kommt von dem alten Mann. Ich ziehe den Karton unter meinem Bett hervor. Der Schlüssel liegt noch auf den Briefen. Als ich ihn in das kleine Schloss stecke, klickt es fast sofort auf. Ohne den Deckel zu heben, schaue ich mir die Kiste an. Der Mann von der Houtlaan 12 hat sie also in den Garten gestellt. Das bedeutet, dass er mich neulich angelogen hat. Warum hat er die Kiste mitten in der Nacht gebracht? Warum nicht einfach tagsüber? Und wer ist er? So viele Fragen. Mein Vater wollte, dass ich die Kiste bekomme. Hat er sie dem Mann vor seinem Tod selbst gebracht? *Oh, und hier ist eine Kiste. Mein Sohn holt die irgendwann mal ab.*

Sind da auch Briefe drin? Vielleicht hat mein Vater überall Kartons und Kisten mit Briefen versteckt, und ich bekomme mein Leben lang Nachrichten von ihm. Ich mache die Kiste auf.

Erstaunt schaue ich auf den Inhalt.

»Spielzeug und selbst gemalte Bilder? Von dir?«

»Nein.« Ich schüttele den Kopf. »Ich kenne sie nicht.«

Blume macht große Augen. »Aber letzte Woche hast du noch gesagt, dieser Mann hätte die Kiste nicht!«

»Stimmt. Aber gestern Nacht hat er sie gebracht. Und ich hätte auch wissen können, dass er sie doch hat. Ich hatte nämlich überhaupt nicht gesagt, dass die Kiste aus Holz war, und trotzdem sagte er, er habe keine Holzkiste. Er konnte gar nicht wissen, aus welchem Material die Kiste war.«

Blume legt den Kopf ein wenig schräg. Ihre Haare sind nicht mehr lila. Sie hat jetzt rosa Strähnchen. Ich hatte sie nach der Schule abgepasst, und jetzt gehen wir zusammen durch den Park.

»Das ist seltsam …«, murmelt sie. »Er hat also gelogen. Woher weiß er übrigens, wo du wohnst?«

»Das hatte ich noch durch den Briefkastenschlitz gerufen, für den Fall, dass er die Kiste doch noch finden würde. Wie es jetzt also passiert ist.«

Ich hatte die Kiste gestern Nacht geöffnet und zu meiner Überraschung Spielzeug und Bilder darin vorgefunden. Ich hatte die kleinen Modellautos hochgehoben. Ein alter Ford GT40. Ein Mustang. Eine seltene Shelby Cobra. Insgesamt waren es acht deutlich gebrauchte Modellautos aus Metall. Ein paar Murmeln lagen auch in der Kiste, ein Steinchen mit goldenen Pünktchen und ein paar Muscheln. Darunter selbst gemalte Bilder, die ich vorsichtig auseinandergefaltet hatte. Sie waren schön; vom All, einem Pferd, einer alten Kirche und Superhelden. Ich hatte sie mir sehr genau angesehen, aber ich wurde nicht schlau daraus.

»Dein Vater gibt dir einen Schlüssel. Und du sollst diese Kiste holen. Und dann ist da nur jede Menge alter Kram drin …« Blume bleibt stehen. »Rätselhaft …«, murmelt sie.

»Vielleicht sind diese Modellautos ja viel Geld wert. Und die Zeichnungen sind alte Skizzen von irgendeinem Maler, wie van Gogh oder da Vinci.«

»Van Gogh und da Vinci haben keine Skizzen von Superman gemacht. Nein, weißt du, was ich glaube?« Aufgeregt sieht sie mich an. »Es geht überhaupt nicht um diese Kiste. Es ging darum, dass du zur Houtlaan gehen würdest!«

Ich halte jetzt auch an. Es ist warm heute. Die Bäume werden wieder grün. Ein Eichhörnchen sprintet quer über den Rasen zu einem anderen Baum.

»Dann hätte er doch einfach schreiben können: ›Geh zur Houtlaan 12.‹« Nachdenklich sehe ich Blume an.

Dann beugt sie sich plötzlich zu mir. Sie schlingt die Arme um meinen Hals, zieht mich an sich und küsst mich voll auf den Mund. Ihre Lippen sind weich wie Zuckerwatte.

Es überrumpelt mich so, dass ich kurz vergesse zu atmen.

Und genauso schnell, wie sie mich geküsst hat, lässt sie mich wieder los.

»Oh, hallo, Eva«, sagt Blume und lacht. Mit einem Ruck drehe ich mich um. Hinter mir steht Eva. Sie schaut verwundert von mir zu Blume.

»Hallo Pelle, Blume … Ich äh … ich habe mich mit Karl am Teehaus verabredet.« Sie zeigt auf das chinesische Teehaus, das weiter hinten im Park liegt.

Blume hat meine Hand genommen und hält sie gut fest. »Wie schön! Da gehen Pelle und ich auch gerne hin, was, Pelle?« Blume dreht sich zu mir, und ich verstehe nur Bahnhof. Ich war noch nie in diesem chinesischen Teehaus.

Eva nickt langsam. »Okay. Na ja, ich … Dann gehe ich mal weiter. Tschüss.« Sie wirft mir noch einen letzten Blick zu.

Als sie weg ist, sehe ich Blume an. »W-w-was sollte das? Wofür war das denn gut?«

»Ich hab dir doch erklärt, dass du sie eifersüchtig machen musst!« Blume lacht megalaut. »Das hat ihr wirklich überhaupt nicht gefallen, dass sie dich hier mit mir gesehen hat. Mission gelungen.« Sie zwinkert mir zu. »Die kommt morgen oder so plötzlich ganz spontan bei dir vorbei, vertrau mir.«

Ich schaue auf meine Sneakers. »D-d-dieser Kuss … Das war Theater?«

Blume klopft mir sanft auf den Arm. »Pelle, du bist wirklich großartig! Aber ich bin nicht in dich verliebt oder so, okay? Ich tue das hier für dich. Um Eva eifersüchtig zu machen. Ich mag dich zwar gern, aber du bist echt zu jung für mich.«

»Wir sind vier Jahre auseinander …«, murmele ich. Irgendwie nervt es mich, dass Blume diesen Kuss einfach gespielt hat.

»Genau. In zehn Jahren oder so gehen wir miteinander, einverstanden? Dann ziehen wir zusammen und bekommen drei Kinder. Zwei Mädchen und einen Jungen. Ich weiß auch schon, wie wir sie nennen. Aber nicht jetzt.«

»In zehn Jahren bin ich noch immer vier Jahre jünger als du.«

»Ja, aber dann ist es anders. Jetzt bist du mehr eine Art kleiner Bruder. Allerdings ein verdammt gut aussehender Bruder, übrigens. Wann hast du solche Wangenknochen bekommen? Und seit wann bist du so groß? In zehn Jahren bist du eine Ecke größer als ich, und dann solltest du auch ein bisschen mehr Muskeln haben.«

Verdutzt blicke ich hoch. Stimmt, sie ist nicht mehr so viel größer als ich. Die Sonne scheint in ihre Augen. Ich sehe goldene Pünktchen darin. Blume lächelt mich an. Sie hat recht. Ich bin auch nicht verliebt in sie. Glaube ich.

»Ich weiß nicht, ob ich dich später heiraten will«, sage ich. »War das ein Antrag?«

»Das sehen wir dann in zehn Jahren. Gib mir dann eine Antwort.«

»Okay. Glaubst du wirklich, das funktioniert, Eva eifersüchtig machen?«

»Auf jeden Fall.« Blume hakt mich unter, und wir gehen weiter.

»Hör mal, du musst zurück zur Houtlaan. Du musst herausfinden, warum diese Kiste letzte Nacht plötzlich in eurem Garten stand. Soll ich mitkommen?«

Eine Dreiviertelstunde später stehe ich wieder vor dem heruntergekommenen Haus mit den roten Fensterläden aus dem Jahre 1839. Blume ist zum Strand gelaufen. Wir haben abgemacht, dass ich das hier erst allein mache, aber dass sie in einer halben Stunde schreibt, falls ich dann noch nicht bei ihr am Wasser bin. Ich habe mein Handy in der Hosentasche, damit ich sie auch schnell anrufen oder ihr eine Nachricht schicken kann, wenn etwas nicht stimmt.

Mit zitternden Händen fahre ich mir durchs Haar und drücke dann auf die Klingel. Es dauert eine halbe Minute, bis Schritte ertönen. Das Schloss klickt, die Tür öffnet sich.

Der alte Mann schaut mich an. Sein milchiger Blick folgt den Umrissen meines Körpers, als würde er mich mit den Augen zeichnen. Er sagt nichts.

»H-h-hallo, ich bin es, Pelle. Ich war vor ein paar Tagen hier und habe nach einer Kiste gefragt. Und da haben Sie gesagt, dass sie die ni…«

Der alte Mann dreht sich um, ohne abzuwarten, was ich sonst noch sagen würde, und geht durch den Flur. Ich schaue ihm erstaunt nach und folge ihm zögernd, dabei lasse ich die Haustür sperrangelweit offen stehen. Der Mann verschwindet in ein Zimmer, bleibt aber erst auf der Türschwelle stehen, als wollte er sich davon überzeugen, dass ich hinter ihm hergehe.

Ich folge ihm hinein. Meine Augen müssen sich kurz an die

Dunkelheit gewöhnen, weil die Fensterläden fast ganz geschlossen sind. Die Vorhänge schwächen das wenige Licht, das die Luken durchlassen, noch mehr. Ich erkenne ein Sofa, ein Regal voller Bücher, einen runden Holztisch. Auf dem Fußboden liegen Teppiche. Auf einem Schreibtisch, auf dem allerlei Papierstapel liegen, steht eine Lampe. Nirgends sehe ich einen Fernseher, doch in der Ecke, von der Dunkelheit fast verschluckt, steht ein Klavier. Mein Herz schlägt schneller, wie immer, wenn ich ein Klavier sehe.

»Wer sind Sie?« Ich schaue den Mann an, kann jedoch nur seine dunkle Silhouette ausmachen.

»Ich habe immer gehofft, dass du kommen würdest«, sagt er dann. Seine Stimme klingt, als würde er nur selten sprechen. Krächzend. Er zieht an der Kordel einer Stehlampe, und Licht flutet den Raum wie eine große Welle. Das Zimmer bekommt dadurch Farbe. Das Sofa und der Sessel sind olivgrün. Die Teppiche haben warme Farben wie Lila, Dunkelgrün und Braun. An der Wand hängt ein gemaltes Porträt einer jungen Frau. Es ist eine hübsche Frau, und ich habe das Gefühl, ich müsste sie kennen. Es hängen noch viel mehr eingerahmte Zeichnungen und Bilder dort. Die Bücher im Regal sind abgegriffen, und die Wand dahinter ist dunkelgrün. Geschmackvoll, würde Mama sagen. Altmodisch, aber geschmackvoll.

Und dann schaue ich wieder zu dem Klavier, auf dem lauter Bilderrahmen stehen. Der Mann folgt meinem Blick.

Sicherlich zwanzig eingerahmte Fotos stehen da. Fotos einer Frau, die genauso aussieht wie die auf dem Gemälde. Farbfotos und Schwarz-Weiß-Fotos. Auch von dem Mann vor mir, bloß viel jünger. Plötzlich stockt mein Atem. Ich entdecke ein Foto, das ich kenne. Ein altes Bild von meinem Vater. Es ist, als würde mich jemand in den Magen boxen. Und da ist auch ein Foto von mir selbst, ich halte Mamas Hand fest. Ich muss etwa sechs Jahre alt sein. Es gibt noch mehr Bilder von uns. Ich verstehe gar nichts mehr. Das sind die Fotos, die wir Oma geschenkt haben.

»Was …? W-w-wie …?« Ich will mich umdrehen und wegrennen, aber gleichzeitig muss ich einfach wissen, was es damit auf sich hat. »Wer sind Sie?«

Der alte Mann streichelt die Katze, die auf dem Sessel liegt, als würde er bei dem Tier Unterstützung suchen. Sie dreht den Kopf ein wenig und rollt sich dann halb auf den Rücken, damit er ihr auch den Bauch kraulen kann. »Ich bin dein Opa.«

Die Worte füllen den gesamten Raum. Ich schaue verstört und verständnislos zu den Fotos, und dann wird mir erst so richtig klar, dass alle Menschen auf diesen Bildern zu meiner Familie gehören. Die Bücher im Schrank, die Frau auf dem Gemälde – alles Teil unserer Familie. Ich hole tief Luft, und mir wird ein wenig übel.

Der Mann schaut mich unsicher und fast ängstlich an.

»Das kann nicht sein.« Ich schüttele den Kopf. »Mein Opa ist gestorben.«

»Oh.« Der Mann nickt, als würde er das verstehen. »Tja.« Er schlurft zu dem Sofa, setzt sich hin und deutet auf den leeren Platz neben sich. »Setz dich nur, wenn du magst. Du kannst auch stehen bleiben. Wie du möchtest. Ich … ich hätte nie gedacht, dass dieser Tag kommen würde. Aber jetzt bist du da. Bloß schade, dass ich dich nicht mehr gut sehen kann. Als du nach der Kiste gefragt hast, wusste ich sofort, dass du es bist. Zum Glück habe ich sie die ganze Zeit aufgehoben. Dieses Haus … Deine Oma ist ausgezogen, als ich …« Seine Stimme wird ein Flüstern.

Meine Beine fühlen sich an wie Gummi, und ich setze mich ans andere Ende des Sofas. »Ich habe mich schon gefragt, wie Sie letztens … wussten, dass es eine Holzkiste war. Das hatte ich nicht erwähnt. Aber bevor Sie die Tür zumachten, meinten Sie das. Erst später fiel mir auf, dass Sie das ja gar nicht wissen konnten.«

Jetzt lächelt der Mann. »Sag doch einfach du. Na ja, niemand sonst konnte von dieser Kiste wissen. Außer dein Vater. Er wusste, dass deine Oma Sachen hiergelassen hatte, auch diese Kiste. Ich war so oft kurz davor, das Ding wegzuwerfen, aber ich konnte es einfach nicht. Es war die Schatzkiste deines Vaters. Da tat er allerlei Sachen rein, die ihm gefielen.«

»Die Bilder darin … hat er die gemacht?«

Der Mann – ich kann ihn nicht Opa nennen – zuckt die Achseln. »Das weiß ich nicht. Er hat nicht besonders oft gemalt. Ich schon.« Er zeigt auf die Wand. »All diese Bilder da sind von mir.«

Ich schaue zu den Bildern von Kirchen, Blumenwiesen, Menschen. Der alte Mann ist wirklich gut. Bloß kann ich noch immer nicht fassen, dass er mein Opa ist und lebt. Er müsste tot sein. Und wenn er das nicht ist, dann ist es Papa ja vielleicht auch nicht?

Diese Möglichkeit macht mich schwindlig.

»Dürfte ich dich um etwas bitten?« Der Mann räuspert sich. »Könntest du ein wenig näher heranrücken?«

»Warum?«

»Ich kann nicht mehr so gut sehen. Du müsstest etwas näher kommen, damit ich erkennen kann, wie du aussiehst. Du hast seine Stimme. So klang er auch, als er so alt war wie du.«

Unbehaglich rutsche ich auf dem Sofa zu ihm, bis ich praktisch neben ihm sitze. Er bringt sein Gesicht langsam näher an meins, und seine Augen werden schmaler, während er mich mustert. Er ist so konzentriert, als würde er auf einer Landkarte einen kleinen Weg finden wollen.

Ich schaue weg, weil ich mich total unwohl fühle. Wäre ich bloß unsichtbar. Obwohl der Mann so schlecht sieht, habe ich mich selten mehr gesehen gefühlt.

Nach einer unendlichen Zeit – oder vielleicht sind es auch nur ein paar Minuten – setzt er sich wieder aufrecht hin und lächelt. Ich rutsche schnell wieder zur anderen Seite des Sofas.

»Du siehst ihm sehr ähnlich. Markante Gesichtszüge. Sogar die Haarfarbe – das ist genau so, wie ich mich erinnere.« Dann zieht ein Nebel über sein Gesicht. »Obwohl es natürlich schon lange her ist, dass ich ihn gesehen habe. Wie ist er gestorben?«

»Er war krank«, murmele ich. »Borken… Krebs.«

Die trüben Augen werden wässrig. »Genau wie deine Oma …«, flüstert er. »Ich wusste, dass er tot war. Jemand hatte es gehört und mir erzählt. Ich wusste nur nicht, woran und wie. Ich traute mich nicht, mich mit deiner Mutter in Verbindung zu setzen. Ich wusste, wie furchtbar sie leiden würde, und wollte sie nicht noch mehr durcheinanderbringen. Zwar wollte ich vorbeikommen, nachdem ich von seinem Tod erfahren habe, bloß traute ich mich dann doch nicht, als ich an eurem Haus war. Da waren viele Leute. Du bist kurz rausgekommen. Aber ich blieb hinter einem Baum stehen. Ich … Dann bin ich nach Hause gegangen. Ich hatte nichts bei euch zu suchen. Wenn er mich noch hätte sehen wollen, hätte er das ja getan. Ich hoffte einfach, dass du oder Liesbet eines Tages zu mir kämen.«

Plötzlich erinnere ich mich. Der Mann, der hinter dem Baum stand, als Papa zu Hause lag und alle Abschied von ihm nahmen.

Ich schaue zu der Frau auf dem Gemälde. Mein Vater ähnelt ihr. Und darum ähnle ich ihr also auch. »Das ist Oma, als sie noch jung war«, sage ich.

»Ja. Ich habe sie verlassen. Ich hatte … mich verirrt. Und dann habe ich alles kaputt gemacht. Es gab einen Riesenstreit«, fängt er an zu erzählen, während wir uns das Bild ansehen. »Manchmal begeht man im Leben große Fehler, die sich nicht mehr rückgängig machen lassen.« Mit seiner faltigen Hand reibt er sich über die Wange. Seine Tränensäcke hängen ein wenig, wie bei einer Bulldogge.

»Dein Vater hat es mir nicht verziehen. Er wollte mich nie wieder sehen. Du warst gerade erst geboren. Also habe ich dich, mein Enkelkind, nie kennengelernt.«

»Er hat gesagt, du seist tot.«

Der Mann nickt. »Das war ich auch, für ihn. Und für deine Oma.« Er schaut wieder zu dem Bild, auf das ein großer Spot gerichtet ist. Das Gemälde ist der Mittelpunkt des Raums, es zieht alle Blicke auf sich. Ich kann gar nicht woanders hinschauen.

»Ich war dumm. Ich habe das Allerschönste, was ich hatte, weggeworfen wie alte Schuhe. Meine Familie, meine wunderbare, liebe Frau. Ich wollte frei sein und verliebte mich in jemand anderen. Deine Oma hat dieses Haus verlassen mit nur ein paar Koffern voller Kleidung. Sie ist nie mehr hierher zurückgekehrt. Die andere Frau zog bei mir ein, mit ihren Kindern. Das war der größte Fehler, den ich jemals gemacht habe … deine Oma zu verlassen.«

Er schweigt. Ich kann die Stille fast berühren. Erst nach ein paar Minuten spricht er weiter.

»Nach vier Jahren war ich wieder ganz allein. Marlene und ihre Jungs … Natürlich war es nicht so, wie ich es mir vorgestellt hatte. Sie war eine nette Frau, keine Frage, aber sie war längst nicht so funkelnd, schön und besonders wie deine Oma, und ich war nicht richtig glücklich mit ihr, also trennten wir uns. Erst als ich mit Marlene zusammen war, begriff ich, was für eine besondere Frau deine Oma war. Und wie weh ich ihr und deinem Vater getan hatte. Ich habe danach nie mehr eine Beziehung gehabt. Deine Oma und ich passten zusammen wie ein linker und ein rechter Handschuh. Die andere Frau war wohl doch eher eine Socke.«

Der Mann grinst, aber es ist kein fröhliches Lachen, eher ein trauriges. Sein Blick starrt ins Nichts, und er wischt sich gedankenlos eine Träne weg.

»Mir wurde klar, wie viel Leid ich allen zugefügt hatte. Es war, als würde ich aus einem gigantischen Albtraum erwachen, von dem ich selbst nicht einmal wusste, dass ich ihn hatte. Danach wollte ich nur noch eins: meine Frau und meine Familie zurück. Aber deine Oma war inzwischen krank geworden. Krebs. Sie starb, ohne mir noch vergeben zu können. Sie hat nie gewusst, wie sehr ich meine irrsinnige Tat bereute. Und dein Vater war davon überzeugt, dass sie durch den Kummer und das Leid, das ich ihr angetan hatte, krank geworden war. Er hat mich nie mehr sehen wollen. Ich bin die ganze Zeit hier wohnen geblieben, damit deine Oma und dein Vater mich hätten finden können. Bloß sind sie nie mehr hier gewesen. Ich bin am liebsten einfach hier zu Hause. Es ist …« Wieder wischt er sich über die Wange. »Hier fühle ich mich ihr am allernächsten. Jeden Tag spreche ich mit ihrem Porträt. Dann erzähle ich ihr alles, was ich ihr hätte sagen müssen, als sie noch lebte und bei mir war. Ich habe das Bild nach ihrem Tod gemalt. Sie war eine wunderbare Frau. Und dein Vater … Er will – wollte mich – nie mehr sehen. Ich durfte dich auch nicht sehen. Nur auf den Fotos.« Er zeigt auf das Klavier. »Denn so wütend deine Oma auch auf mich war, sie schickte mir einmal im Jahr Fotos von dir und deinen Eltern, ohne eine weitere Nachricht.«

Wieder schweigt er. Seine Hand zittert, als er sich damit die Augen reibt.

»Wie bin ich eigentlich gestorben, deinem Vater zufolge?« Der Mann sieht mich an.

Ich denke nach. Was würde Papa wollen, dass ich jetzt sage? Er wollte ganz klar, dass ich wieder mit meinem Opa in Kontakt komme. Aber bedeutet dies, er hat seinem Vater vergeben? »Wie ein Held. Den hat er aus dir gemacht. Mein Opa war eine Art Superheld …« Dann denke ich an die Bilder in der Kiste. Superhelden. Darum hatte er Helden gemalt! Die anderen Zeichnungen, die viel besser waren, hatte ganz bestimmt mein Opa gemacht. Für meinen Vater war sein eigener Vater also ein Held, bis er eines Besseren belehrt wurde.

Der alte Mann schluckt jetzt sichtbar. »Ein Held …« Er murmelt etwas und räuspert sich. »Nichts ist weniger wahr. Ich bin ein feiger Mann.«

»Er hat gesagt, du wärst von einem durchgebrannten Büffel getötet worden.«

Mit großen Augen schaut der alte Mann auf. »Ein … Büffel?«

»Ja. Mein Vater hat erzählt, im Zoo wäre ein Büffel ausgebrochen. Das Tier rannte auf ein kleines Mädchen zu, und du bist davor gesprungen, um sie zu retten, und dann an deinen Verletzungen gestorben. Er hat gesagt, du seist ein Held. Na ja. Das bist du also nicht, aber bis vor einer Viertelstunde« – ich blicke auf mein Handy – »bis 17.09 Uhr habe ich das geglaubt.« Mein Vater hat aus meinem Opa einen Helden gemacht. Aber das ist er nicht. Er ist ein Mann, der seiner Familie sehr wehgetan hat. Mein Vater – der war wirklich ein Held. Der falsche Held ist gestorben. Mein Hals brennt.

Tatsachen. Ich brauche Tatsachen. Es gibt sehr viele Büffelarten. Ein erwachsener Büffel kann bis zu 590 Kilo wiegen und 2,50 Meter groß werden. Ich schätze, dass der Mann vor mir 70 Kilo wiegt und also 8,5-mal in einen Büffel passen würden. Wasserbüffel sind noch schwerer. Die kommen in Asien häufig vor und wiegen bis zu 1000 Kilo. Und Büffel in Afrika beratschlagen sich miteinander, in welche Richtung sie gehen wollen. Die erwachsenen Büffel zeigen mit dem Kopf in eine bestimmte Richtung, und wenn mehr Büffel in diese Richtung schauen, geht die Herde dorthin.

»Lächerlich. Ein Held. Pfff«, sagt der alte Mann.

»Ja, ganz schön lächerlich«, sage ich ebenfalls. Ich stehe auf. Bestimmt denkt Blume, ich wäre ermordet worden oder würde in einem alten Keller hocken. Ich sehe, dass ich jede Menge Nachrichten verpasst habe.

Wie läuft es?

Alles okay da?

Warum dauert das so lange?!

Pelle, antworte! Hockst du eingesperrt in einem unterirdischen Verlies in seinem Garten? Muss ich mit einer Drohne über dem Garten nachschauen, wo der Boden umgegraben wurde?

Okay, ich rufe jetzt die Polizei, und die stürmt das Haus dann schwer bewaffnet. Es sei denn, du antwortest innerhalb von ein paar Minuten.

P, jetzt mache ich mir wirklich Sorgen! Was ist los? Soll ich kommen? Soll ich dir meine Ninja-Techniken zeigen? Lebst du noch? Lebst du noch?!

Ich muss lächeln. Erzähle es dir gleich. Mach dir keine Sorgen, schreibe ich schnell zurück.

»Ich muss gehen. Sonst wird meine Mutter unruhig. Aber du hast die Kiste letzte Nacht bei uns in den Garten gestellt, nicht wahr? Warum hast du sie mir vor ein paar Tagen nicht einfach mitgegeben?«

»Du hast mich ein wenig damit überfallen. Ich geriet in Panik.« Er schüttelt den Kopf. »Dein Vater hat nie gewusst, wie sehr ich alles bereut habe … Ich war so oft kurz davor, ihn zu besuchen. Ich habe es bloß immer wieder aufgeschoben. Hatte Angst, er würde mich wieder ablehnen. Das hätte ich nie tun dürfen.« Er dreht mir den Rücken zu und schnäuzt sich die Nase. »Ich … Als ich erst einmal über den ersten Schock hinweg war, beschloss ich, die Kiste in euren Garten zu stellen. Dann konntest du selbst entscheiden, ob du noch mal vorbeikommen würdest oder nicht. Ich dachte mir, du würdest sicher darauf schließen, dass ich sie gebracht hatte. Und ich hoffte, dass du dann vielleicht wiederkommen würdest.«

»Ich komme vielleicht noch einmal vorbei. Ich … Darf ich hier mal Klavier spielen?« Ich zeige auf die Ecke. »Papa und ich haben oft zusammen gespielt. Aber meine Mutter hat unser Klavier nach Papas Tod verkauft.«

Der Mann, der also mein Opa ist, schaut zum Instrument und lächelt. »Das hat er als Kind schon gemacht. Auf diesem Klavier gespielt. Genau wie ich … Mir wäre es eine Ehre, wenn du einmal für mich spielen würdest.«

Ich starre auf das schwarze Klavier. Darauf hat mein Vater also als Kind gespielt. Seine Finger auf den Tasten. Den Körper vorgebeugt, um sie gut erreichen zu können. Es ist, als sähe ich ihn ganz kurz auf dem Hocker sitzen. Er dreht sich zu mir und winkt mir zu.

Das Instrument zieht mich plötzlich an wie ein Magnet. Ich gehe darauf zu und drücke mit dem Finger auf das C. Dann spiele ich, im Stehen und mit einer Hand, ein kleines Stück von *Arabesque Nr. 1*. Das Klavier klingt falsch, es ist offensichtlich schon lange nicht mehr gestimmt worden.

Als ich aufhöre, bleibt es ein paar Sekunden still im Zimmer. Die Klaviertöne verklingen. Dann räuspert sich der Mann. »Ich sollte es mal wieder stimmen lassen … Kommst du wirklich wieder, um darauf zu spielen? Das fände ich sehr schön.«

»Ich glaube schon.« Noch einmal schaue ich auf die Tasten. Mein Vater fände es bestimmt großartig, wenn ich auf seinem alten Klavier spielen würde.

Der Mann lächelt wehmütig. »Pelle, du bist alles, was ich noch habe. Ich habe immer gehofft, dein Vater würde mir eines Tages vergeben und hier stehen. Das kann er nicht mehr. Aber er schickt dich. Das ist das Schönste, was mir seit Jahren passiert ist. Es bedeutet … Ich hoffe, dass er damit meint, dass er mich doch geliebt hat. Bitte, komm schnell wieder vorbei. Wir haben so viel Zeit nachzuholen!«

Ich sehe ihn noch einmal an. Dann gehe ich in den Flur und durch die Haustür, die immer noch offen steht.

Mama seufzt tief und sieht mich an. Sie lehnt gegen die Anrichte. Die Stille in der Küche ist bleischwer. Sogar Aran scheint sie zu spüren. Er liegt auf seinem Kissen und schaut angespannt von Mama zu mir.

Ich weiß nicht, ob ich wütend bin oder froh. »Du hast es mir nie erzählt! Du hättest es mir sagen müssen! Ich hätte die ganze Zeit einen Opa haben können!«

»Das wollte Papa nicht.« Mamas Stimme ist leise und eine Entschuldigung schwingt darin mit.

»Ja und? Ich wollte nicht, dass Papa starb, und das hat er trotzdem gemacht! Du hättest nicht auf ihn zu hören brauchen. Ich habe ein Recht darauf, zu wissen, dass mein Opa noch lebt!«

Mama beißt sich auf die Unterlippe. »Da hast du natürlich schon recht. Ich war auch nicht damit einverstanden, dass Papa dir deinen Opa vorenthalten hat. Andererseits hatte Opa etwas sehr Schlimmes getan. Sowohl deine Oma als auch Papa waren deshalb sehr traurig und wütend. Das konnte ich verstehen, obwohl ich fand, dass Papa nach ein paar Jahren wieder Kontakt mit deinem Opa hätte suchen sollen. Aber das konnte er nicht. Er war so enttäuscht, so wütend. Und dickköpfig. Ich hätte nie gedacht, dass er dich zu deinem Opa schicken würde … Ich glaube, das ist seine Art, dir die Chance zu geben, selbst eine Beziehung mit Opa aufzubauen, falls du das möchtest. Es ist deine Wahl, sagt Papa hiermit. Ich finde das schön. Ich wusste selbst auch nicht so recht, wie ich hiermit umgehen sollte. Ich hatte mir vorgenommen, es dir eines Tages zu erzählen, bloß wollte ich Papas Wunsch nicht einfach ignorieren. Blöd, eigentlich. Ich meine, er ist tot, und es … Na ja, es ist für ihn jetzt doch egal, ob ich seine Wünsche respektiere. Du hast also deinen Opa gefunden … Darüber freue ich mich! Wie geht es ihm?«

Ich erzähle ihr von dem alten Mann. Sie hört mit gerunzelter Stirn zu.

»Ach. Fast blind. Und das für einen Künstler, das muss schwer sein. Ich würde ihn eigentlich gerne mal besuchen.«

»Dann gehen wir mal zusammen hin«, schlage ich vor.

»Nein. Das möchte ich erst allein machen. Da ist noch etwas, was ich mit ihm klären muss. Himmel, das hätte ich nie gedacht.« Sie steht auf und sieht mich an. »Dass ich ihn noch einmal sehen würde. Ich habe so mit mir gehadert, ob ich ihn zur Bestattung einladen sollte, aber Papa hätte das wohl nicht gewollt. Darum habe ich es nicht getan.«

»Er war aber da. An dem Tag, als alle Abschied von Papa genommen haben, stand er hinter einem Baum im Garten. Er traute sich nicht, zu klingeln.«

Sie sieht mich erstaunt an. »Wirklich? Ach, irgendwie traurig, dass er sich versteckt hielt, anstatt reinzukommen.«

»Ich dachte, er sei ein Held, aber das ist er nicht. Er ist eher feige. Das findet er selbst auch.«

Sie lächelt. »Ja. Aber Papa wollte, dass du einen Helden als Opa hast. Das war besser als die Geschichte über einen Mann, der seine Familie im Stich gelassen hat. Also hat er sich diese Sache mit dem Büffel ausgedacht. Ich fand das keine so gute Idee.«

Die zusammengepressten Lippen meiner Mutter, wenn mein Vater diese Geschichte erzählte – ich dachte, sie wäre einfach traurig, dass Opa gestorben war.

»Papa sagte, echte Männer würden nicht weinen. Dass Opa das zu ihm gesagt hätte. Aber Opa musste wohl etwas weinen, als ich bei ihm war und er von den Handschuhen erzählte.«

Mama zündet sich eine Zigarette an. Dabei hatte sie schon eine ganze Weile nicht geraucht. Das letzte Mal, als sie mir den Karton mit den Briefen gab. Sie bläst den Rauch hoch und starrt kurz an die Decke. Mir fällt auf, wie tiefblau ihre Augen wieder sind, und wie leuchtend.

»Handschuhe?«, fragt sie verständnislos.

»Er meinte, Oma und er seien wie ein Paar Handschuhe gewesen, die zusammengehörten, und dass die andere Frau mehr eine Socke war. Sind Papa und du auch Handschuhe, die zusammenpassen?«

Mama lacht. »Hat Opa das über Oma gesagt? Wie lieb. Und wie schade, dass Oma und Papa das nie von ihm hören werden ... Papa und ich waren wie Nadel und Faden. Der Regen und die Wolke. Die Sterne und das Licht.« Einen Moment scheint sie sich in ihren Gedanken zu verlieren.

»Als dein Opa Oma die Scheidung wie aus dem Nichts auf den Tisch knallte, rief Oma Papa an. Sie flehte ihn an, mit seinem Vater zu reden. Papa wohnte damals schon nicht mehr zu Hause, sondern mit Paul in einer WG. Aber dein Opa war so dickköpfig wie ein Esel und ließ sich nicht von der Scheidung abbringen. Deiner Oma brach es das Herz. Und als dein Vater so wütend wurde, dass ihm die Tränen kamen, sagte dein Opa, er solle sich nicht so anstellen und dass Männer nicht weinen.« Der weiße Zigarettenqualm schwebt wie ein Geist über ihr. »Papa hat danach nie mehr geweint. Nicht, weil dein Opa das gesagt hatte, sondern weil er fand, dass Opa keine Tränen verdiente. Und später hat er das Weinen ein wenig verlernt, glaube ich.«

Aran hat inzwischen keine Lust mehr, zu liegen. Er kommt zu mir und legt den Kopf auf mein Bein, während er mich fragend anschaut. Sein Schwanz peitscht wie ein Handfeger über den Fußboden. Ich stehe auf, um mit ihm im Garten zu spielen.

»Was war denn in dieser Kiste drin?« Mama drückt die Zigarette aus.

»Selbst gemalte Bilder und altes Spielzeug von Papa. Die meisten Bilder wird Opa wahrscheinlich gemacht haben. Er ist ...«

»Künstler.« Sie lacht. »Ja. Also gut aufheben.« Sie zwinkert mir zu. »Vielleicht sind sie ja eines Tages viel Geld wert.«

Aran steht inzwischen an der Tür und springt hoch. Sein ganzer Hinterleib bewegt sich vor Freude, als ich ihm öffne. Wie eine Rakete schießt er in den Garten.

Mama wirft die Kippe weg. »Igitt. Damit höre ich jetzt wirklich auf. Ich glaube, ich brauche es nicht mehr. Nach diesem Päckchen ist Schluss damit, versprochen. Übrigens, Jack möchte das Haus dieses Wochenende schon gegen diesen Holzkäfer behandeln. Dann übernachten wir also bei ihm. Und er hat schon erwähnt, dass ich bei ihm zu Hause nicht rauchen darf. Das ist eine gute Gelegenheit, ganz damit aufzuhören.«

In diesem Moment fällt mir etwas ein. »Er hat ein Klavier«, sage ich. »Opa, meine ich. Da hat Papa früher drauf gespielt, und er selbst auch.«

»Das … Ja, ich erinnere mich. Dein Opa hat auch gespielt. Das hatte ich erst ganz vergessen.«

»Du hättest unser Klavier nie weggeben dürfen.« Ich sehe Mama an.

»Vielleicht nicht. Aber der Anblick tat so weh. Ich habe immer deinen Vater daran sitzen sehen.«

Ich weiß, was sie meint.

Ich werfe einen Tennisball nach draußen, und Aran stürzt hinterher. In der kurzen Zeit, seit er bei uns ist, hat er schon ein viel dichteres Fell bekommen. Es ist deutlich, dass Aran hier glücklich ist. Ich weiß nicht, ob er Angst bekommt, wenn er bei Jack schlafen soll. Vielleicht denkt er dann ja, dass er wieder wegmuss.

»Darf ich dieses Wochenende nicht einfach hierbleiben, zusammen mit Aran?«

Mama seufzt. »Darüber haben wir doch schon gesprochen. Jack sagt, es sei besser, nicht hier im Haus zu bleiben. Dieses chemische Zeug ist Gift. Welchen Grund sollten wir haben, nicht bei ihm zu übernachten?«

»Keinen.« Sämtliche. Na ja, das stimmt nicht so ganz. Es geht nicht so sehr um Jack. Er ist ganz okay. Bloß weiß ich nicht, ob ich mit Mama bei einem Mann übernachten kann. Was, wenn sich das dann anfühlen wird, als wären wir eine Familie? »Es ist nur … äh, Aran soll nicht jetzt schon woandershin! Das hat der Mann vom Tierheim selbst gesagt, dass Aran dann Angst haben könnte, weil er wieder weggegeben wird. Und wenn wir ihn mitnehmen zu Jack, denkt er das vielleicht. Aran und ich übernachten einfach in der Baumhütte. Das geht wirklich, Mama. Die Nächte sind nicht mehr so kalt, und ich kann sehr gut allein sein. Und als Aufpasser wäre Aran ja da. Und wenn wirklich irgendwas passiert, bin ich nur ein paar Meter von Blume entfernt.«

Wir stehen im Halbkreis im Musikraum, wo wir für die *Odyssee* proben. Inzwischen haben wir schon ein paar Proben gehabt. Und ich muss zugeben, es macht mehr Spaß, als ich dachte. Bis jetzt waren meistens die anderen dran, aber Eva und ich hatten auch schon eine Szene, in der sie meine Mutter spielte.

»… und Odysseus ist am Anfang des Stücks ein Mann, der vor allem an sich selbst denkt«, erzählt Herr Henderson. »Während seiner Reise nach Hause verliert er viele seiner Leute, aber eigentlich trauert er nicht so recht um sie. Er findet es bloß für sich selbst schlimm. Während seine übrig gebliebenen Männer trauern, hält er das eher für unsinnig. Odysseus will nach Hause, zu seiner Frau und seinem Sohn. Also zu dir, Eva, und zu Pelle. Er hat kein richtiges Zeitgefühl mehr, und er hat keine Ahnung, dass sein Sohn, Telemachos, inzwischen schon ein junger Mann ist. Wir machen das Stück ein wenig moderner. In der Geschichte von Homer wird Odysseus von wundervollen Frauen angelockt, die singen und ihn verführen wollen und somit von seiner Mission abha…«

»Warum sollten wir das ändern?« Stoß lacht. »Mir gefällt die Idee, dass viele schöne Frauen mich verführen wollen!«

Mir wird immer mehr klar, wie gut die Rolle von Odysseus zu Stoß passt.

Herr Henderson lächelt. »Wir wollen eine Fassung auf die Bühne bringen, die etwas moderner ist, also habe ich mir überlegt, dass die Sirenen, wie diese Frauen heißen, durch Rapper ersetzt werden. Wir müssen ein wenig mit der Zeit gehen. Aber erst proben wir die Szene, in der Odysseus und Telemachos sich begegnen. Das geschieht in der Hütte des Schweinehirten, der Telemachos gut kennt. Odysseus und Telemachos haben sich seit zwanzig Jahren nicht gesehen und schließlich erkennt Telemachos in dem Fremden, der aussieht wie ein Landstreicher, seinen Vater. Ihr habt die Szene für heute gelesen. Das ist eine Schlüsselszene – eine sehr wichtige Szene, in der die beiden Männer einander endlich finden und Pläne machen, wieder zu Penelope zu gelangen.« HaHa schaut zu Eva. »Inzwischen gibt es da sämtliche Männer, die sie erobern wollen, also ist es wichtig, dass Odysseus und Telemachos so schnell wie möglich wieder nach Hause kommen.«

Ich schaue zu Stoß. Ich will nicht mit ihm auf der Bühne stehen. Das liegt weit außerhalb meiner Komfortzone. Er schaut zurück. Man sieht nicht mehr viel von seiner gebrochenen Nase. Ein winziger Knick, wie ein Riss im Asphalt. Es sieht sogar ein wenig cool aus.

»Karl, Pelle, seid ihr so weit? Ihr habt den Text hoffentlich schon auswendig gelernt. Juri, du spielst den Schweinehirten und hast Telemachos gerade herzlich begrüßt. Er bittet dich, zu Penelope zu gehen und ihr zu sagen, dass ihr Sohn noch am Leben ist. Dann sieht Telemachos den Fremden in der Ecke sitzen. Karl, setz dich doch bitte mal hin.«

Ich hole tief Luft.

»Pelle, bleibst du bitte noch einen Moment? Und Karl, du auch.« HaHa hält uns nach der Stunde zurück.

Als alle das Klassenzimmer verlassen haben, setzt er sich hin und zeigt auf zwei leere Stühle. »Setzt euch.«

Stoß pflanzt sich mit breit gespreizten Beinen hin, die Arme vor der Brust verschränkt. Ich drehe ihm halb den Rücken zu.

»Wisst ihr, Jungs, wenn ihr euch weigert, einander auf der Bühne anzusehen, wird das Theaterstück sehr kompliziert werden. Pelle, ich verstehe durchaus, dass du lieber nicht mit Karl auf der Bühne stehst, aber damit machst du's für alle sehr schwierig. Ich glaube, da gibt es noch etwas auszusprechen. Karl, hast du Pelle etwas zu sagen?«

»Hä? Nein. Er hat mir wohl eher etwas zu sagen.« Stoß sieht mich herausfordernd an.

»Ich h-h-habe dir nichts zu sagen.«

»Dann können wir also gehen«, sagt Stoß und will aufstehen.

»Immer mit der Ruhe. Bleib sitzen.« Herr Henderson klingt etwas verärgert. »Pelle, sag uns bitte mal, was es mit dir gemacht hat, dass Karl einen Brief von dir gestohlen hat.«

»D-das war total dumm. So etwas macht man nicht.«

Stoß seufzt. »Ich hab doch schon gesagt, dass es mir leidtut, Mann. Was willst du noch?«

»Ich will wissen, was darin stand!« Plötzlich erscheint ein roter Schleier vor meinen Augen. Tiefes, dunkles, wütendes, feuriges Rot. Ich stehe auf, und mein Stuhl kippt nach hinten auf den Boden. Stoß schaut erschrocken und schiebt seinen Stuhl etwas zurück.

»Shit, Mann, reg dich wieder ab …« Seine Stimme zittert ein wenig.

Mit geballten Fäusten stehe ich ihm gegenüber. »Du hast doch überhaupt keine Ahnung!«, schreie ich. »Du weißt nicht, was es heißt, einen toten Vater zu haben! Du hast noch ganz normal beide Eltern, aber als mein Vater starb, ist meine Mutter auch irgendwie gestorben! Und alles, was ich noch von ihm habe, sind diese Briefe! Und du stiehlst einen, du hirnloser Idiot, und dann glaubst du, es würde reichen, wenn du ›Tut mir leid‹ sagst? Du kannst gleich nach Hause gehen, und da sind deine Eltern und deine Schwester. Ihr sitzt zusammen am Esstisch, könnt lachen und reden. Schaut Fußballspiele zusammen im Fernsehen an. Klar, vermutlich streiten oder nerven deine Eltern. Die lächerliche Frisur deiner Mutter nervt vermutlich. Aber du hast sie noch, beide! Ich gehe verdammt noch mal nach Hause, und dann ist mein Vater nicht da. Nie mehr! Und das Einzige, das Einzige, was ich noch habe, ist ein Karton mit Briefen! Du bist ein Vollidiot, Stoß. Niemand mag deine dämliche Gewohnheit, alle ständig zu stoßen. Ich würde dir jetzt am liebsten einen Stoß ins Gesicht verpassen, aber das mache ich nicht. Du verdienst es nicht. Du bist eine erbärmliche Kakerlake.«

Einen Moment ist es still im Raum. Ich keuche. Es ist, als würde ich ein wenig größer werden und Stoß schrumpfen. Und bestimmt bilde ich es mir nur ein, aber Herr Henderson scheint ganz kurz richtig zufrieden auszusehen.

»Shit, Pelle, komm mal wieder runter, Mann …« Stoß holt tief Luft. Er blickt unsicher zu unserem Mentor, als würde er Hilfe erwarten. Es bleibt still. »Ich … sorry.« Stoß schaut mich an, und mir wird klar, dass er es ernst meint. Er blinzelt. »Sorry. Ich hätte das wirklich nie tun dürfen. Ich … ich habe einfach nicht darüber nachgedacht. Ich … ich darf gar nicht daran denken, dass mein Vater nicht mehr da sein könnte. Ich weiß auch nicht, warum ich diesen Brief genommen habe. Ich fand's witzig oder so. Der … der Brief ist nicht vom Wind mitgerissen worden. Er …«

»Was? Du hast ihn noch?« Ich will Stoß am liebsten am Kragen fassen und schütteln.

»Nein.« Stoß seufzt. »Ich hatte ihn mitgenommen und in meinem Zimmer auf den Meerschweinchenkäfig gelegt. Ich wollte ihn dir zurückgeben, Pelle. Ehrlich. Ich fühlte mich auch echt ein bisschen schuldig. Es war doof.«

»Wo ist der Brief jetzt? Raus damit!«

Herr Henderson sieht Stoß auch angespannt an. »Das sind aber wirklich ganz schöne Neuigkeiten, Karl, dass du den Brief noch hast. Dann hast du also gelogen.«

»Nein, habe ich nicht. Ich habe ihn wirklich nicht mehr! Ich … Der Brief lag auf dem Käfig, und da rief mein Vater, ich solle zum Essen runterkommen. Als ich wieder in mein Zimmer kam, war der Brief weg. Ich habe überall gesucht, ich dachte, er wäre vielleicht runtergefallen. Und dann sah ich es, lauter Papierschnipsel. Das … das Meerschweinchen hatte ihn erwischt und aufgefressen.

Es tut mir so leid. Wirklich.« In Stoß' Augen schwimmen Tränen, und ich glaube, dieses Mal sagt er die Wahrheit.

»Warum hast du das nicht einfach gesagt?« Herr Henderson sieht ihn ein wenig vorwurfsvoll an.

»Weil ... Wer hätte das denn geglaubt? Das ist so was wie sagen, der Hund hätte die Hausaufgaben aufgefressen, das glaubt auch nie jemand. Aber mein Meerschweinchen frisst nun mal manchmal Papier. Am liebsten Zeitungen.«

Keiner sagt etwas.

»Und du hast nicht gelesen, was in dem Brief stand?« HaHa sieht Stoß stirnrunzelnd an. »Das kann ich mir kaum vorstellen. Dass du ihn nicht aufgemacht und gelesen hast.«

Stoß zuckt die Achseln. »Ich habe ganz kurz reingeschaut. Da stand etwas wie ›Weinen ist gut‹ oder so. Dann rief mich mein Vater, und da habe ich den Brief auf den Käfig gelegt.«

Ich halte die Luft an. »Was genau stand darin?«

»Ich habe es nicht so richtig lesen können, Pelle. Etwas mit Weinen, und dass es okay ist, wenn man weint.«

»Das stimmt nicht! Das stand da nicht!«, rufe ich. Ich kann nichts dagegen machen, aber plötzlich strömen mir die Tränen übers Gesicht. »Das kann nicht sein!«, rufe ich erstickt. »Mein Vater weint nicht. Und ich auch nicht, weil e-e-echte ...« Stockend und schluchzend ringe ich nach Wörtern. Stoß ist knallrot geworden und schaut von mir zu Herrn Henderson. »Du l-l-lügst! Das stand da n-n-nicht!« Ich weine jetzt mit langen Schluchzern.

Herr Henderson nimmt mich in den Arm und drückt mich an sich. Ich kann einfach nicht aufhören zu weinen, also darf das ja vielleicht doch sein.

Es dauert bestimmt fünf Stunden. Oder vielleicht auch nur fünf

Minuten, aber es kommt mir auf jeden Fall vor wie fünf Stunden, bis keine Tränen mehr kommen. Die ganze Zeit hält Herr Henderson mich fest. Sein Pulli ist voller Rotz und Flecken. Stoß sitzt mucksmäuschenstill auf seinem Stuhl und starrt auf den Fußboden.

»Karl, holst du bitte mal ein Glas Wasser für Pelle?«

Stoß nickt und geht zum Waschbecken hinten im Musikraum.

»So.« Herr Henderson sieht mich freundlich an. »Das kam aber aus deinen Zehen!«

»Nein, aus meinen Tränendrüsen«, sage ich. Tatsachen. Tiere weinen nicht. Tränenflüssigkeit dient nur dazu, die Augen zu schützen. Tiere weinen nicht, wenn sie etwas Trauriges sehen. Insekten haben keine Tränenflüssigkeit. Und es gibt Schmetterlinge, die nachts bei schlafenden Vögeln, Krokodilen und Schildkröten Tränenflüssigkeit aus den Augen trinken. Allmählich beruhige ich mich.

Herr Henderson lächelt. »Du hast recht.«

Stoß reicht mir ein Glas Wasser, das ich in einem Zug austrinke.

Meine Augen sind dick und brennen, aber trotzdem fühle ich mich irgendwie auch erleichtert. Wir sitzen ein paar Sekunden einfach nur still da.

»Also, ich halte das hier für ein gutes Gespräch.« Herr Henderson holt tief Luft und knufft mir und Stoß gleichzeitig auf die Schultern. »Ich glaube, ihr habt einander jetzt gesagt, was ihr euch sagen musstet. Schafft ihr es, zusammen in dem Theaterstück zu spielen?«

Stoß und ich sehen uns an.

»Komm, Mann, mach mit. Telemaschine ist einfach ein Held, der seinen Vater sucht und findet.« Stoß schiebt die Hände in seine Hosentaschen und sieht mich an.

»Telemachos. Er heißt Telemachos.«

»Das sage ich. Teletubbie. Und was die Haare meiner Mutter angeht – da muss ich dir recht geben. Die sehen manchmal aus wie eine überfahrene Zuckerwatte.«

Und dann müssen wir beide total laut lachen.

»Bist du dir wirklich sicher? Wenn nämlich …«

»Mama.« Ich lache. »Ich bin mir ganz sicher. Ich kann sehr gut zwei Nächte alleine schlafen. Und außerdem ist Aran ja da.«

Jack sieht mich an und lächelt. »Cool. Und die Hütte ist solide genug zum Übernachten. Zum Glück ist auch schönes Wetter vorhergesagt. Und sonst bist du herzlich willkommen, doch noch zu mir zu kommen.«

Jack hat den ganzen Tag über alle Holzbalken in unserem Haus behandelt. Im Laden hatte er eine Aushilfe, damit er selbst hier sein konnte. Mit einem Apparat hat er erst den Staub aus allen Löchern in den Balken weggeblasen, weil da die Eier der Borkenkäfer drin sind. Und die können sogar mehrere Jahre dort bleiben, bevor sie schlüpfen, erzählte er. Danach spritzte er etwas da rein. Das hat er an ganz vielen Stellen in den Balken getan. Ich habe ihm geholfen, und es fühlte sich eigentlich recht vertraut an, mit Jack zu arbeiten. Etwas in mir will das nicht, aber trotzdem fühlt sich Jack immer mehr an wie jemand, den ich gern in meinem Leben behalten möchte.

Im Haus riecht es komisch, und ich kann mir vorstellen, dass es nicht gesund ist, in dieser Luft zu schlafen. Mama und ich haben eine Matratze in die Baumhütte geschleppt, und ein paar zusätzliche Windlichter, mein Buch, eine Taschenlampe und einen Schlafsack raufgebracht. Ich freue mich riesig darauf, dort zu übernachten. Ich war noch nie eine Nacht allein. Von allen 4557 Nächten, die ich schon geschlafen habe, war ich nicht eine ohne Mama in der Nähe. Und ich schlafe schon seit 443 Nächten ohne Papa. Nacht Nummer 4558 verbringe ich allein.

»Gut.« Mama schaut, als wäre es ihr eigentlich nicht recht und als würde sie wollen, dass ich doch mit ihnen komme, aber ich grinse.

»Nun geht schon! Wenn es mir nicht gefällt, komme ich zu euch. Und ich kann immer anrufen. Wirklich, das passt schon.«

Ich sehe Mama an, während sie mit Jack weggeht. Einen Moment fühlt es sich seltsam an. Es erinnert mich an den Tag, an dem sie so neben Papa herging, als er eine Nacht für eine Behandlung im Krankenhaus bleiben musste und ich zu Hause wartete, bis sie wieder da war. Jetzt geht Jack neben ihr und trägt ihre Wochenendtasche. Er sagt etwas zu ihr und sie lacht.

Und vielleicht ist das okay. Erst nachdem sie von der Auffahrt gefahren sind, im Transporter von Jacks Eisenwarenhandlung, mache ich die Tür zu. Ich habe etwas zu tun. Ich gehe ins Wohnzimmer und starre auf die Urne mit der Asche meines Vaters.

Es ist noch hell, als ich mein Rad vor dem Haus meines Opas abstelle.

Es dauert ein wenig, bis er die Haustür geöffnet hat. Sein trüber Blick schweift an mir vorbei, aber dann lächelt er. Er sieht anders aus. Nicht, dass ich ihn schon lange kenne, aber die ersten beiden Male, als ich ihn sah, öffnete er die Haustür brummig; jetzt ist sein Gesicht freundlicher und weicher.

»Pelle!« Überrascht tritt er einen Schritt zur Seite, damit ich vorbeikann.

»Ich ... ich habe es meiner Mutter erzählt«, sage ich dann. »Dass ich dich kennengelernt habe.« Ich gehe durch ins Wohnzimmer. »Sie sagt, sie finde das schön. Sie war nämlich nicht damit einverstanden, dass mein Vater mich von dir ferngehalten hat. Aber das war seine Entscheidung. Ich glaube aber, sie freut sich, dass wieder Kontakt da ist.«

»Wie geht es Liesbet?« Er setzt sich aufs Sofa und zeigt auf den Platz neben sich. Ich setze mich auch. Fast fühlt es sich schon an, als wäre ich hier ein wenig zu Hause. Auf jeden Fall in diesem Zimmer.

»Gut. Sie arbeitet im Krankenhaus. Sie ist furchtbar traurig wegen Papa. Sie weint viel und sie ...«

Ich verstumme, weil mir plötzlich einfällt, dass sie schon eine ganze Weile nicht mehr geweint hat. In letzter Zeit lacht sie ziemlich viel, eigentlich. Und vor ein paar Tagen erst hat sie einfach so bei einem Lied im Radio mitgesungen. Sie schminkt sich ab und zu wieder und hat sich sogar im Laden von Inez ein Kleid ausgesucht. Die beiden verstanden sich sofort und haben lange geschwatzt, und als Mama mit ihrem neuen Kleid wegging – ein braunes Wickelkleid, das sehr hübsch ist –, hatten sie sich verabredet, um bald mal zusammen essen zu gehen und in aller Ruhe über Papa und Inez' Tochter zu reden. Die Fenster im Haus sind auch wieder öfter offen, und in der Blumenvase auf dem Tisch steht wieder ein schöner Blumenstrauß. Das Haus scheint wieder mehr Farbe zu bekommen.

Mein Opa schaut mich geduldig an.

Dann wird es mir plötzlich klar. Der Einzige, der sich an seiner Trauer festklammert, bin ich selbst. Mama hat langsam ein wenig losgelassen, damit sie etwas atmen kann, aber ich klammere beide

Hände darum, als wäre die Trauer ein Vögelchen, das ich nicht loslassen kann.

Denn wenn keine Trauer mehr da ist, was ist, wenn ich Papa dann vergesse? Vergisst Mama ihn allmählich? »Eigentlich weint sie im Moment nicht mehr superviel«, sage ich dann leise. »Aber das kann sich vielleicht auch wieder ändern.«

»Ja, so ist das«, sagt mein Opa. »Trauer ist wie eine Welle. Sie kommt und sie geht. Es ist schön, wenn deine Mutter jetzt weniger traurig ist. Bestimmt kommt der Kummer mal wieder, aber es sollte auch so sein, dass er immer weniger wird. Oder vielleicht kannst du es so sehen: Es sollte so sein, dass man selbst weiterwächst, um den Kummer herum, als würde man Schichten darüberlegen. Verstehst du das?«

Ich nicke. »Ich glaube schon. Der Kummer wird nie weggehen. Aber mehr Freude kommt wieder hinzu. Mama möchte dich übrigens gern einmal sehen. Bloß will sie dann ohne mich kommen.«

Er sagt kurz nichts, und seine Mundwinkel zittern. »Das fände ich schön. Und ich kann gut verstehen, dass sie erst mal allein mit mir reden will.«

Dann nehme ich meinen Rucksack. »Sie weiß nicht, dass ich das hier getan habe.«

»Was?« Mein Opa sieht mich an. Ich mag das Gefühl, jetzt wieder mehr Familie zu haben. Es fehlt ein Kettenglied – mein Vater –, aber es ist auch wieder eines hinzugekommen.

Vorsichtig nehme ich das Tütchen. Es fühlt sich seltsam in meinen Händen an. Weich. Aber nicht unheimlich. Ich hoffe bloß, dass Mama nicht allzu sauer sein wird. Hoffentlich ist es okay, wenn ein paar Löffel weniger von Papa – oder was noch von ihm übrig ist – in der Urne sind.

Mein Opa schaut mich mit seinen wässrigen Augen an. Wahrscheinlich sieht er nicht einmal, dass ich ein Tütchen in den Händen halte. Ganz kurz denke ich, dass er vielleicht gar keinen Teil meines Vaters haben möchte oder dass Papa furchtbar wütend wäre, wenn er wüsste, dass ich was von ihm zum Haus seines Vaters bringe.

»Ich habe hier ein wenig von der Asche von Papa. Ich dachte, du fändest es vielleicht schön, etwas von ihm hier zu haben. Damit er irgendwie bei dir ist.«

Opa schweigt. Offensichtlich weiß er nicht, was er sagen soll.

»Aber wenn du das nicht möchtest, nehme ich ihn wieder mit nach Hause!«, füge ich schnell hinzu.

»Wie schön …«, sagt er dann. »Was für eine schöne und liebe Geste von dir. Aber ist deine Mutter damit einverstanden?«

»Die weiß es ja nicht.« Das Tütchen liegt noch immer in meiner Hand. Weich.

»Dann kann ich es nicht annehmen.« Er sagt es ganz ruhig. »Ich fände es sehr schön, die Asche am Strand auszustreuen. Dein Vater hat das Meer sehr geliebt. Als kleiner Junge machte er nichts lieber, als am Strand entlangzurennen und Muscheln zu sammeln. Ich glaube, es würde ihm gefallen, wenn ein Teil von ihm dort liegen würde. Aber das kann ich nicht einfach so machen.«

Ich schaue zu dem Tütchen. Vielleicht hat er recht. Wir wollten die Asche ausstreuen, sobald Mama wusste, wo. Bloß haben wir uns die ganze Zeit nicht weiter darum gekümmert. Mein Vater steht noch immer in diesem Topf neben dem Fernseher. Mit einem großen Löffel habe ich vorsichtig ein wenig herausgenommen. Der Brief, den ich mal da reingesteckt hatte, liegt auch noch darin. Irgendwie hat mich das sogar überrascht, als hätte ich halb erwartet, dass mein Vater ihn tatsächlich gelesen und anschließend in eine Schublade oder so gesteckt hätte.

Eine Viertelstunde später sitzen mein Vater und ich wieder auf dem Fahrrad nach Hause.

In meinem Zimmer nehme ich ein Stück Papier, das genauso groß ist wie die Zettel in Papas Karton. Ich schreibe eine 9 darauf und drehe es um. *Du darfst ruhig weinen, das ist okay*. Ich schreibe es möglichst ordentlich. Dann schiebe ich Brief 10 und 11 ein wenig auseinander und hefte Zettel 9 zwischen 8 und 10 an die Pinnwand. In dem Karton sind nur noch ganz wenige Briefe, und ich will sparsam damit umgehen. Diese Woche öffne ich keinen mehr, beschließe ich.

Vielleicht ist das hier ein wenig Betrug, selbst einen neuen Brief 9 zu schreiben. Aber das hatte ich auch schon mit dem Brief über den Hund gemacht. Und na ja, Papa hat auch falschgespielt, als er mir erzählt hat, mein Opa sei gestorben. Irgendwie macht mich das wütend. Wie so vieles. Dass er gestorben ist und mich mit Mama allein zurückgelassen hat und dass mein Leben dadurch jetzt ganz anders aussieht. Das macht mich wirklich richtig wütend, manchmal. Vor einer Weile war es schlimmer. Da war ich ab und zu so wütend, dass ich Sachen kaputt gemacht habe. Dann ließ ich absichtlich ein Schälchen fallen oder trat total fest gegen eine Tür, wenn Mama nicht da war. Oder ich schlug Insekten platt – okay, nur wenn sie schon tot waren.

Aber jetzt fühlt es sich gut an, dass da eine Pinnwand voller Zettel hängt, von 1 bis 11. Ich nehme noch einen warmen Pulli mit, und mein Blick fällt auf die Holzkiste meines Vaters. Ich glaube, er fände es gut, wenn etwas von ihm in der Baumhütte stünde. Mit der Kiste unter dem Arm gehe ich die Treppe hinunter.

»Komm, Aran«, sage ich.

Aran steht auf und folgt mir zur Hütte.

Erst stelle ich die Kiste hinein, und dann hebe ich Aran hoch, damit er auch oben ist. Er fiept leise und schaut hinunter.

»Alles ist gut. Ich passe auf dich auf«, sage ich.

Es ist schon ein wenig dunkel, als ich mich zum Schlafen hinlege. Ich mache den Reißverschluss von meinem Schlafsack zu, ein Insekt summt um mich herum. Aran kuschelt sich neben mich. Das fühlt sich sicher an.

Ich nehme mein Buch und meine Taschenlampe und lese ein paar Seiten. Paps' Brief, der noch hinten im Buch steckt, nehme ich heraus und lege ihn in die Holzkiste. Erst wenn ich dafür bereit bin und alle anderen gelesen habe, werde ich den dicken Brief lesen. Bis dahin liegt er gut zwischen den Bildern und alten Autos. Nach einer Weile lege ich mein Buch weg. Es ist ganz schön anstrengend, mit Taschenlampe zu lesen.

In der Holzdecke sind Spalten, durch die ich schwarze Streifen vom Weltall sehen kann. Ab und an funkelt ein Stern. Mit den Händen unter dem Kopf starre ich vor mich hin. Im Dunkeln lausche ich den Geräuschen. Einer Grille in der Ferne. Dem Rauschen von Blättern in der sanften Abendbrise. Einem Flugzeug, das hoch über mir fliegt. Aus Blumes Haus ertönt Musik und Gelächter.

Gerade will ich nach meinem Handy greifen, um mir einen Film anzusehen, den ich heruntergeladen habe – keinen Horrorfilm, das schien mir in einer verlassenen Baumhütte keine gute Idee zu sein –, als Evas Name auf dem Display erscheint. Ganz kurz setzt mein Herz aus, dann muss ich lächeln. Blume hat recht. Eva meldet sich wieder bei mir. Das Displaylicht erleuchtet die Baumhütte ein wenig geisterhaft.

Ich gehe ran und flüstere, als würde ich sonst hier im Dunkeln etwas stören. »Hey.«

»Hallo! Ich bin's. Was machst du gerade?«

Ich habe die Gespräche mit Eva vermisst. Seit sie mit Stoß zusammen ist, gehe ich nicht mehr gemeinsam mit ihr zur Schule, und wir telefonieren nicht mehr.

»Ich liege in meiner Baumhütte. Da schlafe ich heute Nacht.«

»Warum denn das? Und warum redest du so leise?«

»Das weiß ich nicht«, flüstere ich ins Telefon. Ich komme mir vor wie ein Eindringling in der Natur, wenn ich laut rede. »Unser Haus ist gegen Borkenkäfer behandelt worden. Das stinkt wahnsinnig. Mama übernachtet bei Jack, und ich schlafe hier, weil wir nicht drinnen sein können wegen diesem Chemiezeug. In zwei Tagen ist das vorbei.«

»Haha. Nicht nur die Käfer werden also verjagt, sondern ihr gleich mit. Spannend, in deinem Baumhaus! Hey, soll ich vorbeikommen? Meine Eltern sind auf einer Feier und sind bestimmt nicht vor Mitternacht zurück. Ich habe nichts zu tun und hänge nur ein wenig vor dem Fernseher herum. In zehn Minuten wäre ich da!«

Eva zieht eine Tüte Marshmallows aus ihrer Tasche und legt sie auf den Gartentisch. Sie streichelt Aran über den Kopf. Sie sieht nicht aus, als hätte sie auf dem Sofa vor dem Fernseher gehangen. Aber vielleicht verstehe ich Mädchen auch nicht so richtig. Sie trägt ein hübsches weißes T-Shirt zu ihrer Jeans, Stiefel mit kleinen Absätzen, und auf ihren Wangen entdecke ich ein wenig Goldpuder. Sie riecht gut. Nicht wie sonst nach Erdbeeren und dem salzigen Meer – was auch gut riecht –, sondern nach Parfüm.

Nachdem sie aufgelegt hatte, war ich noch mal in mein Zimmer gerannt. Ich hatte mir schnell die Zähne geputzt und mein Schlafshirt gegen ein normales T-Shirt ausgetauscht. Das Haus riecht wirklich sehr chemisch, aber Jack hat gesagt, dass ich durchaus ab und zu mal reinkann, um zur Toilette zu gehen oder mir irgendetwas zu holen.

»Daran stirbst du nicht, es sei denn, du bist ein Holzwurm. Du solltest bloß nicht eine ganze Nacht in diesem Gestank schlafen. Dann wird dir schlecht, und du wachst mit Hammer-Kopfweh auf«, hatte er gesagt.

Eva lacht mich an. Plötzlich fällt mir auf, dass sie gar nicht mehr so viel größer ist als ich.

»Ich würde gern mal in diese Baumhütte. Ich bin da noch nie richtig drin gewesen«, sagt sie. »Wollen wir heißen Kakao mitnehmen und dort ein kleines Feuer machen?«

»Feuer ist keine gute Idee, da brennt die Hütte gleich ab. Aber Kakao können wir mitnehmen. Dann tunken wir die Marshmallows einfach darein. Ich habe aber ein paar Windlichter mitgenommen, die können wir anzünden.«

Eva geht durch die Küche und nimmt zwei Becher. Sie schenkt Kakao ein und stellt die Becher in die Mikrowelle. Sie weiß genau, wo alles steht. Sie ist hier so oft gewesen, aber irgendwie hat das aufgehört, als Papa starb. Ich glaube, es hat mit der Traurigkeit in unserem Haus zu tun. Die wird alle abgeschreckt haben. Vielleicht hatten die Leute ja Angst, dass Traurigkeit ansteckend ist.

Als der Kakao fertig ist, gehen wir wieder in den Garten, Eva geht vor. Ab und zu wirft sie einen Blick zurück. Leise summt sie ein Lied. Sie erinnert mich an die Sirenen, die Odysseus zu der Insel gelockt haben.

Während ich ihr nach hinten in den Garten folge, denke ich an einen anderen Abend.

Papa hatte im Gartenstuhl gesessen, in den Kissen versunken. Weil er so mager geworden war, sah er ein wenig aus wie ein Kind in diesem Stuhl. In dem Metallkorb vor ihm brannte ein Feuer. Wir hatten zu dritt darum gesessen, das wollte er. Eigentlich war es zu kalt zum Draußensitzen gewesen, aber er bestand darauf. Wir wussten alle, dass er nicht mehr lange leben würde, und Papa versuchte, noch Sachen zu machen, die er schön fand, wie mit uns am Feuer sitzen, reden, lachen, oder einfach zu dritt still den Flammen zuzuschauen, die im Wind tanzten.

Ein wenig Asche war aus dem Feuerkorb geweht, auf seine abgemagerten Beine. Er hatte sie abgeklopft und uns ganz ruhig angeschaut.

»Ich will nicht begraben werden. Ich möchte eingeäschert werden. Und wenn es an der Zeit ist und ihr einen guten Ort dafür gefunden habt, der euch gefällt, dann möchte ich gern dort ausgestreut werden.«

Es war eines der Male, wo ich Mühe gehabt hatte, die Tränen zu unterdrücken, so viele Tatsachen ich auch aufzählte. Ich hatte an Zecken gedacht, die manchmal bis zu fünf Jahren ohne Nahrung auskommen. Sie fressen nur Blut. Sie sind blind und spüren die Wärme eines anderen Tieres oder eines Menschen unter sich und lassen sich dann im richtigen Moment auf ihren Wirt fallen. Sie suchen nach den besten Stellen zum Blutsaugen. So eine Mahlzeit kann schon mal ein paar Tage dauern. Es gibt eine Sorte, die bis zu sechshundert Mal ihr eigenes Körpergewicht an Blut trinken kann. Ihre Haut ist sehr dehnbar, und sie werden dann so groß, dass sie von ihrem Wirt fallen. Würde ich 33 000 Kilo an Lebensmitteln essen, würde ich auch umfallen. Übrigens wäre ich dann tot. Ich versuchte mir vorzustellen, wie groß und rund ich dann wäre.

Es hatte bloß nicht geholfen. Mein Hals fühlte sich dick an, und ich musste weinen. Mama hatte mich in den Arm genommen und Papa wütend angeschaut.

»Warum musst du ausgerechnet jetzt davon anfangen?«

»Wann sollen wir dann darüber sprechen?«, antwortete Papa. »Wenn ich tot bin, ist es zu spät, zu sagen, was ich möchte.«

Da hatte er recht.

»Pelle, nicht weinen.« Papa schaute zu mir. »Das ist nicht nötig. Ihr müsst doch wissen, was … danach mit mir passieren soll.«

Auf der indonesischen Insel Bali sind Einäscherungen sehr festlich, habe ich irgendwo gelesen. Da werden die Körper erst begraben, und dann werden Prunkwagen gebaut. Manchmal sind das gigantische Türme oder wundervoll dekorierte Büffel aus Pappmaschee. Das kostet viel Geld und Zeit, also wird jemand manchmal erst nach einem Jahr kremiert. Dann wird der Körper wieder ausgegraben und in den Prunkwagen gelegt. Damit fahren sie zu dem Ort, an dem die Feierlichkeiten stattfinden, und zünden den Prunkwagen an. Das ist immer draußen, und es ist ein farbenfrohes und feierliches Treffen. Gar nicht zu vergleichen mit unseren Feuerbestattungen, die oft grau und bedrückt sind.

Eva ist inzwischen ganz hinten im Garten. Sie hat die Taschenlampe ihres Handys eingeschaltet, um den Gartenpfad zu beleuchten. Ein paar Sekunden später stehen wir unter der Baumhütte.

»Geh du nur vor«, sagt Eva.

Ich stelle die Becher auf den Boden der Hütte ab und klettere rauf. Dann strecke ich die Hand aus, um Eva hinaufzuhelfen. Als sie auch oben ist, zünde ich die Windlichter an. Die Baumhütte wird in ein gemütliches Licht getaucht.

»Wow … das ist wunderschön!« Eva lächelt mich an. Sie schaltet ihr Handy aus. Das Kerzenlicht flackert sanft.

Eva setzt sich auf die Matratze.

»Diese Hütte ist wirklich großartig. Wie jammerschade, dass sie nicht schon vor Jahren fertig war. Ist dieses Tier auch hier?«

»Was meinst du?«

»Dieser Holzkäfer oder so.«

»Oh! Der Borkenkäfer. Nein. Das glaube ich nicht.« Ich setze mich neben sie und reiche ihr den Kakao.

Eva nimmt die Tüte mit den Marshmallows und lässt ein paar weiße Schaumwürfelchen in unsere Becher fallen. Weil wir nur ein wenig Kerzenlicht haben, wird ihr Gesicht sanft beleuchtet. Es fühlt sich fast magisch an, hier zusammen zu sitzen. Ich habe Aran auch wieder in die Baumhütte gehoben, und er schläft in einer Ecke.

»Wolltest du nicht eher irgendwas mit Stoß unternehmen?« Mit der Zunge fische ich die leicht geschmolzenen Marshmallows aus meinem Becher.

»Das ist vorbei.«

Fast verschlucke ich mich. »Vorbei?«

»Ja, wir passen doch nicht so gut zusammen. Es war nett für eine Weile. Und eigentlich bin ich auch wütend, dass er den Brief von deinem Vater mitgenommen hat. Das fand ich nicht okay. Und auch nicht cool oder so. Ich will nicht, dass du das denkst. Aber wir sind noch ganz normal Freunde, weißt du? Wir finden es beide nicht schlimm, dass Schluss ist. Und … du und Blume? Ist das … Ich meine, seid ihr wirklich zusammen? Das geht doch nicht. Sie ist viel älter!«

Ich könnte jetzt lügen. Bloß wäre es nicht sehr glaubwürdig. Und außerdem, warum sollte ich?

»Blume und ich sind gute Freunde. Sie hat mir in der letzten Zeit bei allem Möglichen geholfen.«

»Oh.«

Wir sind beide still. Eva ist nicht mehr mit Stoß zusammen. Verrückt. Genau das hatte ich gehofft, dass die beiden sich trennen würden. Bloß hätte ich gedacht, dass Stoß dann traurig wäre, weil er auch etwas verloren hatte, was er nicht verlieren wollte, genauso wie ich mit Brief 9. Aber er ist nicht traurig, er findet es völlig in Ordnung. Manchmal bekommt man also genau das, was man sich gewünscht hat, aber dann ist es nicht so, wie man hoffte.

Durch die Spalten der Holzwände zieht es. Die Hütte ist auch nicht wasserdicht. Zum Glück ist es eine klare Nacht. Eva schüttelt sich ein wenig und faltet die Hände dann wieder um den heißen Becher.

Ich schaue zu meinem Schlafsack.

»Möchtest du dir meinen Schlafsack umlegen?«

Sie schaut überrascht und streift ihre Stiefel ab. »Aber dir ist auch kalt. Weißt du was? Wir legen uns unter den Schlafsack.«

Ich habe noch nie mit einem Mädchen in einem Bett gelegen. In den ersten Nächten nach Papas Tod habe ich bei meiner Mutter geschlafen. Flüsternd hatten wir die Nächte verbracht, leise über Papa geredet, Erinnerungen geteilt. Das war natürlich ganz anders, als hier mit Eva zu liegen, dem hübschesten Mädchen, das ich kenne.

Eva öffnet den Reißverschluss des Schlafsacks und breitet ihn über der Matratze aus. Sie legt sich hin und winkt mir. Zögernd gehe ich zu ihr. Wir liegen Seite an Seite. Ihre Hüfte berührt meine, ihre Wade an meiner. Eine Weile starren wir schweigend zur Bretterdecke mit den Spalten dazwischen. Die Flammen bewegen sich sanft und sorgen für Muster im Dach.

Neben Eva ist es wunderbar warm.

»Dieser Karton mit den Briefen«, fragt sie dann und räuspert sich. »Wie weit bist du jetzt damit? Hast du schon alle aufgemacht und gelesen?«

»Nein. Ich bin bei zwei Dritteln.« Ich erzähle ihr von den Briefen, und sie lauscht gespannt. Ich erzähle von meinem Opa. Von Inez und dem Kleid, das Blume gestohlen hatte. Von dem Film, den mein Vater gemacht hatte. Übers Klavierspielen auf dem Bahnhof. Über Jack und diesen dicken Brief, den ich noch nicht geöffnet habe.

»Wann liest du den denn?«, fragt Eva.

»Keine Ahnung«, sage ich. »Den hebe ich bis ganz zum Schluss auf.«

»Ich finde es sehr schön von deinem Vater, dass er das gemacht hat. Und es tut mir so leid, dass ich es Karl verraten habe. Es gehörte dir. Ich hätte das nicht erzählen dürfen.«

Sie langt nach der Tüte mit den Marshmallows und hält mir einen hin, während sie sich selbst auch einen nimmt. »Und deine Mutter? Dieser Jack, ist das ihr neuer Freund?«

Es ist seltsam, aber jetzt, da Eva es so sagt, finde ich es plötzlich nicht mehr schlimm.

»Ich weiß es nicht. Selbst sagt sie, das sei nicht so. Aber er hat auch schon mal bei uns übernachtet. Okay, im Gästezimmer, aber trotzdem. Sie findet unseren Mentor auch nett, glaube ich. Mit ihm ist sie mal ausgegangen.«

»Mit HaHa?« Evas Augen werden groß, und sie lacht. Ihr Lachen klirrt durch die Luft, als wäre es Glasglöckchen.

»Tja.« Ich muss auch lachen. Weil ich plötzlich verstehe, wie schön es ist, verliebt zu sein. Hier zusammen mit Eva zu sitzen, die ich schon mein Leben lang kenne. Außerdem ist Mama in den letzten Wochen viel mehr … Mama geworden. Wie sie früher war. Noch nicht ganz, aber wohl ein bisschen. In Japan ist es so, dass, wenn eine Schale, Vase oder ein Teller kaputtgehen, sie oft mit Gold repariert werden. Das heißt *kintsugi* und bedeutet *goldene Verbindung.* In Japan findet man es nicht schlimm, wenn etwas nicht mehr perfekt ist. Man füllt diese Risse und Sprünge einfach mit Gold. Ich glaube, so ist es auch mit Mama passiert.

»Es wäre wirklich schön für deine Mutter, wenn sie wieder jemanden hätte.« Eva greift nach meiner Hand.

»Ja«, sage ich. Ihre Haut glüht, und wir starren in die Dunkelheit.

Wir sagen nichts mehr. Es ist still, nur das Zirpen der Grillen klingt durch die Nacht.

Etwas summt, und ich mache die Augen auf. Ein seltsames blaues Licht flackert. Dann spüre ich Evas Wärme neben mir.

Wir sind eingeschlafen.

Es ist ihr Handy, das aufleuchtet und vibriert. *Mama* steht auf dem Display.

Ich schaue zu Eva und rüttele sie sanft an der Schulter. »Eva, deine Mutter ruft dich an …«

»Hm?« Sie blinzelt mich an und schaut dann erschrocken. »Mist!« Sie fährt hoch und greift nach ihrem Telefon.

»Hallo, Mama! … Ja, tut mir leid, ich bin bei Pelle … Ja, ja, ich hätte kurz eine Nachricht schicken sollen, sorry! Total vergessen … Ich hab doch sorry gesagt … Ich komme jetzt nach Hause! … Ja, wirklich.« Sie legt auf und sieht mich an. »Uff! Ich muss gehen!« Sie wirft den Schlafsack von uns, zieht ihre Stiefel an und kriecht zur Leiter. »Bleib du nur hier, ich finde den Weg schon.«

Die Windlichter flackern noch immer. Eins ist inzwischen ausgegangen. Als Eva unten ist, schaltet sie die Taschenlampe auf ihrem Handy an, und dann verschwindet sie mit der Lichtspur, wie ein Glühwürmchen in der Nacht.

Es dauert lange, bis ich wieder einschlafe. Ohne Eva ist es ganz schön kalt.

Nach dem Frühstück – ich mache Rührei und mische ein paar Marshmallows darunter (was die schlechteste Idee überhaupt war) – spiele ich mit Aran, und dann ruft Mama an.

»Wie war's heute Nacht?«

»Ganz gut. Ich hab aber nicht so wahnsinnig gut geschlafen …«

»Ach? War es doch zu unheimlich? Warum schläfst du diese Nacht nicht einfach hier? Jacks Haus ist schön. Du findest es bestimmt auch sehr interessant. Er hat allerlei Fossilien und eingerahmte Insekten. Und eine alte Katze.«

»Und was ist mit Aran?«

»Jack sagt, das wäre kein Problem. Die Katze schläft oben.«

Vielleicht ist das doch eine gute Idee. »Ich gehe gleich aber erst mal wie immer zum Fußball. Wir haben um zwölf Uhr ein Spiel, und danach muss ich noch für Englisch lernen.«

»Weißt du was? Soll ich Jack bitten, dich heute später am Nachmittag abzuholen? Zum Abendessen? Ich möchte essen gehen, um mich bei Jack zu bedanken, dass er uns so geholfen hat, dann gehen wir einfach schön zu dritt. Zieh' dir was Anständiges an, weil wir nämlich in ein schickes Restaurant gehen. Ich fände es sehr schön, wenn du hierherkommen würdest, Pelle. Für mich ist es auch schwierig. Wir … Das war der erste Abend, an dem wir nicht zusammen waren, seit …«

»Ja. Seit Papa.«

Am Nachmittag hole ich mein gutes blaues Hemd aus dem Schrank. Es ist das einzige Hemd, das ich besitze. Es passt noch, aber es ist ziemlich zerknittert. Ich hole das Bügelbrett und das Bügeleisen. So schwierig kann das nicht sein. Mein Vater bügelte seine Hemden immer selbst. Ich versuche, mich daran zu erinnern, wie er das machte.

»Guck mal, du hältst den Ärmel so fest, und dann bügelst du drüber«, sagte er. »Und die Manschetten machst du ganz vorsichtig. Sieh mal.«

Genau so bügele ich mein Hemd glatt. Als ich gerade fertig bin, klingelt es, und Aran fängt an zu bellen. Es ist Jack. Ich springe die Treppe hinunter und ziehe dabei mein Hemd an. Jack sieht mich lächelnd an, als ich die Tür aufmache.

»Ah, du siehst aber gut aus! Und hast du heute Morgen beim Fußball gewonnen?«

»Unentschieden. Aber ich war ziemlich gut.«

»Das glaube ich dir sofort. Ich würde gern mal zuschauen. Das sind so Sachen, die man nicht macht, wenn man keine Kinder hat.« Er geht ins Haus. Es sieht aus, als hätte er ganz schön abgenommen, seit er zum ersten Mal hier war, vor ein paar Wochen. Klar, er will wohl Mama beeindrucken.

»Ich weiß nicht, nur Eltern kommen zum Zuschauen. Und du bist ja nicht mein Vater oder so.« Ich weiß, dass es gemein klingt, aber Jack scheint es nicht zu hören oder er tut jedenfalls so.

»Ach, was soll's, dann sagen wir doch einfach, ich sei dein Onkel.« Er zwinkert mir zu und klopft gegen das Holz des Türrahmens. »Das sieht richtig gut aus. Ich glaube, wir haben dem Borkenkäfer den Garaus gemacht. Ausgerottet.« Jack wirkt zufrieden.

Ausgerottet. Hätten die Ärzte doch nur den Borkenkäfer in Papas Körper ausrotten können. Aber der hatte schon zu sehr gestreut. Er war überall. In seinen Lungen, und auch in seiner Leber.

»Es stinkt schon noch ziemlich.« Jack rümpft die Nase. »Morgen wird das wahrscheinlich viel besser sein. Übrigens, mir ist da noch was eingefallen. Wir gehen ja gleich essen. Wenn wir Aran jetzt schon mitnehmen, hockt er allein bei mir zu Hause, und das gefällt ihm wahrscheinlich nicht so gut. Also dachte ich, wir können ihn besser jetzt hierlassen, in seiner gewohnten Umgebung, und dann holen wir ihn nach dem Essen ab.«

Wir sitzen zu dritt in einem gemütlichen, französischen Restaurant. Ich war noch nie hier, aber Mama scheint es aus der Zeit VDT zu kennen. Das Essen ist lecker, obwohl ich die Portionen ein wenig klein finde. Alles liegt ganz kunstvoll auf meinem Teller, als wäre es gemalt. Jack und Mama haben eine Flasche Wein bestellt und lachen und reden. Sie beziehen mich in ihr Gespräch ein, und es fühlt … Na ja, es fühlt sich fast so an, als wären wir eine Familie. Eigentlich ist Jack echt okay. Er ist völlig anders als Papa, aber Mama scheint sich bei ihm wohl zu fühlen. Ganz anders als bei den Verabredungen mit Henderson, da wirkte sie etwas angespannter. Es ist, als würde sie Jack schon seit Jahren kennen. Ihre Augen blitzen fröhlich, und sie genießt das Essen sichtbar.

Ich bin froh, dass es ihr gut geht. Doch irgendwo tut es auch ein wenig weh, weil Papa nicht dabei ist. Bloß ist das nicht Jacks Fehler, wird mir klar. Jack gibt sich furchtbar viel Mühe, uns zu helfen. Wenn Papa mich nicht losgeschickt hätte, um Schwanenkopfschrauben zu kaufen, hätten wir Jack nie kennengelernt. Dann säßen wir wahrscheinlich heute Abend zu Hause vor dem Fernseher, wie wir es im vergangenen Jahr ständig getan haben. Wir sind nirgends mehr hingegangen, aber jetzt hat sich so viel verändert, seit ich diesen Karton mit Briefen bekommen habe. Ich freue mich, heute Abend hier zu sitzen und nicht zu Hause auf dem Sofa. Das ist viel schöner.

Jack steht auf. »Ich gehe mal eben zur Toilette.«

Der Ober fängt an, unsere Teller abzuräumen, und kommt kurze Zeit später mit den Speisekarten wieder. »Darf es noch ein Dessert sein?«

»Für mich nicht«, sagt Mama. »Aber du möchtest bestimmt eins, Pelle?«

Der Ober reicht mir eine Karte. »Und Ihr Mann?«

»Oh, er … Das ist …« Mama schaut verwirrt. »Lassen Sie die Karte ruhig hier«, sagt sie dann.

Als der Ober weg ist, sehen Mama und ich uns an.

»Das war … komisch«, sagt Mama.

Ich nicke. »Aber... Aber wäre es möglich, eines Tages?« Ich studiere die Karte eingehend. »Dass du und er ...«

»Ja, das wäre möglich«, sagt Mama dann schnell. »Wie fändest du das?«

Ich zucke die Achseln. »Das weiß ich nicht so recht. Jack ist okay. Besser als Henderson. Das stelle ich mir echt seltsam vor, wenn du was mit meinem Mentor hättest.«

Mama lacht. »Harold ist ein Freund. Nicht mehr.«

»So.« In diesem Moment kommt Jack wieder. »Wer nimmt noch einen Nachtisch?«

Eine Dreiviertelstunde später sitzen wir in Jacks Auto. Mama sitzt hinten, und ich darf nach vorne neben Jack.

»Dann holen wir jetzt erst mal Aran ab«, sagt Jack. »Und dann fahren wir zu mir. Ich will dir meine Insekten zeigen.«

»Cool!« Ich meine es aufrichtig. »Und deine Fossilien! Hast du wirklich einen Stein mit einem Farnabdruck? Und wie alt ist der?«

»Ja, den habe ich. Er stammt aus dem Mesozoikum.«

»Jura oder Trias?«

»Jura. Damals gab es irre viele Koniferen und Farne.«

»Stark. Also ist der 200 Millionen Jahre alt.« Ich denke, wie kurz ein Menschenleben im Vergleich dazu eigentlich ist. »Damals liefen auch große Dinosaurier herum, *Pisanosaurus*.«

»Und *Lystrosaurus*. Und ...«

Mama lacht. »Es ist, als würdet ihr eine andere Sprache sprechen!«

Zufrieden schaue ich aus dem Fenster, zu den dunklen Straßen.

»Da brennt es irgendwo«, sagt Jack plötzlich, und er zeigt auf eine Glut am Himmel. Jetzt, wo ich genauer hinschaue, sehe ich es auch. Eine orangefarbene Glut, die wie ein Halbkreis den Himmel beleuchtet. Schwarze Rauchschwaden verschwinden in die dunkle Nacht. Es scheint nicht weit von unserer Straße zu sein.

Mama schaut von ihrem Handy auf. »Himmel, das ist glaube ich ganz bei uns in der Nähe.«

Ich setze mich etwas aufrechter hin.

»Das ist in unserem Viertel«, sagt Mama schockiert. Wir fahren weiter darauf zu, und Jack scheint immer schneller zu werden.

Er biegt links ab, und dann sind wir in unserer Straße. Am Ende, wo wir wohnen, schlagen wild lodernde Flammen in die Höhe. Mein Atem stockt. Bei wem ist dieser Brand? Ist Blume in Sicherheit?

Plötzlich schreit Mama auf.

Fassungslos schauen wir zu dem brennenden Haus.

Unserem Haus.

Jack flucht und bremst. Ich springe aus dem Auto.

Rauchgestank erfüllt die Luft. »Aran!«, schreie ich. Ich höre, wie sich die Autotür hinter mir öffnet. Mama rennt mir nach. Sie stößt ein verzweifeltes, tierisches Geräusch aus. Sie kreischt. In der Ferne höre ich eine Sirene.

Die Flammen schlagen aus dem Dach. Nachbarn stehen auf der Straße. Blume rennt auf uns zu, während sie meinen Namen ruft. Es ist nicht ihr Haus. Es ist unser Haus. Und Aran sitzt noch in der Küche! Ich muss Aran retten! Ich kann nicht wieder jemanden verlieren.

Die Hitze ist fast unerträglich, und die Flammen sind wie Klauen, die nach dem Haus greifen. Jammernd schaue ich zu, wie das Dach vom Feuer aufgefressen wird und die Fenster durch die Hitze zerspringen. Glas regnet hinab, und seltsamerweise landet es nicht auf uns. Ich kann nicht einmal mehr schreien, jedes Geräusch bleibt mir im Hals stecken. Etwas rieselt auf mich. Ich schaue nach oben und halte die Hand auf. Kleine, fettige, graue Teilchen. Schwarze Asche. Dann denke ich an den Karton und an Papa. Das ist alles, was ich noch habe. Ich muss meinen Vater holen.

»Papa!«, schaffe ich hervorzubringen, und plötzlich bewegen sich meine Füße, und ich renne ins Haus. Arans verzweifeltes Bellen vermischt sich mit den Geräuschen des Brandes.

»Pelle! Halt! PELLE!«

Epilog

Die Styroporplatten an der Krankenhausdecke sind gräulich. Wegen der trockenen Luft muss ich ständig blinzeln. Es ist ein altes Krankenhaus. Die Fenster sind vergittert, damit Patienten, die keinen Mut mehr haben, nicht da rausspringen. Das scheint hier früher mal passiert zu sein. Es riecht nicht allzu gut, weil die Fenster nicht geöffnet werden können. Der Himmel ist blau, und am Horizont treiben ein paar Quellwolken in diese Richtung.

Ich lege die Hand auf das Laken. Die Baumwolle fühlt sich kühl und steif an. Ich schaue auf meine Hand. Die Brandwunde ist zum Glück nicht sehr tief. Es tut aber schon weh, wenn ich die Hand strecke. Die Ärztin hat gesagt, es werde besser, wenn ich genug übe, und ich solle die Haut ein paarmal täglich einreiben, um sie geschmeidig zu halten.

Alles hätte so viel schlimmer ausgehen können. Wieder schließe ich die Augen und lausche den Krankenhausgeräuschen um mich herum.

»Hallo, mein Junge«, sagt eine brüchige Stimme, und ich schrecke auf.

Der alte Mann lächelt und schlurft näher an mein Bett. Er zupft an meinem Kopfkissen und streichelt mit dem Daumen meinen Handballen. Ganz kurz ist es, als würde ich in eine Zeitmaschine steigen und anderthalb Jahre zurückversetzt werden. Als Papa zu Hause im Bett lag und durch das Morphium nicht mehr oft wach war. Seine Hand hatte so dagelegen wie meine jetzt, und ich hatte darauf gestarrt. Mama war unten, und ein paar Sekunden lang dachte ich wirklich, dass Papa bereits nicht mehr da war. Ich konnte ihn kaum hören oder atmen sehen. Ich hatte minutenlang dagestanden, erstarrt in unserem Wohnzimmer, wo der Tod in aller Ruhe auf meinen Vater wartete. Ich hatte mich nicht getraut, Papa zu berühren, aus Angst, einen kalten und steifen Körper zu spüren. Letztendlich hatte ich doch, ganz vorsichtig, die Seite seiner Hand mit meinem Zeigefinger gestreichelt. Die Haut war warm gewesen, und sein kleiner Finger hatte sich kurz bewegt, wie in einem Reflex. Ich war endlos erleichtert gewesen, und gleichzeitig war mir klar geworden, dass sich diese Hand in nicht allzu langer Zeit kalt und steif anfühlen würde.

»Himmel, was für ein Betrieb da unten! Echt Besuchsstunde.« Mama kommt ins Zimmer und hat zwei Becher dabei. Sie lächelt, als sie zum Bett schaut, und reicht Opa einen der beiden Tees.

»Bitte sehr. Und nicht fallen lassen, sonst bekommt Pelle noch eine Brandwunde. Hallo, mein Schatz!« Sie beugt sich zu mir und küsst mich auf den Kopf. »Ich bin so froh, dass ich das hier tun kann! Dir einen Kuss geben und dich festhalten! Ich darf gar nicht daran denken, dass …« Sie schluckt ein paarmal und Tränen schießen ihr in die Augen. Dann schüttelt sie energisch den

Kopf. »Aber es ist gut gegangen. Als hättest du einen Schutzengel gehabt!«

»Du meinst Jack?« Ich lache. »Der hat nun nicht gerade die Figur eines Engels!«

Mama lacht und wischt sich schnell eine Träne aus dem Augenwinkel.

Es war Jack, der mir das Leben gerettet hat. Er war mir nachgerannt, in das brennende Haus, und hatte mich, als ein Balken auf mich zu fallen drohte, weggezogen. Der Balken war auf seinen Arm gestürzt und hatte ihn recht übel verletzt. Jack hat sich den Arm gebrochen und auch ein paar Brandwunden zugezogen, aber zum Glück auch nur Verbrennungen ersten Grades, wie bei mir. Die Feuerwehr war sofort nach Jack ins Haus gerannt, hörte ich später. Mama hatte draußen gestanden und geschrien, und Blumes Eltern hatten sie festgehalten, weil sie sonst auch in das Haus gestürmt wäre, mir und Jack hinterher. Wäre die Feuerwehr nicht so schnell zur Stelle gewesen, wären sowohl Jack als auch ich wahrscheinlich nicht mehr da.

Ich habe wundersamerweise nur eine Brandwunde an der Hand und eine ordentliche Gehirnerschütterung. Und in den ersten vierundzwanzig Stunden hatte ich ein wenig Atemprobleme wegen dem Rauch. Ich erinnere mich an immer mehr von diesem Abend, aber noch nicht an alles. Das kommt schon noch, sagt die Ärztin. Sie macht sich darüber keine Sorgen. Das ist eine Art Mechanismus, erklärte sie, um mich gegen alles zu beschützen, was an diesem Abend passiert ist. Die Bilder kommen erst in meinen Kopf, wenn der dafür bereit ist.

Und tatsächlich, immer mehr Bilder kehren zurück. Dass ich Aran in die Baumhütte gehoben habe und wir uns gemeinsam die

Sterne angeschaut haben. Etwas mit Marshmallows. Dass ich die Augen öffnete und in einem Krankenhausbett lag und Mama auf einem Stuhl saß, meine Hand festhielt und weinen musste.

Ich liege jetzt seit vier Tagen im Krankenhaus und habe viel geschlafen. Borstengürteltiere schlafen 20,4 Stunden am Tag, Koalas 20 Stunden, genau wie Pythonschlangen. Giraffen schlafen manchmal nur drei Stunden am Tag. Ich habe in den vergangenen Tagen siebzehn Stunden am Stück geschlafen. Wenn man flach liegen muss und weder fernsehen darf noch gamen, lesen oder auf dem Handy daddeln, ist Schlaf eine gute Ablenkung. Eva ist schon zu Besuch gewesen. Sogar Stoß war gestern da, und Herr Henderson auch. Er hat mir erzählt, ich müsse nicht mehr Telemachos spielen. Mit meiner Gehirnerschütterung schaffe ich es nicht mehr, den ganzen Text noch rechtzeitig auswendig zu lernen. Abdel bekommt meine Rolle. Das finde ich gut.

Heute darf ich nach Hause, hat die Ärztin gesagt.

Bloß gibt es kein Zuhause mehr. Jedenfalls kein Haus, in dem wir wohnen können.

Jack ist schon aus dem Krankenhaus entlassen worden und wieder zu Hause. Er war auch schon zweimal zu Besuch, zusammen mit Mama, weil er noch nicht selbst Auto fahren kann. Das geht erst wieder, wenn der Gips runterkommt. Mama hat mir gesagt, ich dürfe mich nicht schuldig fühlen. »Es ist nicht deine Schuld, dass Jack einen gebrochenen Arm und Brandwunden hat. Es war seine Entscheidung, dir zu folgen. Er ist ein Held. Er versteht, warum du das getan hast, Pelle.«

Aber es ist meine Schuld. Ich habe nämlich das Bügeleisen angelassen. Als Jack mich abholte, war ich nach unten gerannt und hatte völlig vergessen, den Stecker zu ziehen. Kurzschluss, hatte die

Feuerwehr festgestellt. Das alte Bügeleisen war durchgebrannt. Und weil das Haus gegen den Borkenkäfer behandelt worden war, hatte das Feuer schnell um sich gegriffen. Die obere Etage war schwer beschädigt, von unseren Betten und unserer Kleidung war nicht viel übrig. Das Feuer war durch die Treppenöffnung ins Wohnzimmer gelangt, das auch völlig verwüstet war.

Die Feuerwehr hatte Aran gerettet. Er hatte laut gejault, wodurch sie ihn hörten, und da haben sie die Küchentür eingetreten. Aran war nach draußen gerannt und Blume hatte ihn gesucht. Sie hatte ihn mit zu sich nach Hause genommen, wo er jetzt schon die ganze Zeit ist.

Mama legt ein paar Klamotten aufs Bett. »Zieh dich nur an. Dann gehen wir gleich.«

»Das Gästezimmer ist für euch bereit.« Mein Opa schaut uns an. »Es ist das alte Zimmer deines Vaters. Richtig viel steht jedoch nicht mehr darin, das ihm gehörte. Ihr dürft bleiben, solange ihr nur wollt.«

Mama hatte es mir gestern erzählt. »Opa hat uns angeboten, bei ihm zu bleiben. Was hältst du davon? Zurück nach Hause können wir noch nicht. Der Schaden ist zu groß.«

Ich hatte nicht sofort geantwortet.

»Es ist nicht für immer, Pelle. Es ist nur für eine Woche. Nächste Woche wird eine Notwohnung im Garten aufgestellt, und da können wir bleiben, bis das Haus wieder aufgebaut ist. Das wird sicher ein paar Monate dauern, so etwas geht nicht so schnell. Und bis die Notwohnung steht, brauchen wir ein Dach über dem Kopf. Also ist das eine schöne Lösung. So können Opa und du euch kennenlernen und die verlorene Zeit etwas nachholen. Dein Opa und ich haben ein paar sehr gute Gespräche geführt. Er fände es sehr schön, wenn wir kommen. Er hat dadurch das Gefühl, noch etwas für Papa tun zu können.«

Da hatte sie wohl recht.

»Warum kann die Notwohnung nicht jetzt schon gebaut werden?«, fragte ich trotzdem.

»Weil erst der ganze Schutt geräumt werden muss. Da sind schon Leute mit zugange. Unser Haus wird teilweise abgerissen. Wenn sie damit fertig sind, kann die Notwohnung aufgestellt werden. Das ist eine Art Holzhütte. Danach wird das Haus wieder aufgebaut. Eine neue obere Etage, eine neue Küche und ein neues Wohnzimmer. Ich schätze, wir werden ein halbes Jahr in der Holzhütte wohnen. Das ist aber gemütlich. Wie eine Art Ferienhäuschen.«

Ich dachte kurz darüber nach und nickte dann. »Einverstanden. Dann bleiben wir erst ein paar Tage bei Opa, und dann ziehen wir in die Holzhütte.«

Mama packt meine Sachen in zwei Plastiktüten. Viel mehr als das besitze ich nicht mehr. All meine Sachen sind verbrannt, bis auf die Kleidung, die ich trug, als ich im Krankenwagen hierhergebracht wurde. Aber die haben sie kaputtgeschnitten, das machen sie so bei Brandwunden. Die kaputtgeschnittenen Sachen hatten sie ebenfalls in eine Tüte getan. Diese Tüte nimmt Mama auch mit. Sie hat letzte Woche schnell ein paar neue Klamotten für mich gekauft. Wir haben Glück, dass Papa eine gute Versicherung fürs Haus abgeschlossen hatte, als er noch lebte. Alles, was bei dem Brand verloren gegangen ist, wird erstattet. Also der Wiederaufbau von unserem Haus, neue Sachen (was toll ist, weil das meiste mir sowieso nicht mehr passte), neue Möbel und noch viel mehr. Mama hat auch neue Kleidung kaufen müssen; das hat sie bei Inez gemacht.

Ansonsten besitzen wir überhaupt nichts mehr.

Alles ist Asche geworden oder nass. Mein Vater ist sogar zum zweiten Mal Asche geworden. Auch der Karton mit den Briefen ist in Flammen aufgegangen.

Das ist vielleicht das Schlimmste, dass der Karton verloren gegangen ist. Fast fühlt es sich an, als wäre mein Vater noch einmal gestorben. Jetzt habe ich nichts mehr von ihm. Dagegen helfen nicht einmal mehr besondere Tatsachen. Na ja, vielleicht außer, dass ein neuer Planet entdeckt wurde, auf dem es möglicherweise Leben gibt. Das finde ich schon sehr besonders. Er liegt im Sternensystem Hydra und heißt vorläufig GJ 357 d. Der Planet ist etwa doppelt so groß wie die Erde und liegt nur 31 Lichtjahre von uns entfernt. Ich bin mir sicher, dass Menschen eines Tages dorthin reisen können. Es ist nur eine Frage der Zeit.

Den Gedanken finde ich toll. Dass es andere bewohnte Planeten gibt. Vielleicht sterben die Menschen dort ja überhaupt nicht mehr an Krebs.

»So, junger Mann, du verlässt uns also heute?« Die Ärztin, die mich in der vergangenen Woche fast jeden Tag besucht hat, kommt gut gelaunt ins Zimmer. Sie wuschelt mir kurz durchs Haar. »Wir werden dich vermissen! Aber schön, dass du aus dem Krankenhaus kommst. Das ist uns am allerliebsten. Verhalte dich in der ersten Zeit lieber ein wenig ruhig, und in zwei Wochen kommst du wieder vorbei, dann sehe ich mir deine Hand an.«

Mama und die Ärztin besprechen noch ein paar Dinge, und Opa nimmt die Plastiktüten. »Bist du so weit?« Er sieht mich freundlich an.

In dem Schlafzimmer, das Opa für uns fertig gemacht hat, stehen zwei Betten. Neugierig schaue ich mich um. Hier also ist Papa aufgewachsen. Die Betten sind aber neu, und natürlich ist es auch kein Kinderzimmer mehr. Ein leerer Kleiderschrank steht darin, und in einer Ecke ein altes Sofa. An den Wänden ist eine ganz normale gestreifte Tapete.

»Ich habe dieses Zimmer vor ein paar Jahren völlig renoviert«, sagt Opa. »Nur der Holzfußboden und die Aussicht sind noch genau so wie in Richards Zeiten.«

Ich gehe ans Fenster und schaue nach draußen. Vor dem Haus liegt eine Düne, und etwas weiter nach links sehe ich das Meer. Möwen fliegen hoch über dem Wasser. Das also hat mein Vater jeden Tag gesehen. Ich mag es, jetzt dieselbe Aussicht zu haben.

Mama schaut sich um. Ich merke ihr an, dass es ihr schwerfällt, in diesem Haus zu sein. Nach dem Riesenstreit von Papa und Opa war sie nie mehr hier gewesen. Sie stellt sich neben mich und greift nach meiner – gesunden – Hand. So stehen wir einen Moment da, während wir zu den Dünen und dem Meer dahinter schauen.

»Für eine Woche ist das hier prima«, sagt sie dann. Ihre Stimme klingt heiser.

»Ja«, antworte ich. Dann denke ich an Feuerameisen, die gemeinsam ein Floß bauen können. Nicht aus Holz, sondern aus sich selbst. Hunderte, Tausende Ameisen klammern sich aneinander fest und bilden so ein gigantisches Floß, das auf dem Wasser treibt. So kann die ganze Kolonie zum Beispiel eine Überschwemmung überleben. All diese Ameisen gemeinsam bilden eine Art Superwesen, die Ameisenkönigin in der Mitte. Langsam atme ich aus.

»Wisst ihr was? Ich lasse euch mal kurz allein«, sagt Opa. »Ich gehe schon mal runter und mache uns Tee. Ich habe extra leckere

Kekse gekauft. Packt ihr nur in Ruhe eure Sachen aus und kommt runter, wenn ihr so weit seid.«

Er schlurft weg, und ich höre ihn die Treppe hinuntergehen. Mama nimmt ihre Tasche und fängt mit dem Auspacken an. Die letzten Tage hat sie bei einer Freundin übernachtet.

Ich nehme die beiden Plastiktüten und lege sie auf das Bett am Fenster. Ich hole die Sachen heraus, und dann fällt mein Blick auf die Tüte mit dem zerschnittenen Hemd und der Hose. Es ist die Jeans, die ich auch trug, als wir ins Restaurant gingen. Und als Eva neben mir unter dem Schlafsack lag. Die Hose, die ich trug, als ich mit …

So schnell ich nur kann, greife ich nach der Jeans und durchwühle die Taschen. Die erste Hosentasche ist leer. Ich fühle in der zweiten und dann schließt sich meine Hand plötzlich um ein Tütchen, ein Tütchen, das sich ganz weich anfühlt. Es ist Papas Asche, die ich Opa geben wollte.

Ich starre auf das Tütchen in meiner Hand. Viel ist es nicht, aber es ist wenigstens noch da.

Nach dem Abendessen möchte Mama kurz nach Jack schauen.

»Mit dem Gipsarm kann er nicht mehr alles. Ich helfe ihm ein paar Stunden, und dann komme ich wieder.«

Ich würde gern mitkommen, aber die Ärztin hat gesagt, ich solle mich ruhig verhalten. Und außerdem ist da noch etwas, was ich tun will.

Als Mama weg ist, schaue ich zu Opa. Er sitzt auf dem Sofa und sieht sich Omas Porträt an.

»Ich möchte zum Strand, mal kurz das Meer sehen.« Ich stehe auf.

»Hm, ist das eine so gute Idee? Ich will nicht, dass deine Mutter böse auf mich wird, weil du dich zu sehr anstrengst.« Er schaut zu mir rauf.

»Ich bleibe nicht lange weg, ich möchte nur kurz ans Meer.«

»Soll ich mitkommen? Ich bin nicht mehr so oft am Strand. Im Sand komme ich nicht mehr so gut voran, aber wenn ich mich ein wenig auf dich stützen könnte …«

»Nein. Ich möchte das allein machen. In einer halben Stunde bin ich wieder da. Versprochen.«

Zum Glück hält er mich nicht davon ab.

Am Strand ist nicht viel los. Der Himmel verfärbt sich lila, und die Sonne steht tief am Horizont. Es sieht wunderschön aus. Das ist genau die richtige Stelle, weiß ich jetzt. Hier spielte mein Vater als kleiner Junge. Diese Aussicht sah er. Ich gehe zum Wasser. Das Meer schwappt fröhlich auf den Sand und spült dann wieder zurück.

Es weht eine kleine Brise. Weiter hinten gehen zwei Leute mit einem Hund, und an der anderen Seite sehe ich in der Ferne die Lichter der Stadt. Das Meer sieht dunkel aus, während die Sonne am Horizont sinkt. Ich ziehe das Tütchen mit der Asche aus meiner Hosentasche und knote es auf. Ich habe mich erst gefragt, ob ich es Mama sagen sollte, aber ich beschloss, das nicht zu tun. Soweit sie weiß, ist Papas Asche im Feuer verschwunden. Ich glaube, er fände es schön, am Strand zu sein. Vielleicht erzähle ich es Mama später einmal.

Ich schüttele das Tütchen aus und Papas Asche weht mit der Brise weg, Ascheflocken trudeln übers Wasser.

Vielleicht landet Papa ja in Asien. Oder in Afrika. Vielleicht verbreitet sich seine Asche über alle Meere und Ozeane, und vielleicht bleibt ein wenig davon treibend hier, oder sinkt auf den Meeresboden, sodass er immer in der Nähe sein wird. Tränen strömen mir übers Gesicht, aber das ist okay.

Ich habe überhaupt keine Lust, an Tatsachen zu denken.

Lieber Pelle,

Am nächsten Morgen steigen wir in Opas altes Auto. Er bleibt zu Hause. Ich möchte nicht, dass er mitkommt. Ich will mit Mama allein sein.

»Bist du dir sicher, Pelle? Dass du's dir anschauen möchtest?«

»Ja.« Eigentlich bin ich mir nicht sicher, aber ich will es mit eigenen Augen sehen. Die obere Etage ist schon größtenteils abgetragen, erzählte Mama. Und viele Wände, die noch stehen, sind schwarz vom Rauch und Ruß. Heute ist Samstag, und dann wird nicht gearbeitet. Aran ist noch bei Blume, aber gleich holen wir ihn ab. Er darf mit zu Opa, und ich bin mir sicher, dass er am Strand rennen großartig finden wird. Aber erst gehen wir zu unserem Haus.

Wir fahren in unsere Straße, und ich halte den Atem an, als ich unser abgebranntes Haus sehe.

»Es tut mir leid …«, murmele ich.

»Das ist nicht deine Schuld, Pelle. Das mit diesem Bügeleisen …

Es war ein Unfall. Das Ding war uralt, ich hätte es längst ersetzen sollen.« Mama hält an, und ich schaue auf meine Brandwunde. Die Haut unter dem durchsichtigen Pflaster ist ganz rosa.

Sie steigt aus, und ich folge ihr. Mein Herz rast wie wild, und ich habe einen Kloß im Hals.

Schweigend stehen wir nebeneinander und sehen uns das Haus an.

»Auf jeden Fall haben wir keinen Borkenkäfer mehr«, sage ich.

»Nein.« Mama grinst ein wenig. »Der Borkenkäfer ist aus unserem Leben verschwunden.«

Der Brandgeruch hängt noch in der Luft. Mama hat mir gestern Abend eine Zeichnung gezeigt, wie sie das Haus haben möchte. Die hatte sie selbst gemacht. Wenn wir neu bauen, sagte sie, können wir alles genauso gut so machen, wie wir's gern möchten. Also bekommen wir große Fenster, damit viel Licht reinströmt. Balken aus Stahl statt aus Holz. Die Küche wird doppelt so groß, und an das Wohnzimmer wird ein Stück angebaut. Ich bekomme ein größeres Zimmer. Mama will sogar, dass der Schuppen umgebaut wird. Ich habe das Gefühl, das könnte mit Jack zu tun haben. Damit es einen Platz geben wird, wo er seine Insekten hinstellen kann.

»Verrückt, was? Dass das einmal unser Haus war«, sagt Mama ganz ruhig. Sie nimmt meine Hand, und gemeinsam schauen wir uns das versengte und halb abgerissene Gebäude an. Es sieht so anders aus. Sogar die Maße wirken merkwürdig, jetzt, da die obere Etage fehlt.

Wir gehen um das Haus herum zum Garten bis zur Baumhütte. Ich bin so froh, dass sie unversehrt ist. Das Feuer war zu weit weg, um auf die Bäume überzugreifen.

Meine Mutter lässt meine Hand los und geht ein wenig umher.

Ich hole tief Luft und klettere dann die Leiter rauf. Es tut zwar ein wenig weh, wenn ich meine verbrannte Hand benutze, aber ich will unbedingt nach oben.

Seit diesem Abend, an dem ich hier neben Eva geschlafen habe, bin ich natürlich nicht mehr hier gewesen.

Auf dem Boden liegt noch mein durchweichter Schlafsack. Hier und da sind Blätter reingeweht.

Dann stockt mein Atem.

In der Ecke steht die alte Holzkiste meines Vaters. Die hatte ich völlig vergessen! Die Erinnerung kehrt wieder wie eine Welle, die an den Strand schwappt. Ich krieche zu der Kiste. Ein paar Insekten flüchten weg. Kellerasseln. Mit zitternden Händen hebe ich die Kiste hoch und setze mich hin. Ich schaue zu meiner Mutter im Garten. Ab und an bleibt sie bei einer Pflanze stehen, zupft ein paar abgestorbene Blätter ab. Dann fällt mein Blick auf das Buch, das ich las, bevor Eva in die Baumhütte kam. Es liegt halb unter dem Schlafsack. Paps' Brief! Er lag im Buch, bevor ich ihn in die Kiste gelegt hatte. Brief 16. Diese eine Nachricht, die ich noch nicht geöffnet hatte. Langsam mache ich die Kiste auf. Und nehme den Umschlag heraus.

Mama hat die Hände in die Taschen gesteckt. In aller Ruhe geht sie umher. Als würde sie auf ihre Weise Abschied nehmen von dem, wie alles war, bevor wir hier wieder neu anfangen.

Ich schaue auf den Brief in meinen Händen. Er fühlt sich ein wenig feucht an. Er ist das Einzige, was von dem Karton mit den Briefen noch übrig ist. Alles, was mein Vater noch sagen kann.

Und während die Luft in der Sommersonne allmählich wärmer wird, öffne ich den Umschlag.

Lieber Pelle,

ich hoffe, ich konnte dir noch ein wenig dabei helfen, erwachsen zu werden. Ich hätte so gern mehr Zeit gehabt.
Bloß funktioniert es so leider nicht. Man bekommt so viel Zeit, wie man braucht, um sein Leben zu führen. Für manche dauert dieses Leben nur ein paar Tage oder ein paar Jahre, für andere sind es hundert Jahre. Ich habe bekommen, was ich bekommen sollte: fünfundvierzig Jahre.
Es gab noch so viel, das ich dir hätte beibringen wollen. Es gab noch so viele Pläne. Gemeinsam, als Familie. Mit Mama. Ich hätte noch mit ihr nach Australien gewollt, und nach Finnland, um das Nordlicht zu sehen. Und ich hätte noch so viel mit dir unternehmen wollen. Du und ich. Ich hätte neben dir vor dem Badezimmerspiegel stehen wollen, während wir beide unseren Bart rasieren würden. Deiner erst ein flaumiger Schatten auf deinem Kinn. Ich hätte dir beibringen wollen, wie man die Baumhütte zu Ende baut. Ich hätte sehen wollen, wie du da reinkletterst, um einfach kurz allein zu sein. Und wie du später Mädchen hineinschmuggeln würdest, um zu zweit zu sein. Ich hätte dabei sein wollen, wenn die Baumhütte mit Efeu und Moos überwuchert wäre und die Jahreszeiten Spuren auf dem Holz hinterlassen hätten, und du mit deinen Kindern daneben stehen würdest. Du würdest ihnen erzählen, dass wir beide die Hütte gemeinsam gebaut haben. Vielleicht würden wir versuchen, sie wieder aufzumöbeln, damit deine Kinder auch darin spielen können. Ich hätte dir beibringen wollen, wie man eine Fliege bindet, wenn man zum ersten Mal zu einem Galafest geht, in der Schule oder während des Studiums.

Ich hätte zusammen mit dir noch so viele Stücke auf dem Klavier spielen wollen.
Habe ich dir genug über Frauen und Mädchen erzählt? Darüber, wie magisch sie sind? Wie man sie umsorgen und immer gut behandeln sollte? Und wie schwierig es sein kann, sie zu begreifen? Manchmal ist es, als würden sie eine andere Sprache sprechen. Das erste Mal, als ich Mama sah, dachte ich wirklich, einen Engel kennengelernt zu haben, der in einem Lichtkranz stand. Paul hatte sie mitgebracht. Und ich stotterte und stammelte und glaubte, nicht die geringste Chance bei ihr zu haben. Aber deine Mutter lächelte und hörte sich mein Gestotter in aller Ruhe an. Sie tat sogar, als würde ihr das Essen schmecken, das ich für sie und Paul gekocht hatte – der Reis war ein matschiger Brei geworden. Sie ist die liebste und schönste Frau, die ich kenne. Und sie hat eine Engelsgeduld. Sie hat mich von ganzem Herzen geliebt – und ich sie. Das alles hätte ich dir noch erzählen wollen, später.
Ich hätte dir erzählen wollen, wie schwierig es manchmal ist, die Beziehung mit jemandem gut zu halten, und dass man sich dafür viel Mühe geben muss. Man bekommt nämlich nicht immer eine zweite Chance, wenn man jemandem sehr wehtut. Manchmal ist es harte Arbeit, jemanden zu lieben. Und ich will dir noch sagen, dass es okay ist, dafür sehr hart arbeiten zu müssen. Liebe ist wie eine Pflanze – man muss sie gut pflegen. Mama und dich zu lieben war übrigens nicht schwierig, es war sehr einfach.
Und ich hätte deinen Engel kennenlernen wollen. Ich frage mich, wen du eines Tages mit nach Hause bringen wirst.
Ich hätte dabei sein wollen, wenn du stolz dein Abizeugnis hochhältst. Ich hätte dabei sein wollen, um deine Mutter zu

trösten, wenn du aus dem Haus gehst, auf Reisen oder um irgendwo anders zu wohnen. Du kannst nämlich Gift darauf nehmen, dass sie dann weinen wird – wie ein Schlosshund. Und ich hätte dann mit ihr geweint, weil manchmal etwas so schwierig ist, dass auch Männer einfach weinen. Ich hätte vielleicht mehr weinen sollen ... um dir auch das beizubringen.
Ich hätte mir außerdem gemeinsam mit dir auf dem Sofa Fußballspiele ansehen wollen, ein Wochenende lang zelten, an dem wir nur Bohnen aus der Dose essen, nachts laut furzen würden und darüber furchtbar lachen müssten. Ich hätte das erste Bier mit dir trinken wollen. Dich zum Hochseeangeln mitnehmen. All deine Fußballspiele sehen und dich ein wenig anmeckern wollen, wenn du einen Ball nicht hältst. Ich hätte dir zeigen wollen, dass ich auch nicht alles richtig mache, dass ich nicht alles weiß und Fehler mache, und dass es okay ist, Fehler zu machen. Ich hätte wütend werden wollen, wenn du zum ersten Mal betrunken nach Hause gekommen wärst oder dir heimlich mein Auto genommen hättest, als du deinen Führerschein bestanden hast. Ich wäre dann wütend geworden, weil ich mir Sorgen gemacht hätte. Aus Liebe. Liebe ist manchmal ein wenig kompliziert. Man kann wütend sein auf jemanden, gerade weil man ihn so sehr liebt. Seltsam, aber so ist es.
Ich hätte dir beibringen wollen, manchmal gerade nicht auf andere zu hören, deinen eigenen Kurs zu fahren. Du darfst anders sein. Später wirst du verstehen, was ich meine.
Ich weiß nicht, ob ich dir Opa vorgestellt hätte. Vielleicht hätte ich doch gewartet, bis du erwachsen wärst, damit du selbst hättest entscheiden können, ob du ihn kennenlernen möchtest oder nicht. Vielleicht war ich auch zu wütend dafür, aber mir

wird klar, jetzt, da ich hier im Bett liege und weiß, dass ich nicht mehr viel Zeit habe, dass ich nicht das Recht habe, für dich zu entscheiden. Verzeih mir, Pelle. Ich hoffe, du hast ihn inzwischen kennengelernt. In einem meiner Briefe schicke ich dich zu ihm. Und ich hoffe, du wirst ihm sagen, dass ich immer an ihn gedacht habe.

Ich hoffe, dass ein anderer Mann dir das alles jetzt beibringt. Ja, wirklich. Dass Mama jemanden kennenlernt, der sie tröstet, wenn du aus dem Haus gehst, um dein eigenes Leben zu führen. Dass ihr jemanden habt, der im November die Blätter aus der Dachrinne fegt, der am Rand steht, wenn du ein wichtiges Fußballspiel hast. Jemand, mit dem du über blöde Witze lachen kannst.

Lieber Pelle, sterben ist nicht schlimm. Natürlich wäre ich lieber bei euch geblieben. Aber ich glaube, ich bin immer noch da. Sobald du an mich denkst, bin ich bei dir. Und Mama und du, ihr müsst vor allem weitermachen mit dem Leben, das ist mir sehr wichtig. Lacht, weint, geht auf Reisen, liebt euch, wachst und gebt nie auf.

Ich habe auf jeden Fall enorm viel von dir gelernt. Ich habe von dir gelernt, wie ich ein Vater sein konnte. Dafür danke ich dir. Das war das Schönste, was ich im Leben sein durfte. Ich hoffe, ich habe dir genug beigebracht in der kurzen Zeit, die ich da war. Den Rest wirst du selbst erforschen müssen, herausfinden und erleben.

Ich werde dich immer lieben.

Papa

Marlies Slegers wuchs in Indonesien auf und schrieb schon als Kind Geschichten und Gedichte. Mit 18 zog sie zum Arbeiten und Studieren in die Niederlande, ihren Traum, Autorin zu werden immer im Blick. Für ihre Kurzgeschichten erhielt sie mehrere Auszeichnungen. »16 x zum Himmel und zurück« ist ihr erstes Kinderbuch bei Dressler.